考古学リーダー20

縄文人の石神

～大形石棒にみる祭儀行為～

谷口　康浩　編

六一書房

まえがき

　諏訪神社を祀る信仰圏には、ミシャグチ神（御社宮司）という土着の神への信仰が広く分布し、不思議にも石棒や石皿を祀るものが多い。藤森栄一は、この信仰が中部高地で繁栄をきわめた中期縄文文化に起源をもち、弥生時代に祭政共同体として発達したものと解した。そして、諏訪神社に現在の祭神建御名方神が祀られた後も神長官守矢氏によって奉祭され、諏訪神社の祭事にも継承されていると論じている。柳田國男の『石神問答』に共感を寄せる中沢新一も、各地に残るシャグジ・サゴジなどと呼ばれる石の神々が神道形成のはるか以前から存在した精霊への信仰であり、それが中世の守宮神・宿神に受け継がれ、主に芸能と技術の領域で生き続けていたことを論じている。

　『縄文人の石神』という書名から、藤森・中沢のこれらの論説を連想した読者が多いかもしれない。縄文時代の人々はたしかに石に対する特別な信仰を抱いていた。本書で取り上げる「大形石棒」もそれを象徴する重要な遺物である。縄文人の信仰が「古層の神」として脈脈と継承されてきたという歴史民俗的視点には筆者も大きな関心を寄せているが、しかしながら本書はそうした問題設定の上に編まれたものではない。むしろ縄文人の宗教的観念や意味についての解釈は極力抑えて、遺物と遺跡の現象面から復元できる行為とコンテクストの読み取りに徹する立場で書かれた論文集である。「石神」の正体に対する大胆な解釈や謎解きを期待する読者には本書はまったく無用である。

　縄文人の精神文化や世界像に考古学はどこまで接近できるのか。それが問題である。縄文文化や縄文社会の全体的構造を理解するためには、儀礼・祭祀の問題を避けて通ることはまずできない。本書は大形石棒を研究対象としたケーススタディーであると同時に、この重たい課題を意識した方法論研究でもあると思っている。大形石棒の存在は明治期から広く知られ、長い研究史があるが、大形石棒の象徴的意味や祭儀の性質について確実なことはまだ

何も言えない。石棒の本質的な意味に接近するためは、その目的に照準を合わせ、研究方法を熟考することから始めなければならない。そこで私たちが一つのキー・コンセプトに据えたのが「行為」であった。縄文人が石棒に表現した観念を直接復元することはできなくとも、石棒にかかわる儀礼的行為やそのコンテクストを具体的に掴むことは不可能ではない。それを一つ一つ確認し、祭儀行為の全体像を組み立て直すところから再出発しよう、というのが本書のスタンスである。

意外にも本書は、大形石棒をテーマとする最初の単行本になると思われるが、そうした方向性と問題意識を共有する研究者とともに、この本を出版できたことを編者として嬉しく思っている。各研究者の見解には不一致もあるが、それは方法論的な課題を突き詰め前進していく上でむしろ有益なものであり、私はそれをまったく悲観していない。

本書に収録した論考は、2010年10月に國學院大學で開催した同名のシンポジウムでの研究発表と議論をもとに、パネリストとしてご参加くださった各氏にあらためて執筆をお願いしたものである。ご多忙の折、なかには東日本大震災で罹災された方もおられ心が痛んだが、ご寄稿いただいた執筆者各位、ならびにコラムにご執筆いただいた各位に、あらためて心より御礼申し上げる。國學院大學学術資料館の研究プロジェクトとして3ヵ年にわたって東日本地域の大形石棒資料を集成したことが本研究の基礎となった。これは畏友内川隆志准教授からの強い慫慂と予算的支援があって実現できたことであり、学術資料館の関係各位のご理解と、資料集成等に尽力してくれたプロジェクト研究員に、あらためて深く感謝したい。

六一書房の八木環一会長には、本書の刊行を快諾してくださったことに対し、衷心より感謝申し上げる。儀礼・祭祀の考古学を先導されてきた春成秀爾先生より頂戴した格調高い推薦文も、私たちが模索する研究の方向性への心強い後押しとして、何よりありがたく受け止めている。最後になるが、編集の実務に尽力してくれた國學院大學考古学研究室の中村耕作助手にも感謝と慰労の言葉を添えたい。

工事や開墾によって偶然発見された大形石棒のなかには、その後に行方不明となったり壊れて散逸してしまうものが少なくない。縄文人が大切にした貴重な「石神」が学術資料にもならずに失われてしまうのは悲しく耐え難いことである。私の研究室では今後も引き続き大形石棒の調査研究を進めたいと考えており、そのような憂き目にさらされている石棒がもしあれば、寄贈・寄託を喜んで申し受けたい。また、せめて学術資料として記録・保存するため、心ある方々からぜひとも情報をお寄せいただきたいと願っている。

　2012年2月　紅梅咲く早春の一日

考古学研究室にて　谷　口　康　浩

例　言

1. 本書は、2010年10月9日に開催した公開シンポジウム「縄文人の石棒―大形石棒にみる祭儀行為―」（國學院大學学術資料館・伝統文化リサーチセンター共催）での研究発表をもとに編集したものである。シンポジウムの発表要旨集『縄文人の石神』に収録・公開した研究内容と討論をもとに各執筆者が書き直した論考7編、ならびに新たに加えた3編のコラムを収録した。シンポジウム当日は、参加者の小島俊彰、戸田哲也、澁谷昌彦から貴重なコメントを頂戴した。
2. 國學院大學学術資料館では、2008年度～2010年度「考古学資料館収蔵資料の再整理・修復および基礎研究・公開」事業の一環として「縄文時代の大形石棒」プロジェクトを組織し研究を推進した。館蔵資料の整理と平行して東日本の大形石棒を集成・検討し、石材原産地・製作遺跡の現地調査を交えて、造形デザイン・使用痕跡・出土状況の概要を整理した。その成果は『縄文時代の大形石棒－東日本地域の資料集成と基礎研究』（2011年、國學院大學学術資料館）として刊行済みである。この報告書に掲載した石井匠「大形石棒の造形デザイン」、成田美葵子「大形石棒の出土状況」は、大部となるため本書には収録していない。プロジェクト参加者は本書巻末の名簿を参照。
3. 本書の研究対象である「石棒」については研究者間での捉え方に異同があり、さまざまな呼称が使用されている現状がある。各執筆者にもそれぞれに異なった立場・用語法があるが、本書では「大形石棒」に統一した。そのほか編者の責任において用語・用字について統一した部分がある。

「大形石棒」の用語について

　中期に著しく発達し後期・晩期に継承された大形の石棒を、本書では「大形石棒」と呼称する。「石棒」という用語は明治期からさまざまな用いられ方をしてきた経緯があり、現在でも統一的な定義を持った学術用語とはなっていない。本書の執筆者もそれぞれに各自の見解と用語法を持っておられるが、本書では編集方針に従って記述を統一してもらった。編集方針の基礎となった見解を編者として明示しておきたい。
　鳥居龍蔵は、1924年に最初の石棒の形状分類を提案した際に「石棒」の用語の意味に触れ、一般に「石棒」と呼ばれるものを精製石棒と粗製石棒に大別し、後者を狭義の「石棒」、前者を「石剣」と定義した。狭義の石棒について「一般に大形で、横断面は円形または楕円形を呈し、石質は安山岩、花崗岩、緑泥片岩等が多く、石質の関係上外面が幾分平滑を欠き、頭部に瘤を持つものの外に装飾らしいものは見当たらない」と説明している（鳥居1924）。本書で用いる「大形石棒」はこの狭義の石棒にあたり、後期・晩期に発達する小形精製品との念頭に、片手で持つことが困難な大形の粗製石棒を指す。大形石棒と小形精製品との区別は必ずしも截然としたものではなく、実際の遺物の分類では曖昧さを残すが、大下明（2001）が示した考えに賛同し、片手に握って持てる携行可能なサイズのものを「小形」、片手での携行が困難なものを「大形」としておく。なお、「大型」でなく「大形」の語を用いるのは、同種のものの中の大小のタイプを表わす「型」でなく、種類や機能の違いに関わる意で「形」の方が適当と考えるためである。
　編者は石棒と称されるものの中には起源を異にする別種の遺物が混在していると理解しており、「大形石棒」と「小形石棒」との区別は最低限必要との立場をとる。しかし、両者の関係について研究者の見解は分かれており、大形石棒の中から小形石棒が分化して系統的に発生したという見方と、別種

の遺物と考える見方が並立している。山本暉久（1979・83）は前者をとり、出土状況の時期的変遷を踏まえて祭祀の対象から祭祀用具への機能分化として石棒の変遷を論じた。一方、後者の中で注目されるのは武器説ないし武器模倣説である。後藤信祐（1986・87）は、後期・晩期の小形石棒が形態や出土状況において石剣・石刀類と共通性が強いことを明らかにし、「刀剣形石製品」というカテゴリーにまとめ、型式分類と系統関係の検討をおこなっている。西脇対名夫（1998）は瘤状の端部装飾をもつ後期・晩期の石製品を「石剣」と総称し、それらがオルドス地方や南シベリアの青銅剣に起源をもつ可能性を型式学的に論じている。両頭の小形精製石棒の中に、拵えを施し鞘に収めた状態の青銅剣を模したものがあるという西脇の指摘は十分に蓋然性があり、小形精製石棒と大形石棒が別種の象徴物である可能性を示した。小杉康（2004）も、両頭式の小形精製石棒を青竜刀形骨器・石器、骨刀・石刀などとともに戦闘用（模擬戦用）の武器と見て、それらを「刀剣系の骨製棍棒・石製棍棒」と総称している。

　小形精製石棒の中にはおそらく大形石棒から発生してくるものと武器模倣の一群とが混在しており、型式学的な整理・弁別が必要である。後期・晩期の小形精製石棒類のなかにも、実際には片手で持てないサイズの比較的大型品が少なからず存在するが、それらは弥生時代の銅矛や銅戈が武器型祭器として大型化した現象にむしろ類似している。「大形石棒」と「小形石棒」との区別は、遺物のサイズだけで機械的におこなうべきではなく、型式学的な比較同定と、出土状況や取り扱い方の比較検討を踏まえて考察すべきことは当然である。　　　　　　　　　　　　　　　　　　　　（谷口康浩）

大下　明　2001　「近畿地方における大型石棒の受容と展開（上）―頭部笠状二段大型石棒の創出―」『縄文・弥生移行期の石製呪術具3』文部省科学研究費特定領域研究Ａ（1）「日本人および日本文化の起源に関する学際的研究」考古学資料集18、9-28頁

小杉　康　2004　「縄文文化に戦争は存在したのか―棍棒をもつ社会―」『文化の多様性と比較考古学』考古学研究会、215-224頁

後藤信祐　1986・87　「縄文後晩期の刀剣形石製品の研究（上）・（下）」『考古学研究』第 33 巻第 3 号、31-60 頁、同 4 号、28-48 頁

鳥居龍蔵　1924　『諏訪史　第一巻』信濃教育会諏訪部会

西脇対名夫　1998　「石剣ノート」『北方の考古学』野村崇先生還暦記念論集刊行会、209-224 頁

山本暉久　1979　「石棒祭祀の変遷（上）・（下）」『古代文化』第 31 巻第 11 号、1-41 頁、同 12 号、1-24 頁

山本暉久　1983　「石棒」『縄文文化の研究 9』雄山閣、70-180 頁

縄文人の石神
～大形石棒にみる祭儀行為～

目　次

まえがき
例　言
「大形石棒」の用語について

縄文人の石神
　―「行為」と「コンテクスト」による大形石棒の研究法― ………　谷口　康浩　　1
大形石棒の製作遺跡と流通
　―北関東における火成岩製石棒の製作と流通を中心として― ……　大工原　豊　　26
コラム1：大形石棒の石材の観察・記載法 ………………………………　中島　啓治　　54
石棒観察から読み取れること ……………………………………………　長田　友也　　66
石棒にみられる痕跡について ……………………………………………　中島　将太　　86
大形石棒が埋まるまで
　―事例研究による「石棒」（鈴木2007）の改訂― …………………　鈴木　素行　　108
住居跡出土の大形石棒について
　―とくに廃屋儀礼とのかかわりにおいて― ……………………………　山本　暉久　　135
コラム2：東京都町田市忠生遺跡A地区出土の大形石棒 ………　川口　正幸　　152
大形石棒と縄文土器―異質な二者の対置と象徴操作― ………………　中村　耕作　　164
東北北部の大形石棒にみる地域間交流 …………………………………　阿部　昭典　　183
中四国地域における大形石棒 ……………………………………………　中村　豊　　209
コラム3：縄文時代の男根形土製品 ……………………………………　加藤　元康　　230

あとがき

國學院大學大形石棒プロジェクトチーム名簿
編者略歴
執筆者一覧

縄 文 人 の 石 神
――「行為」と「コンテクスト」による大形石棒の研究法――

谷 口 康 浩

1. 大形石棒の重要性

(1) 縄文人の石神

縄文人が「石」に特別な観念・信仰を抱いていたことは、さまざまな状況証拠からうかがい知ることができる。とくに縄文時代後・晩期の東日本・北日本地域では、大規模な配石遺構や環状列石の発達が著しく、石に対する観念・意識の強まりが看て取れる。それらの配石遺構のなかには、後期中葉から晩期前半にかけて特定の場での配石行為が繰り返された結果、多量の石が累積して荘厳な人工景観が作り出されるに至った例も見られる。築造期間を縄文人の世代に換算すれば優に10世代を超えていたであろう。特別な場所・空間への記憶や祈念を石によって可視化し、あたかも永久的に留めようとするかのような行為である。次の弥生時代には、これほどまでに石にこだわった記念物は見当らず、縄文人の石に対する観念の強さが余計に際立って見えるのである。

縄文人が作り出した数々の石製遺物のなかでも、その巨大さでひときわ目を引くのが「大形石棒」である[1]。男根を象る石製品、生殖器崇拝の対象という説が古くからある[2]が、真相はまだ分からない。それはともかく、これほど大きな石製品は他になく、圧倒的な存在感を漂わせている。縄文人の背丈をはるかに越えるような大形品も見られ、重量50kgを超えるような例は一人ではとても持ち上げられない。長野県佐久穂町北沢に立つ大形石棒は全長約223cmもあり、最大の例として知られている（島田1995）。一本の石製品としてこれほど大きいモノは、他の時代を見渡しても珍しい。東京都忠生遺跡A地区の中期中葉、勝坂式期の竪穴住居跡から発見された出土品（長さ

184cm、重量 55.7kg）は、大形石棒がその発生段階からいかに大形で重厚なものであったのかをあらためて示した（忠生遺跡調査団編 2006、本書川口コラム）。大形石棒の大部分は、最終的に縄文人自身の手によって破壊されてしまっており、出土品のほとんどは割られた石塊だが、それでも実物を手にすると、縄文人が時間とエネルギーを惜しみなく傾注して制作したものであることが、ひしひしと伝わってくる。

　縄文人がこれほどまでに力を込めた石の造形が、どうでもいい気まぐれの存在であったはずはない。縄文人の心のなかの世界を正確に復元することは困難であるが、大形石棒が彼らの宗教的観念に由来した重要な象徴であった点は間違いないであろう。とくにそれが「石」を素材とした造形であり、敲打と研磨によって石のなかから時間をかけて作り出されているところに、特別な信仰対象として、儀礼や祭祀にかかわる重要な意味・象徴性をもっていたことが感じ取れるのである。

　草創期に出現した土偶に比べて、大形石棒の出現は大幅に遅く、分布の中心といえる中部・北陸・関東地方に典型的な有頭石棒が登場するのは中期初頭である[3]。大形石棒に象徴化された縄文人の心象・観念を仮に「石神」とよぶとすれば、それは縄文人の心の発達史のなかでは比較的新しい段階になって形成されてきた宗教的観念に違いない。大形石棒が発生・発達した中期の中部・関東地方で集団墓を中央に位置づける環状集落が発達したことや、大形石棒が墓域や竪穴住居跡から出土する例が少なからず見られることから、筆者はそれを「祖先」「祖霊」の観念の発達に密接に関係したものと推定している（谷口 2005）。何にせよ大形石棒の発生は、縄文人の世界像のなかに、土偶とはまったく異質な、何らかの新たな心象・観念が明確に立ち現われ物質化されてきたことを意味するもの、と考えてよいだろう。「石神」は土偶とはまったく異質な宗教的観念であり、儀礼・祭祀の体系も大きく異なっていたという予測が成り立つ。土で作られ、縄文土器と造形上で融合することの多い土偶と、石で作られ、土製品に模造[4]されることのほとんどない大形石棒は、製作・造形上もほとんど接点を持たず、製作者の性差はもとより両者がもつ文化的背景の異質さ、隔たりの大きさを示唆している。

(2) 研究の必要性と方法

　一般に世界像や神観念などの宗教的観念は、人々の文化的行動や価値観を統一する根源的なイデオロギーであり、儀礼・祭祀はその表現形式として社会統合に重要な役割をはたしている（渡辺1972）。考古学も社会と文化の復元を目標とするかぎり、儀礼・祭祀の問題を遠ざけるわけにはいかない。

　大形石棒も縄文文化・縄文社会を理解するための重要な研究対象として正しく位置づけるべきであるが、それに反してまだ十分な研究の蓄積がない。それどころか、意味の捉えどころのないものとして軽視されたり後回しにされたりする傾向がいまなお残っている。基礎的な情報源となるべき発掘調査報告書においても、大形石棒やその出土状況についての事実記載は不十分な場合が多い。大形石棒にかぎらず、考古学の立場から宗教的儀礼・祭祀にかかわるモノの象徴的な意味を解き明かしていくには、遺跡のなかでの出土状況や遺物そのものの詳細な観察に基づく基礎的情報の蓄積が不可欠である。容易ならざる研究対象であるからこそ、大形石棒を使用した縄文人の具体的な「行為」やその「コンテクスト」の復元につながる出土状況を、できるだけ詳細に観察しなければならない。

　儀礼・祭祀の考古学研究を成り立たせるためには、基礎となる方法論の構築が必要である。儀礼や祭祀に関係しそうな遺物を取り上げ、資料を集めて整理し、型式分類や編年、起源、系統などを整理することは、基礎的研究として必要である。しかし、言うまでもなく、祭祀遺物の形態的特徴を詳細に記述・解明することが究極的な目的なのではない。儀礼・祭祀の考古学は、祭祀遺物の型式学的研究とは次元が異なり、儀礼・祭祀の文化的な意味や構造の理解を目指すものである。その目標へ接近するためには、遺物の形態的属性の分析だけでは限界があり、「行為」や「コンテクスト」の考え方を組み込んだ方法論が必要である（谷口2012）。

　「行為」とは、儀礼・祭祀に関係した当時の人々の具体的な行為を、モノや遺跡から読み取ることを指す。「コンテクスト」とは一般に出土状況を指すが、それは無機的事象としての出土状況や遺物・遺構の単なる集積の意味ではなく、遺跡に残るモノ・行為・空間の関係であり、ある行動や文化的行

為のなかで用いられた状況をとどめる資料群全体の機能的関係、あるいは文脈として理解すべきものである。大形石棒を観察すると、そこにも実際に、数々の興味深い「行為」や「コンテクスト」を読み取ることができる。そうした視角から大形石棒の正体に接近を試みてみよう、というのが本書の基本的なテーマである。

　本論では、大形石棒の研究法ならびにそれに関連する前提的な問題について考えてみたい。大形石棒だけに限定した個別特殊な問題というよりも、儀礼・祭祀の考古学に共通する方法論上の諸課題を検討することになるが、大形石棒という不可思議な象徴物の意味や祭儀の本質に接近するための方法序説として位置づけたい。

2. 祭儀行為のタイポロジー──基礎理論と方法論──

(1) 儀礼・祭祀の「反復性」「再現性」

　遺跡に残された断片的な痕跡から過去の儀礼・祭祀を復元することはいかにして可能であろうか。

　儀礼・祭祀の一般的特徴は、祭儀行為が一定の形式と手順に則っておこなわれ、かつその意味が参加者に了解されていることである。そのための道具立てや空間設定でも形式が重んじられ、厳粛で非日常的な機会が演出される。本能にしたがって生きる生物にとっては自然そのものが絶対的な秩序であるが、人間の文化は言葉や概念という人間のシンボル化の能力が作りだす「共同幻想」ともいうべき意味・記号の世界であり、そこではモノの価値もそれ自体がもつ絶対的な価値ではなく意味の関係やフォルムの上に了解されているものにすぎない（丸山1984）。人間の社会と文化を秩序づける神話や世界像は、つまるところそうした意味や象徴の織りなす記号的な体系（コード）であるから、社会の構成員全体がそれをしっかりと共有するためには、何らかの形でそれを物質化・可視化し、しかも定式的な行為を繰り返すことで絶えず再確認する必要がある（井上・山中・唐須1983）。これは文化記号論に立脚した説明であるが、宗教的な祭礼や年中行事、あるいは葬儀や通過儀礼に見るように、多くの儀礼・祭祀がなぜ決まりきった形式で繰り返しおこなわ

縄文時代のような無文字社会ではとりわけ、儀礼・祭祀を一定の形式に則って繰り返しおこなうことは、世界観をはじめとする社会の根本秩序を再確認し、あるいは活性化する上で、重要な意味をもったであろう。小林達雄は、環状列石をはじめとする縄文時代の大規模記念物が縄文人の世界観を可視化し強化する舞台装置であったと述べるとともに、それらの築造行為が長年月にわたって続けられている点にこそ、記念物の存在意義と社会的機能があると論じている（小林2005）。環状列石のなかには集団墓の上に築造されたものや土器棺再葬墓をともなうものがあり、祖先祭祀や死者儀礼に関係した神聖な祭儀空間であったことを示唆しているが、多量の巨石を運び込んで荘厳な人工景観を形作っていくエネルギーはたしかに非常に大きなものであり、そうした築造行為を継続すること自体が、祖先と子孫との系譜的な連鎖を意識させたり、社会集団のアイデンティティーを強めたりすることにつながり、多くの参加者たちを文字通り一つの共同幻想の世界に巻き込んでいったであろう。阿部友寿は配石によるこうした行為の継続を「遺構更新」とよび、そこに墓への記憶と祖先観が読み取れるという重要な見方を提起している（阿部2003）。何世代にもわたる長年月の行為の継続性・反復性を、遺跡の形成過程の分析から実際に読み取ることができれば、そうした解釈も妥当なものとなる。

儀礼・祭祀の考古学においても、重要な手がかりとなり得るのは、このような行為の「反復性」「再現性」である。レンフルーとバーンは、考古学が取り扱うことのできる儀式や祭儀行為の物質的痕跡として、象徴的な意味をもつ神聖な場所・建物・施設、崇拝対象となる神像・図像・シンボル・芸術、捧げられた供物・供犠・奉納品、参加者の宗教的体験を誘う諸々の仕掛けや道具などを挙げているが（レンフルー・バーン2007）、それらとともに反復性・再現性をもった「行為」を遺物と遺跡の状況から厳密に読み取ることができるかどうかが重要である。遺物・遺跡に残る痕跡や状況のパターンから反復性・再現性をもった過去の行為の型や形式を見つけ出すことが、儀礼・祭祀の考古学にとっての基礎的方法になる。この手続きを、ここでは祭儀行為の

タイポロジーと称しておく。

（2）大形石棒に残る儀礼的行為の形式

　大形石棒の象徴的意味を、石棒自体の形態から直接知ることはできない。また形態を唯一の根拠として、類似の民族・民俗例から用法や意味を類推する方法も危険である。石神の正体に接近する手がかりは、やはり「行為」と「コンテクスト」のなかにある。上述した方法的規準は大形石棒の研究にも適用すべきものであり、大形石棒を用いておこなった行為や動作、あるいは大形石棒自体に加えられた行為を、遺跡・遺物の現象面から具体的に捉え、そこから何度も繰り返し表現される行為のパターンや形式を読み取っていくことが重要な手続きとなる。類似の状況のなかで繰り返し再現される儀礼的行為のパターンは、儀礼・祭祀の形式に関係している可能性があり、象徴的意味を探る貴重な手がかりとなるであろう。

　たとえば、大形石棒の出土状況に見られる一つのパターンとして、石棒と石皿が対になって残された事例が数多く確認される（第1図）。竪穴住居や柄鏡形敷石住居の床面に両者を一対にして遺棄した事例、住居内の左右の空間に両者を対置した事例、住居内の石囲炉の対向する位置に両者を埋め込んだ事例、墓壙内に両者を埋めた事例、祭祀遺構とされる遺物集中のなかで両者

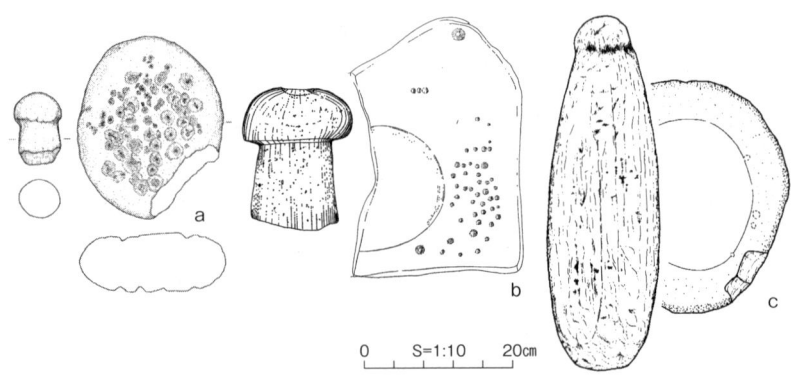

第1図　大形石棒と石皿の一対の関係
　a：群馬県五料野ヶ久保遺跡1号敷石住居　b：福島県大畑貝塚アワビを中心とした特殊遺構
　c：群馬県天神原遺跡石棒祭祀遺構

縄文人の石神―「行為」と「コンテクスト」による大形石棒の研究法―

を対に用いた事例など、さまざまな状況のなかで石棒と石皿を対に用いた証拠が見出せる。完形の石棒・石皿を用いる場合もあるが、破片を用いるものがむしろ多い。それらの時期は中期から晩期にわたっており、時期・地域を超越した普遍性・継承性を示している。筆者は、石棒を男性的象徴、石皿を女性的象徴と見なし、この一対の関係を性交の隠喩表現と解釈した（谷口2006）。大形石棒に象徴化された「石神」の強い活力・生殖力をこのような形式で演出し再現することが石棒祭儀の一つの重要なテーマになっていた、と筆者は推理している。この解釈は一旦保留するとしても、縄文人が石棒と石皿を対照的なものとして認識し、それらに対立的・二元論的な象徴的意味を与えていたことは確実であり、それらに対して用いる祭儀行為の形式・パターンがあったことはほぼ間違いない[5]。

　大形石棒にはまた、火にかけられたことによる表面の変色や剥離が顕著に見られる。偶然焼けたものではなく故意に火にかけたことは圧倒的な事例数から明らかであるが、その行為が完全な状態の石棒に加えられたものなのか、石棒を破壊する際におこなう行為なのか、すでに破片となった後にもおこなわれる行為なのか、そうした燃焼行為のタイミングや燃焼をおこなった場のコンテクストを詳しく調べる必要がある。山本暉久は中期末の柄鏡形住居跡における石棒の出土状況に関して、住居廃絶にともなう儀礼的行為のなかで大形石棒を火にかける行為があったと解釈している（山本2006・2009）。一方、鈴木素行は、祭儀に用いた大形石棒の象徴的機能を燃焼によって否定、破壊する行為と解し、一度破壊された石棒の破片は本来の祭儀上の意味をもはや持たない「転用品」と論じている（鈴木2007）。いずれの解釈が妥当なのか、現時点では判断できないが、製作から廃棄に至る石棒のライフサイクルのなかのどの時点で、どのような燃焼がおこなわれたのかを多くの事例で調べ、行為のパターンを捉えることで、解釈の幅を絞り込むことが可能となろう[6]。鈴木は弥生時代後期の火災住居跡での砥石の破砕状態を仔細に観察・分析し、石棒の被熱痕跡への応用を視野に、火熱によって石がどのように破砕するのかを検討している（本書鈴木論文）。これは石器の機能・用途研究におけるミドルレンジセオリー（阿子島1983）と同じ方法論的立場からの新たな取り組

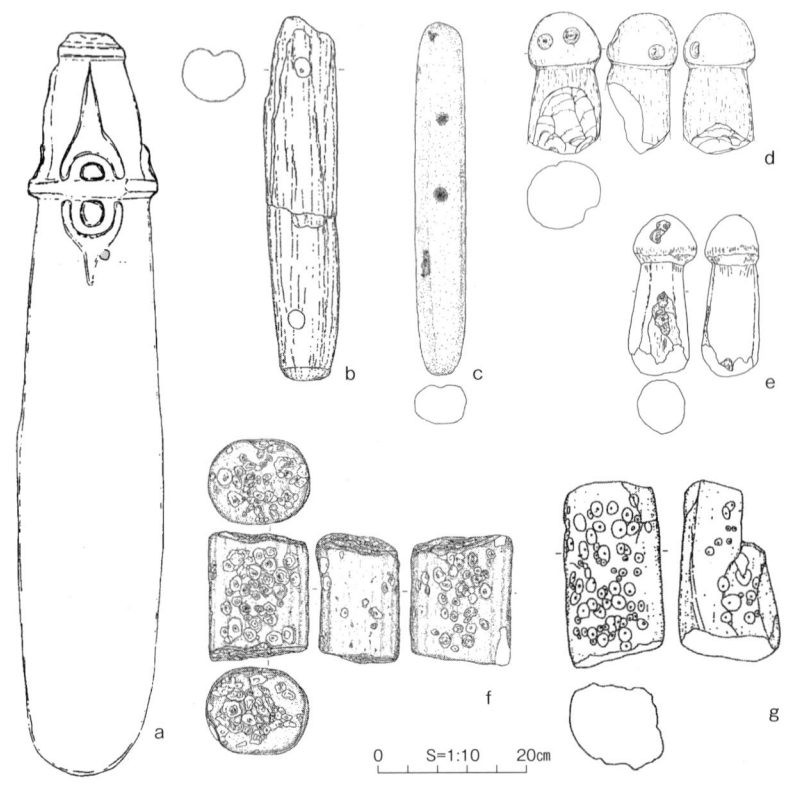

第2図 石器転用としては不自然な大形石棒の穿孔例
a：富山県大境洞窟　b：群馬県三原田遺跡　c：千葉県吉見台遺跡　d：千葉県北側第2遺跡
e：千葉県三直貝塚　f：山梨県原町農業高校前遺跡　g：群馬県三原田遺跡

みであり、「被熱痕跡」の背後にあった行為の絞り込みに期待が持てる。
　大形石棒の表面には、火にかけた痕跡だけでなく、研磨、磨耗、穿孔、敲打など、さまざまな行為の痕跡が残されている（長田2008、本書中島論文）。とくに高い頻度で見られるものに「穿孔」がある。大形石棒の表面や輪切り状の破断面に凹石と同様の半穿孔を加えた例はきわめて多く、凹石に転用したものと報告される場合が多いが、これには注意が必要である。完形もしくはほぼ完形の状態の石棒に加えられた穿孔例（第2図a・b・c）や、安定のよくない石棒頭部にわざわざ穿孔を加えた例（第2図d・e）、さらに石皿に

8

対する行為と同じいわゆる「蜂の巣石」の過密な穿孔例（第2図f・g）などは、単なる転用と見るには不自然であり、それ自体が儀礼的行為であった可能性が高い。石器への転用という予断を持たず、大形石棒が製作されてから最終的に遺跡に埋まるまで、石棒やその破片に加えられたさまざまな行為を観察し、一連の行為の時間的関係とコンテクストを個々に明らかにしていく視点を持ちたい。そこからもまたいくつかの行為の形式を読み取ることができるであろう。

　大形石棒の象徴的意味を探るためには、このように実際に観察可能な行為の痕跡を注意深く観察することから始めるしかない。表面的な類似を超えて、それらの行為の流れや出土状況に「形式」と認めてよいパターンがあるのかどうかを見極めていく必要がある。「反復性」「再現性」をもった行為の普遍的なパターンや形式を発見することが、石棒祭儀の正体に接近する基礎となるはずである。このように大形石棒の研究においても、「祭儀行為のタイポロジー」が有効であり、型式・形質の分析とともに方法論の基礎に位置づける必要がある。

3. 前提的な諸問題

（1）大形石棒の範疇と同一性

　「大形石棒」というのは、当然のことながら、考古学の記述・研究上の必要から作られた一つの分類カテゴリーである。製作・使用の当事者としての縄文人たちが観念していたそのモノと、私たちの設けた分類とが一致している保証はない。これはほとんどすべての考古資料にあてはまる一般的な問題ではあるが、「大形石棒」は象徴的なものであるがゆえに、表面的な形態に基づく分類の妥当性・有効性を検証することは一層困難である。

　「大形石棒」とは、片手では持つことのできない大形粗製石棒を一応の定義とし、小形精製石棒類と区別するものである。「石棒」とよばれるモノのなかには多様な種類の遺物が混在しており、片手ではとても持てない大形品と、片手での動作や佩用が容易な小形精製石棒類との区別は、最低限必要である。しかし、大形石棒の形態や大きさはさまざまであり、敲打・研磨によっ

て丁寧に造形されたもののなかにも、明確な頭部を作りだした有頭石棒と、頭部のないエンタシス状または円柱状の無頭石棒がある。また、柱状節理の原形をほぼそのまま留め整形加工をあまりおこなっていない状態のものや、柱状の自然石もしくは軽微な整形を加えた程度のものなども含まれる。

　石棒研究の前提として、これらの多様な石棒類をまず編年的・系統的に整理し、できるだけ妥当なカテゴリーに分類しなおす作業が必要である。しかし、土器型式の分類や型式組列と同じ思考法で形態の類似性や異同だけから石棒の起源や変化、文化的系統を論じることは早計な方法であり、避けなければならない。大形石棒の分類はこれまでにもおこなわれてきたが（鳥居1924、大矢1977、澁谷2007・2011など）、悉皆的な資料集成に基づいて、さらに体系的な分類をおこない、個々の類型・型式について出土状況や遺存状態の傾向を調べ、「行為」と「コンテクスト」においても同質性が認められるかどうかを検討する手続きが必要となる。大矢（澁谷）昌彦は、石棒の型式分類をおこなうと同時に型式ごとに加工痕や使用痕の傾向を調べる視点を早くから示し、研究を続けている（大矢1977、澁谷2011）。これは大形石棒の範疇や文化的な同一性を検討する正当な方法であり、継承・発展させていかなければならない。こうした方法的手続きを経てはじめて、それらを「大形石棒」という大きなカテゴリーに一括することが妥当かどうかを判断することができるであろう。

　文化的に同一と認めてよい石棒の広がり特定するには、大形石棒の製作遺跡と供給範囲の検討が有効である。大形石棒を集中的に製作した遺跡の存在が確認されている。その一つ群馬県西野牧小山平遺跡は、花崗斑岩の柱状節理が発達した大山の山麓に立地し、柱状節理の棒状転石を素材として中期後半に大形石棒を多量に製作していた遺跡であり、ここから広く関東地方に製品が流通していた可能性が指摘されている（鈴木2007）。また、群馬県内には三波帯の緑泥片岩を用いた青色の美しい大形石棒が多く、製作遺跡はまだ特定できないものの、やはり多くの製品が各地に流通していたと予想される。厳密な産地同定は難しいが、点紋緑泥片岩という特徴的な石材を用いて製作された大形石棒が、鏑川流域を中心に分布していることが注意されている（本

書大工原論文)。特定の製作地からどの程度の地理的範囲に大形石棒の製品が供給されていたのかを、岩石学的鑑定と型式同定の両面から明らかにすることができれば、同一の石棒文化を共有していた集団の規模や広がりを具体的に知ることができる。大形石棒から見えてくる「地域」や「集団」と、その他の文化要素—たとえば土偶型式や土器型式など—から見えてくるそれとの比較検討からも、石棒の性格を探る手がかりが得られるかもしれない。

　異系統の大形石棒が一つの地域または遺跡に共存する現象も興味深い。周知のごとく、富山県・新潟県を中心とした地域には「鍔をもつ彫刻石棒」が分布している（小島1976・86）。彫刻を加えた絞まった頭部と胴張の強い体部をもつ形態が同地域の大形石棒の主流であるが、遺跡によっては傘型の頭部をもつ異系統の大形石棒が共に出土している（長田2009）。緑泥片岩製品が含まれる点から見ても、長野・群馬方面からの搬入品が含まれると予測される。また、中期の東北地方に分布する大形石棒にも、東北特有の円柱状のタイプとともに関東的な有頭石棒のような明らかに系統の異なるものが共存している（本書阿部論文）。このように明らかに発生系統の異なる大形石棒がそれぞれどのように取り扱われ使用されていたのかを比較し、文化的同一性が認められるか否かを検討しなければならない。

(2) 大形石棒の変形・再生

　大形石棒の型式分類は、もっとも変化に富んだ頭部の形態的特徴に基づいておこなわれる場合が多い。頭部以外の属性が乏しいために、頭部の形態に着目した分類がおこなわれてきたのは当然のことである。しかし、大形石棒の最終形状に基づく静態的分類には注意が必要である。

　大形石棒の表面には、さまざまな二次的加工、変形の痕跡が残されている。研磨または磨耗、凹石状の穿孔、敲打、剥離または剥落などが主なものである。大形石棒が破断した後に破片に加えられた加工が多いが、完形またはそれに近い状態のものにも二次的加工や変形が認められる場合がある。つまり、大形石棒は最初に製作された原形をそのまま留めているとはかぎらず、それ自体を使用したさまざまな行為によって二次的に変形を受ける場合があることを念頭に置かなければならない。磨製石斧のような利器類では、使用によっ

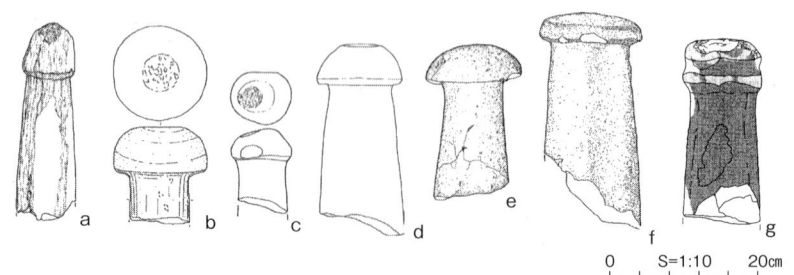

第3図　石棒頭部の二次的変形・再加工例
a：群馬県横壁中村遺跡　　b：神奈川県粕上原遺跡　　c：山梨県大月遺跡　　d：山梨県郷蔵地遺跡
e：静岡県上白岩遺跡　　　f：群馬県行田梅木平遺跡　　g：長野県長峯遺跡

て絶えず刃部の損傷・磨耗が起こり、そのたびに刃部再生がおこなわれるために、石器の形状が変形、縮小する。このような石器のリダクションは、石器の分類において常に考慮しなければならないが、大形石棒の従来の研究ではこの問題がほとんど認識されてこなかった。

　そのような観点から石棒の頭部形態に注意してみると、傘型の頭部をもつ有頭石棒のなかにも、頭部上面が不自然に平坦化したものや、他の部位に比べて明らかに磨耗したもの、頭頂部付近に多くの凹みや剥離が見られるものがある（第3図）。石棒の頭部を擦る・敲く、別の対象に擦りつける・擦り合わせる・敲き合わせる、といった行為がおこなわれた可能性がある。そうした行為によって傘型頭部の形状が二次的に変形、縮小していくことが実際に起こり得るのである。長野県長峯遺跡例（第3図g）は、石棒頭部についた被熱痕と付着物が後から加えられた磨耗で削り取られた状態が見られ、火熱を加えた後に頭部を再加工したことをうかがわせる。いわゆる無頭石棒のなかにも、頭部全体を剥離・敲打・研磨によって再生しているものがあり、そうしたケースのなかには切断した有頭石棒の頭部を再生したものが含まれている可能性がある。このような前提的問題を考慮すると、頭部形状に基づく静態的な分類は、あまり意味をなさないかもしれない。

　大形石棒の二次的変形は基部や胴部にも認められる。東京都千ヶ瀬遺跡では、長さ176cmの有頭石棒と長さ115cmの無頭石棒が並列して横たえられ

た状態で出土したが、前者の基部は斜めに著しく磨滅している。坪井正五郎とともに現地を調査した松村瞭は、「是れ明かに何らかの用途に当てられたることを證するものにして、其磨滅せる程度より推測すれば、常用とは云い難かるべきも、兎に角数々使用したるものなるべきは疑わざる所なりと雖、十六貫余の重量ある物を使用するは容易の業に非らずと云うべし」（松村1919：702）と特記している。筆者が実見調査した神奈川県相模原市№199遺跡出土の大形石棒も、頭部と基部に光沢を帯びるほどのつるつるの磨滅が残る（谷口2006）。千ヶ瀬例と同じく、磨滅の程度から推して、別の対象に擦り付ける、あるいは何かで擦る行為をかなり頻繁かつ長期にわたっておこなったものに違いないと見た。

　また、新潟県馬高遺跡では、頭部に彫刻のある完形の有頭石棒（長さ約50cm）の体部の表裏に、石皿のような磨り減りによる凹みが残る例が出土しており（中村1966）、類似の破損品が他にも1点ある（小熊2004）。新潟県前田遺跡でも、両端に彫刻のある完形石棒（長さ約39cm）の体部に、石皿状の凹面を残す例が出土している（長田2006）。新潟県アチヤ平遺跡出土のほぼ完形の大形石棒のなかにも、体部に溝状・凹状の磨滅を残す事例がある（長田2006）。中村孝三郎は馬高例を「石棒と石皿の兼用物」と捉え、長田友也は前田例・アチヤ平例を「砥石への転用」と見るが、これらの事例は、完形の石棒の体部を縦方向に擦る（磨る）行為があったことを示しており、一概に兼用・転用と断定すべきでない。むしろ、新潟地域に特徴的な石棒の取り扱いによる二次的変形としての可能性を考慮し、類例の探索を続けたい。秋田・山形・福島方面には、頭部の下側に意図的に凹溝を表した一群が分布しており（小島1986）、これらとの行為の類似性が指摘されるからである。

（3）間違った「完形品」の思い込み

　大形石棒の典型的な形態といえば、頭部・体部・基部が丁寧に造作された、長さ1m前後の長大なものを想起する。しかしながら、大形石棒がすべてそのような原形をもち、そうした製品のみを「完形品」と考えるのは、間違った予断である。

　東京都多摩ニュータウン№72遺跡の327号住居跡から出土した大形石棒

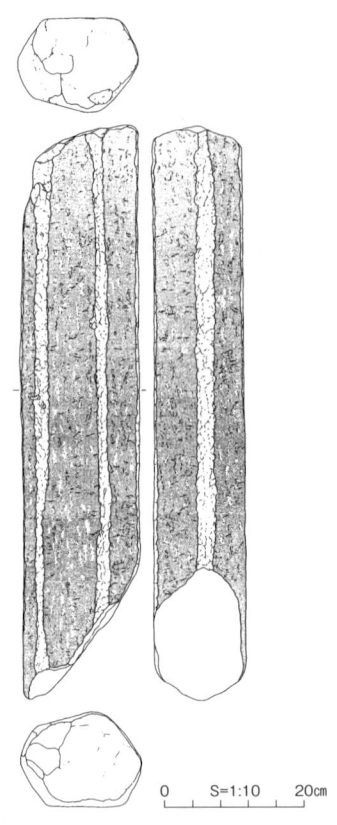

第4図　柱状節理の原形を留める石棒
東京都多摩ニュータウンNo.72遺跡327号住居

（中期中葉勝坂式期）は、長さ100cm、重量60kgの大形品であるが、断面六角形の柱状節理の原形をほぼそのまま留め、かつ一端が斜めに割れた形をしている（第4図：東京都埋蔵文化財センター編2005）。6面の節理面には元来の凹凸がそのまま残り、滑らかに加工された研磨面はない。断面の角の部分にだけ敲打による加工痕が残されている。両端面にも剥離による整形は見られない。石材の原産地は特定できないが、私たちが踏査した範囲では「伊豆六方石」（静岡県伊豆の国市）にもっとも類似している。近隣の拠点集落である東京都忠生遺跡A地区67号住居跡から出土した同じ勝坂式期の大形石棒は、断面六角形の柱状節理の棒状礫を加工して全体を整形し、彫刻のある頭部を明確に作り出している（忠生遺跡調査団編2006、本書コラム）。こうした完形例を念頭に多摩ニュータウンNo.72遺跡例を見れば、あたかも頭部を欠損した破損品かのように思えてしまう。しかしながら、多摩ニュータウンNo.72遺跡例の斜めの破断面を観察すると、伊豆六方石の原産地で観察した柱状節理の産状とまったく同じ乳白色の膠着膜に覆われており、この形状のまま原産地から遺跡へと持ち込まれた可能性が高いのである。長大な完形品が割れた残欠と決め付けるのは間違った予断であり、むしろこれが原形であったと考えるのが妥当である。柱状節理の原形を留め、両端が新鮮な折断面となっている類似の石棒は、多摩

縄文人の石神—「行為」と「コンテクスト」による大形石棒の研究法—

ニュータウンNo.9遺跡113号住居跡などからも出土している（東京都埋蔵文化財センター編2004）。

また、大形石棒の製作遺跡である群馬県西野牧小山平遺跡（山武考古学研究所編1997）・初鳥谷遺跡（秋池1997）や神奈川県塚田遺跡（南足柄市郷土資料館編1999）の出土品を観察した際にも、遺跡に残された加工途中の未製品のなかに、長さ70cm程度の比較的短小な石材に加工を加えたものが少なからずあることが注意された（第5図）。製作されたのは1mを超えるような大形品だけではなく、もともと短い形態が含まれていた可能性がある。これらの製作遺跡からも有頭石棒の「頭部」が出土しているが、はたしてそれらは大形品の欠品であったのか。そのような疑いも生じ

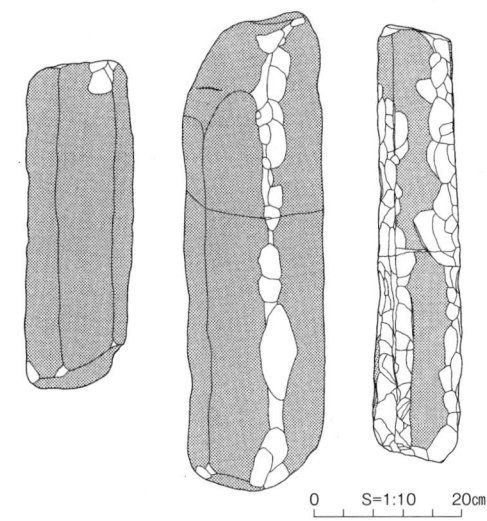

第5図　群馬県西野牧小山平遺跡における80cm以下の原石・未成品

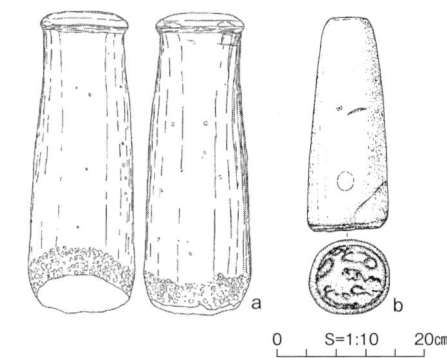

a：群馬県冨田下大日遺跡　b：千葉県長田雉子ヶ原遺跡
第6図　短小に製作または再生された例

てくる。短小に製作または再生されたと見られる出土例も実際にある（第6図）。比較的短い出土品をすべからく大形石棒の「破片」「欠損品」と即断すべきではなく、むしろ大形石棒のなかにも長さや形状によるランクや区別がなかったのかどうか、そのような観点からあらためて検討し直してみる必要があろう。

15

(4)「転用論」の問題

　大形石棒の破片が竪穴住居の石囲炉の用材として組み込まれている例がよく見られる。また、大形石棒の表面や破断面に凹石と同様の穿孔が加えられた例も非常に多い。これらのケースもまた普遍性をもつ行為のパターンには違いないものの、大形石棒の本質にかかわる象徴的・儀礼的行為としてではなく、手頃な石材として破片を単に「転用」したものと見なされる場合が多い。

　大形石棒の製作から埋没までのライフサイクルを整理した鈴木素行は、大形石棒の「儀礼」と「転用」とを厳格に区別する見解を表明している。鈴木によれば、大形石棒の祭儀は婚姻儀礼に際して1回だけおこなわれるものであり、その祭儀の後には「燃焼」によって大形石棒の象徴的機能が否定、破壊される。そうして一度破壊された石棒の破片には、本来の象徴的意味はすでになく、石材としてさまざまな形に「転用」されると論じている（鈴木2007）。

　しかし、石棒の破片に加えられる行為やその取り扱い方に、頻繁に現れるパターンや形式があるのも事実である。また、石棒の破片に凹石状の穿孔を

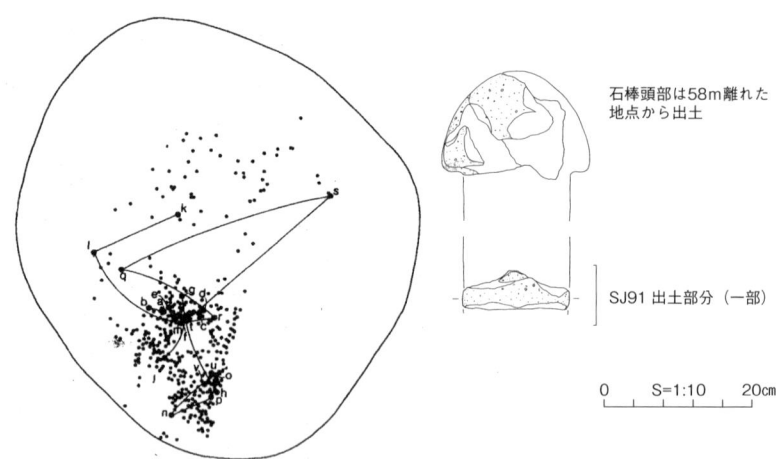

第7図　住居跡で石棒断片を細かくチッピングする行為の例
東京都大橋遺跡 SJ91（中期後葉）

加える行為は中部・関東地方では非常に顕著に見られるが、東北地方ではそれほどの頻度では認められない。こうした行為の地域差も単なる便宜的な「転用」では説明しがたい現象であり、やはり文化的行動としての意味があったことを予測させる。

「転用」では説明のつかない複雑な行為も見られる。東京都大橋遺跡SJ91号住居跡では、輪切り状に割れた大形石棒の胴部片から細かい剥片を執拗に打ち剥がしており、床面を覆って堆積する焼土混じりの層の中から打ち剥がしで生じた細かい剥片が360点以上出土し、その層の上にコアとなった塊そのものも遺棄されていた（第7図、目黒区大橋遺跡調査会編1998）。住居跡での何らかの儀礼的行為にともなって石棒の破片が持ち込まれチッピング行為がおこなわれた状況が読み取れる。同じ個体の頭部が住居跡からかなり離れた別地点から出土しており、件の破壊行為がおこなわれる前に、石棒はすでに分割または破断していたと推定される。大橋例に類似した行為は、千葉県金楠台遺跡2号住居にも見られる（千葉県都市公社編1974）。大形石棒頭部から剥離された剥片6点が床面からまとまって出土しており、残された剥片の数は少ないものの、6点の接合関係から順次打ち剥がされた状況がうかがえ、大橋例と同様の行為がここでおこなわれた可能性を示している。住居跡の床面に多量の焼土と木炭が残っていたことも、大橋例と状況が酷似している。石棒の破片を用いた行為にも儀礼的要素があったことを示唆する一つの例と見てよいであろう。

完形／破片という区別は、つまるところ私たちの概念であり、私たちには「壊れた石棒」「割れた石棒」と見えても、縄文人がそれをどのように観念していたのかは現代人の予断を許さない。「転用」の解釈は一旦保留し、大形石棒が製作されてから遺跡に埋没するまでの過程で、どのような行為や取り扱いが石棒に加えられているのか丹念に観察を続け、正確なデータを蓄積しなければならない[7]。行為のタイポロジーは完形品だけでなく破片を含めて、最終的に石棒が埋まるまでの一連の行為を対象とすべきである。

(5) 大形石棒の継承・伝世

大形石棒が本来どこに、どのような状態で安置されていたのかは明らかで

ない。集団の共同所有であったのか、保管・管掌の役にある特定の人物がいたのか、その点も不明である。完全な状態を保つ大形石棒がどのような場所から出土しているのかを調べ、一定の傾向が掴めれば、本来の保管状態をある程度推定できるかもしれない。富山県二ツ塚遺跡21号住居跡は竪穴住居の内部に完形の大形石棒を安置または遺棄した明確な事例である（富山県教育委員会編1978）。また、中期末～後期初頭の柄鏡形住居にも完形品が遺棄された事例が散見される（山本1996）。住居内での使用・安置はたしかにあったことが分かる。しかし、その一方、東京都千ヶ瀬遺跡（低位河岸段丘、松村1913）、群馬県南蛇井増光寺遺跡（河道跡、群馬県埋蔵文化財調査事業団編1993）、東京都中高瀬遺跡（河道跡、東京都埋蔵文化財センター編2007）、東京都下宅部遺跡（河道跡、下宅部遺跡調査団編2006）、新潟県馬高遺跡（谷底低地、小熊2004）、相模原市№199遺跡（谷底低地、相模原市1964）など、居住エリアから離れた地点から完形の大形石棒が発見されるケースも少なくない。それらはムラの周囲または外部の特別な場所に大形石棒が安置されていたことを示唆しているようにも思える。大形石棒の本来の保管状態はまだ掴めない。

　製作から最終的に遺跡内に埋まるまでの大形石棒の遍歴や時間経過を正確に掴むことは困難だが、大形石棒が世代を超えて継承・伝世されていたことも考慮する必要がある。小島俊彰は新潟県寺地遺跡（晩期）の配石群から出土した石棒のなかに中期の製品が含まれていることを指摘し、同様の例として東京都田端遺跡（後期中葉～晩期）を挙げている（小島1976）。戸田哲也も東京都田端遺跡、東京都下布田遺跡（第8図a、晩期）の石棒に中期の型式が含まれていることを指摘している（戸田1997）。こうした事例も、古い石棒がたまたま拾われて再利用されたと決め付けることはできない。

　大形石棒の出土頻度は、中期後葉の加曽利E3式期頃から急激に増加し始め、柄鏡形敷石住居跡が発達する中期末・後期初頭に一つのピークを見せる。柄鏡形敷石住居跡から高い頻度で大形石棒が出土することは周知の事実であるが（山本1996）、それらの出土品は同時期の所産にしては形態がまちまちで、本来製作時期の異なる新旧のタイプが最終的に破棄された結果のようにも見える。中期初頭五領ヶ台式期、中期中葉勝坂式期の出土例が中期後葉以降に

縄文人の石神―「行為」と「コンテクスト」による大形石棒の研究法―

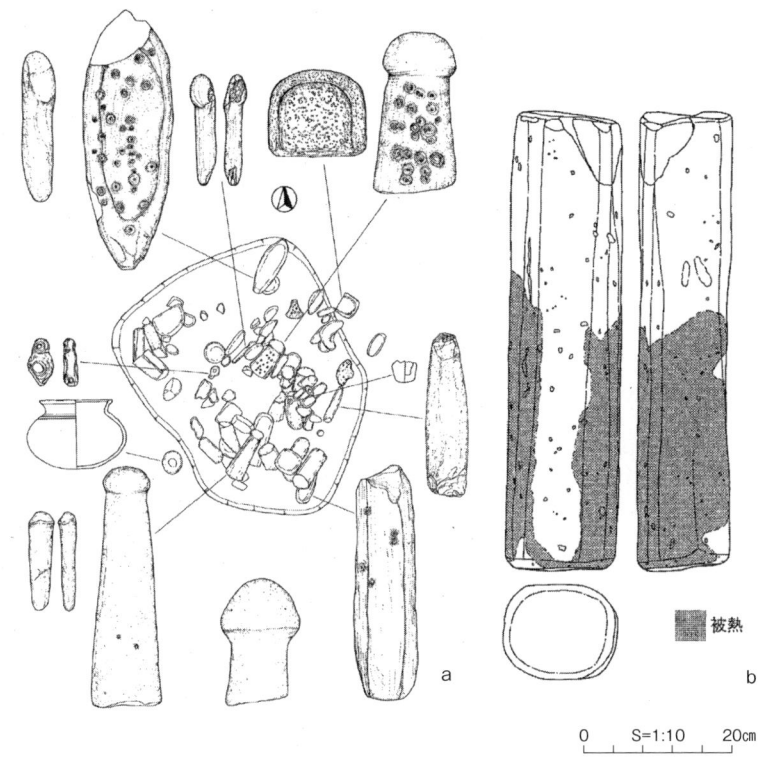

第8図　伝世品の可能性がある例
a：東京都下布田遺跡特殊遺構（晩期）　　　b：東京都多摩ニュータウンNo.245遺跡
　　　　　　　　　　　　　　　　　　　　　52号住居（後期前葉）

比べて少ないのは、絶対量の差のほかに「継承」「伝世」が理由の一つと考えられ、逆に中期末の急増現象はその伝世が中断され廃棄されることが増えたことによる見かけの増加を含んでいる、と筆者は見ている（谷口2005）。

　東京都多摩ニュータウンNo.245遺跡52号住居跡出土の大形石棒（長さ72cm）は、後期前葉堀之内1式土器をともなって出土したものであるが、該期に一般的なエンタシス状の円柱形ではなく、断面四角形の柱状節理の原形を残すタイプである（東京都埋蔵文化財センター編1998）。石棒自体による厳密な年代決定はできないが、多摩ニュータウンNo.471遺跡・No.9遺跡などで出

19

土している中期前葉〜中葉の例（東京都埋蔵文化財センター編1993・2004）に形態・石質が類似し、中期からの伝世品の可能性があるように見受ける（第8図b）。表面や割れ面稜線の著しい磨耗も長期の伝世を彷彿とさせる。本例の下半部は火熱により黒色化しており、微量の付着炭化物の年代測定により石棒そのものの製作年代（厳密に言えば燃焼を受けた年代）を特定することができれば、伝世問題を実証的に検討できるかもしれない。

　ここに指摘した諸問題は、現時点では確定的な判断を下せないことがらばかりであるが、大形石棒にかかわる「行為」や「コンテクスト」の形式・パターンを捉えることが実際に可能であり、有効な研究法になることを例示したつもりである。個別事例の注意深い観察と多くの類例の比較・類型化によって、大形石棒をめぐる儀礼的行為を一つ一つ復元し組み立て直していくこと。これが当面の目標になる。

　註
1) 鳥居龍蔵は、1924年に最初の石棒の形状分類を提案した際に「石棒」の用語の意味に触れ、一般に「石棒」と呼ばれるものを精製石棒と粗製石棒に大別し、後者を狭義の「石棒」、前者を「石剣」とした。狭義の石棒について「一般に大形で、横断面は円形又は楕円形を呈し、石質は安山岩、花崗岩、緑泥片岩等が多く、石質の関係上外面が幾分平滑を欠き、頭部に瘤を持つものの外に装飾らしいものは見当らない」と定義を明確にした（鳥居1924：149頁）。本論で用いる「大形石棒」はこの意味の石棒にあたり、片手で持つことが困難な大形の粗製石棒を指す。
2) 男根説・生殖器崇拝説など石棒の性格をめぐる諸説については山本暉久による研究史の整理を参照（山本1987）。
3) 中部・関東地方における有頭大形石棒の出現期は、現在知られる確実な出土例では中期初頭五領ヶ台式期である。長野県穴沢遺跡D1号土坑出土例（梨久保式期）が今のところ有頭大形石棒の最古例である（穴沢遺跡発掘調査団編1995）。群馬県内の前期後半には、数本の刻線や彫刻によって頭部を作り出した、10数cmの小形品が知られているが（荒砥上ノ坊遺跡・陣場遺跡・中棚遺跡・行田I遺跡など、能登1995）、片手で持てない大きさではない。石川県真脇遺跡出土の前期後葉の

縄文人の石神―「行為」と「コンテクスト」による大形石棒の研究法―

彫刻付木製品「トーテムポール状木製品」と北陸地方の彫刻付大形石棒との類似性が指摘されており（鈴木1999）、大形石棒の発生につながる宗教的観念が前期にすでに出現していた可能性がある。東北地方北部にも前期後葉ないし前期末にさかのぼる出土例がある（岩手県清水ヶ野遺跡・大中田遺跡など、本書阿部論文）。東北地方の前期出土例を検討した戸田哲也は、大木6式土器に共伴した清水ヶ野・大中田例を根拠として「石棒の確立、即ち最古の石棒は、東北地方内陸部、特に北上川流域の前期末まで遡ることが確実となった」との認識を示している（戸田2009）。中部・関東地方の中期に発達する有頭石棒と東北前期末の一群を同一の文化的系譜と見てよいかどうかは、遺物の形態だけからでは判断できない問題であり（本論第3節）、石棒の起源の捉え方に課題が残る。中部・関東地方においても、前期後半に大形石棒がすでに存在していたかどうか、確実な出土例をまって検討する必要がある。

4) 石棒に類似した形態の土製品が散見される（本書加藤コラム）。しかし、その多くは男根を比較的写実的に表現したもので、秋田県上ノ山II遺跡出土例などに見られる男根形の石製品（春成1996）にむしろ共通している。傘形・亀頭形の有頭石棒を象った土製の模造品やミニチュアは稀少であり、少なくとも晩期の岩版・土版のような密接な関係のもとでの材質の置換は認め難い。大形石棒はやはり石で造形されるところに本質があると考えてよい。

5) 中村耕作は、竪穴住居跡での出土状況に見られる大形石棒と縄文土器の対置関係に注目し、筆者が石棒と石皿の一対の関係に認めた対立的・二元論的な象徴的意味やそれらを対にして用いる儀礼的行為の形式・パターンが、石棒と土器の間にも成り立っていたことを論じている（本書中村論文）。

6) 東京都あきる野市三島神社所蔵の完形の大形石棒（全長123cm、筆者実見）には、下半部に被熱による褐色の変色と暗褐色の付着物が残る。岐阜県高山市上宝村本郷出土の完形の大形石棒（全長81cm、筆者所蔵）にも、胴部の中ほどから上部にかけての表面に、被熱による黒色付着物が残る。このように、破断していない完形品にも火にかけられた痕跡が観察される例が実在することから、筆者は、火にかける行為が石棒廃棄時の作法にかぎらず、それ自体が石棒祭儀の一部として儀礼的意味をもっていたものと推定している。

7) 戸田哲也は、石棒の製作から埋没・再利用に至るまでの過程でおこなわれた「第1次儀礼」から「第4次儀礼」までの儀礼的段階を想定している（戸田1997）。石棒にかかわる行為の流れを時間的に整理する視点を明示した重要な先行研究で

あるが、本論の立場は異なり、先験的にそれらを儀礼と捉えるのではなく、また逆に破壊後の行為を転用・再利用と決め付けるのでもなく、現象上に痕跡化した「行為」や「コンテクスト」のパターンの読み取りに徹する必要性をここでは主張している。「水辺の石棒儀礼」という解釈（戸田2011）についてもまた然りであり、筆者はその出土状況の意味を解釈できるだけの十分なパターンの把握がまだできていないと認識している。

引用・参考文献（本書掲載論文は除く）

秋池　武　1997　「初鳥谷遺跡」『横川大林遺跡・横川萩の反遺跡・原遺跡・西野牧小山平遺跡』附編、日本道路公団・群馬県教育委員会・松井田町遺跡調査会、1-20頁

阿子島　香　1983　「ミドルレンジセオリー」『考古学論叢Ⅰ』東出版寧楽社、171-197頁

穴沢遺跡発掘調査団編　1995　『穴沢遺跡』小海町教育委員会

阿部友寿　2003　「縄文後晩期における遺構更新と『記憶』―後晩期墓壙と配石の重複関係について―」『神奈川考古』第39号、93-130頁

井上嘉彦・山中桂一・唐須教光　1983　『文化記号論への招待―ことばのコードと文化のコード―』有斐閣

大矢昌彦　1977　「石棒の基礎的研究」『長野県考古学会誌』第28号、18-44頁

小熊博史　2004　「長岡市馬高遺跡周辺で発見された大形石棒―柱状節理をもつ石材の利用形態―」『長岡市立科学博物館研究報告』第39号、97-108頁

長田友也　2006　「新潟県奥三面遺跡群出土の大型石棒―彫刻石棒を中心に―」『三面川流域の考古学』5、33-48頁

長田友也　2008　「大型石棒にみる儀礼行為」『月刊考古学ジャーナル』No.578、10-13頁

長田友也　2009　「新潟県における石棒・石剣・石刀の変遷」『新潟県の考古学Ⅱ』新潟県考古学会、227-246頁

群馬県埋蔵文化財調査事業団編　1993　『南蛇井増光寺遺跡Ⅱ』群馬県埋蔵文化財調査事業団調査報告書155集、群馬県埋蔵文化財調査事業団

小島俊彰　1976　「加越能飛における縄文中期の石棒」『金沢美術工芸大学学報』第20号、35-56頁

小島俊彰　1986　「鍔をもつ縄文中期の大型石棒」『大境』第10号、25-40頁

縄文人の石神―「行為」と「コンテクスト」による大形石棒の研究法―

小林達雄　2005　「縄文ランドスケープ―自然的秩序からの独立と縄文的世界の形成―」『縄文ランドスケープ』ジョーモネスクジャパン機構、9-20頁

コリン・レンフルー、ポール・バーン　2007　『考古学―理論・方法・実践―』東洋書林

相模原市史編さん室編　1964　『相模原市史　第１巻』相模原市

山武考古学研究所編　1997　『横川大林遺跡・横川萩の反遺跡・原遺跡・西野牧小山平遺跡』日本道路公団・群馬県教育委員会・松井田町遺跡調査会

澁谷昌彦　2007　「石棒の型式分類と石剣・石刀の問題」『列島の考古学Ⅱ　渡辺誠先生古稀記念論文集』渡辺誠先生古稀記念論文集刊行会、383-396頁

澁谷昌彦　2011　「石棒の用途と型式研究」『縄文時代』第22号、163-184頁

島田恵子　1995　「南佐久郡の石棒文化」『山麓考古』第18号、53-62頁

下宅部遺跡調査団編　2006　『下宅部遺跡１　旧石器・縄文時代編（2）』東村山市遺跡調査会

鈴木素行　1999　「越の旅人　放浪編―西方貝塚Ｂ地区第１号住居跡の彫刻石棒について―」『婆良岐考古』第21号、29-66頁

鈴木素行　2009　「石棒」『縄文時代の考古学11　心と信仰』同成社、78-95頁

忠生遺跡調査団編　2006　『忠生遺跡群発掘調査概要報告書』忠生遺跡調査会

谷口康浩　2005　「石棒の象徴的意味―縄文時代の親族社会と祖先祭祀―」『國學院大學考古学資料館紀要』第21輯、27-53頁

谷口康浩　2006　「石棒と石皿―象徴的生殖行為のコンテクスト―」『考古学Ⅳ』安斎正人、77-102頁

谷口康浩　2012　「祭祀考古学は成り立つか―方法論研究の必要性―」『祭祀儀礼と景観の考古学』國學院大學研究開発推進機構伝統文化リサーチセンター「祭祀遺跡に見るモノと心」プロジェクト、25-32頁

千葉県都市公社編　1974　『松戸市金楠台遺跡』日本鉄道建設公団東京支社・千葉県都市公社

東京都埋蔵文化財センター編　1993　「№471遺跡」『多摩ニュータウン遺跡―平成３年度―（第３分冊）』東京都埋蔵文化財センター調査報告第15集、東京都埋蔵文化財センター

東京都埋蔵文化財センター編　1998　『多摩ニュータウン遺跡　№245・№341遺跡』東京都埋蔵文化財センター調査報告第57集、東京都埋蔵文化財センター

東京都埋蔵文化財センター編　2004　『多摩ニュータウン遺跡　№9遺跡』東京都

埋蔵文化財センター調査報告第158集、東京都埋蔵文化財センター

東京都埋蔵文化財センター編　2005　『多摩ニュータウン遺跡　№72・795・796遺跡（19）』東京都埋蔵文化財センター調査報告第50集、東京都埋蔵文化財センター

東京都埋蔵文化財センター編　2007　『中高瀬遺跡』東京都埋蔵文化財センター調査報告第204集、東京都埋蔵文化財センター

戸田哲也　1997　「石棒研究の基礎的課題」『堅田直先生古希記念論文集』真陽社、91-108頁

戸田哲也　2009　「最古の石棒」『月刊考古学ジャーナル』No.590、34-37頁

戸田哲也　2011　「水辺の石棒」『月刊考古学ジャーナル』No.612、34-37頁

富山県教育委員会編　1978　『富山県立山町二ツ塚遺跡緊急発掘調査概要』富山県教育委員会

鳥居龍蔵　1924　『諏訪史　第一巻』信濃教育会諏訪部会

長野県埋蔵文化財センター編　2005　『聖石遺跡・長峯遺跡（別田沢遺跡）』長野県埋蔵文化財センター

中村孝三郎　1966　『先史時代と長岡の遺跡』長岡市立科学博物館

能登　健　1995　「縄文時代前期の石棒について」『荒砥上ノ坊遺跡Ⅰ』群馬県埋蔵文化財調査事業団発掘調査報告第193集、群馬県教育委員会・群馬県埋蔵文化財調査事業団

春成秀爾　1996　「性象徴の考古学」『国立歴史民俗博物館研究報告』第66集、69-160頁

松村　瞭　1913　「坪井先生最後の遺跡調査」『人類学雑誌』第28巻第11号、701-703頁

丸山圭三郎　1984　『文化のフェティシズム』勁草書房

南足柄市郷土資料館編　1999　『南足柄の縄文時代―塚田遺跡を中心に―』南足柄市郷土資料館

目黒区大橋遺跡調査会編　1998　『大橋遺跡』目黒区大橋遺跡調査会

山本暉久　1987　「石棒性格論」『論争・学説日本の考古学3　縄文時代』雄山閣、95-122頁

山本暉久　1996　「柄鏡形（敷石）住居と石棒祭祀」『縄文時代』第7号、33-73頁

山本暉久　2006　「浄火された石棒」『神奈川考古』第42号、37-65頁

山本暉久　2009　「屋内祭祀の性格」『縄文時代の考古学11　心と信仰』同成社、221-232頁

縄文人の石神―「行為」と「コンテクスト」による大形石棒の研究法―

渡辺　仁　1972「アイヌ文化の成立―民族・歴史・考古諸学の合流点―」『考古学雑誌』第58巻第3号、47-64頁

図版出典

第1図　a：山武考古学研究所編1997『五料平遺跡（五料Ⅰ遺跡）　五料野ケ久保遺跡（五料Ⅱ遺跡）　五料稲荷谷戸遺跡（高墓遺跡）』／b：いわき市教育委員会編1975『大畑貝塚調査報告』／c：安中市教育委員会編1994『中野谷地区遺跡群』

第2図　a：小島1976原図を改変／b・g：群馬県教育委員会編1980『三原田遺跡　第1巻　住居編』／c：佐倉市遺跡調査会編1983『佐倉市吉見台遺跡発掘調査概要Ⅱ』／d：千葉県文化財センター編1991『千葉ニュータウン埋蔵文化財調査報告書Ⅹ』／e：千葉県教育振興財団編2006『東関東自動車道（木更津・富津線）埋蔵文化財調査報告書7』／f：山梨県埋蔵文化財センター編2003『原町農業高校前（下原）遺跡』

第3図　a：群馬県埋蔵文化財調査事業団編2006『横壁中村遺跡（3）』／b：粕上原土地区画整理事業区域内遺跡埋蔵文化財発掘調査団編1999『粕上原遺跡発掘調査報告書』／c：山梨県埋蔵文化財センター編1997『大月遺跡』／3d：山梨県埋蔵文化財センター編1987『郷蔵地遺跡』／e：中伊豆町教育委員会編1979『上白岩遺跡発掘調査報告書』／f：山武考古学研究所編1997『行田梅木平遺跡（行田Ⅱ遺跡）』／g：長野県埋蔵文化財センター編2005『聖石遺跡・長峯遺跡（別田沢遺跡）』

第4図　東京都埋蔵文化財センター編2005『多摩ニュータウン遺跡　№72・795・796遺跡（19）』

第5図　山武考古学研究所編1997『横川大林遺跡（上ノ平遺跡）　横川萩の反遺跡（萩の反遺跡）　原遺跡（坂本遺跡）　西野牧小山平遺跡（恩賀遺跡）』

第6図　a：群馬県埋蔵文化財調査事業団編2006『富田漆田遺跡・富田下大日遺跡』／b：印旛郡市文化財センター編1989『長田雉子ケ原遺跡・長田香花田遺跡』

第7図　目黒区大橋遺跡調査会編1998『大橋遺跡』

第8図　a：調布市教育委員会編1980『下布田遺跡』／b：東京都埋蔵文化財センター1998『多摩ニュータウン遺跡　№245・№341遺跡』

大形石棒の製作遺跡と流通
―北関東における火成岩製石棒の製作と流通を中心として―

大工原　豊

1. はじめに

　縄文時代に最も好まれた石棒は緑泥片岩製の「碧い石棒」である。この石棒は中期以降、群馬県南西部から埼玉県北西部にかけての変成岩地帯で製作され、広く関東全域に流通していることは古くから知られている。しかし、これ以外に近年にわかに注目されつつあるのが火成岩製の「白い石棒」である。この「白い石棒」は群馬県の西端部、上信国境に位置する大山（安中市松井田町・甘楽郡下仁田町）で産出する白色の柱状節理の花崗斑岩（石英斑岩）が用いられている。その山麓には「白い石棒」の製作遺跡が点在している。

　この石棒に最初に注目したのは、秋池武である。大山の南麓に位置する初鳥屋遺跡の分布調査から、ここが石棒製作遺跡の可能性が高いことに言及した（秋池1965）。その後、上信越自動車道にともない、大山東麓で西野牧小山平遺跡（恩賀遺跡）が発見され、この場所での石棒製作の実態が明らかにされるに至った（福山1997）。

　また、秋池はその後もここで製作された石棒について追跡調査をおこない、群馬全域から北信地域にかけて流通していることについて言及した（秋池1997・2002）。また、長田友也は全国各地の石棒製作遺跡の様相をまとめ、問題点・課題について言及し、そこから今後の研究の方向性を示した（長田2000）。そして、最近では鈴木素行がこの特徴的な白い石材を「大山石」と呼称し、この石を用いた石棒が広く南関東や東関東まで流通していたことを推定している（鈴木1999・2007）。

　近年の八ッ場ダム関連の調査により、群馬県北西部の吾妻川流域において多数の石棒が出土している。これらの中には群馬県南部から搬入された緑泥

片岩製の「碧い石棒」とともに大山産と推定される「白い石棒」も認められる。おそらく吾妻川を遡り、この地まで流通していたのであろう。しかし、「白い石棒」の中には明らかに「大山石」とは異なる石材の石棒も存在しており、製作段階の未成品も含まれている。

そこで、本論ではこれら火成岩製の「白い石棒」の製作と流通についての問題点を抽出し、検討することを目的とする。なお、「碧い石棒」については、製作遺跡が確認されておらず、また広域に大量に流通しており、筆者の手に余る分量であるため、今回は検討を断念した。

2. 大山産の石材の特徴

大山は群馬県西端部、長野県境の和美峠南東1.7km、安中市松井田町大字西野牧に所在する標高1,183mの円錐形の岩山である。この岩山は花崗斑岩（石英斑岩）の柱状節理・板状節理が発達した露頭が随所に認められ、山の斜面や山麓の沢筋には転石として存在している（写真1）。

1-1. 大山（北東より）　1-2. 西野牧小山平遺跡　（安中市教育委員会提供）

1-3. 大山東麓の柱状節理　1-4. 大山西麓和美沢の転石

写真1　大山と周辺の石棒石材の産状

大山産の石材は、原産地では石英斑岩（福山 1997）、あるいは石英安山岩（秋池 2002）の呼称で統一されつつある。しかし、被熱により変質してしまった消費遺跡では、石英斑岩・玢岩・安山岩・石英安山岩・デイサイト・流紋岩・花崗岩等、多種多様な石材名で報告書に記載されており、資料を実見するか鮮明な写真が掲載されていない限り、それと識別することは困難である。また、実際には個々の資料を実見したとしても変質が著しい場合も多いので、明確に大山産石材と他の石材を識別することは難しい。

　大山産の石材の肉眼観察による特徴は秋池により詳しく説明されている（秋池 2002）。それによれば、おもに以下のような特徴が認められる。①割れ口は青みがかった乳白色（新鮮な面）、あるいは灰白色や黄褐色（転石）。②含有鉱物として径3〜4mmの石英の斑晶と、1〜2×5〜6mmの長方形で褐色の角閃石の斑晶が散在する。③石基に鉄分の赤褐色、黄褐色帯が層状に混入し、縞模様が観察されるものがある。④転石では風化が進み斑晶が抜け落ちて小穴があくものがある。⑤転石は東麓の小山平では表面の風化が進み、黄褐色でパサついたものが多いのに対し、西麓の和美沢ではしっとり感のある灰白色のものが多い。

　また、流通先の遺跡での石材の特徴については、筆者の肉眼観察によれば以下のような特徴がある。①色調は灰白色〜灰褐色を呈するが、赤化してピンク色あるいは褐色に変色しているものもある。②表面は斑晶が欠落して多孔質になっているものがしばしば認められる。③転石の旧表皮を残すものは少数存在するが、柱状節理の節理面を残すものはほとんど存在しない。③強い火を受けてひび割れているか、破砕しているものがほとんどで、輪切り状に破砕している場合が多い。

　以上のように、原産地における大山石産の石材の特徴を述べることはできても、流通先の遺跡では風化や被熱による変質が著しいので、大山産の石棒とそれ以外の石棒を客観的に区別することは実際には難しい。そこで、中島啓治に依頼してプレパラートを作製し、岩石学的特徴を明らかにした。また、比較のため大規模な配石遺構が構築されている後期以降の遺跡の近くに存在する柱状節理の発達した火成岩についてもあわせて検討をおこなった。

大形石棒の製作遺跡と流通―北関東における火成岩製石棒の製作と流通を中心として―

2-1. 森泉山北麓の露頭

2-2. 坂本北裏遺跡から見た刎石山

2-3. 刎石山北東の柱状節理

2-4. 刎石山・中山道旧道にある棒状礫の転石

2-5. 丸岩（北東より）

2-6. 丸岩北東の柱状節理

2-7. 丸岩東沢の転石

2-8. 丸岩東沢の棒状礫の転石

写真2　柱状節理が見られ棒状礫を採取可能な場所

写真3　柱状節理の発達した石材
上：大山東麓（花崗斑岩）　下：森泉山東南麓（輝石安山岩）

　長野県軽井沢町茂沢南石堂遺跡の報告書にはここで利用されていた石材産地についての記載があり、南約2kmに存在する森泉山の柱状節理や板状節理が用いられたと推定されている（三上・上野1968）。また、安中市坂本北裏遺跡では北西約1.5kmの碓氷峠刎石山の石材が用いられたと推定している（金子1999）。そして、八ッ場ダム関連で大規模な配石遺構が検出されている長野原町横壁中村遺跡は、大規模でみごとな柱状節理がみられる丸岩の北麓に立地しており、関連性が推定される。

　そこで、こうした場所の柱状節理について現地踏査をおこなったところ、いずれの場所でも石棒に適した柱状節理が存在し、沢筋には転石として大形棒状礫が存在することも確認された（写真2）。

　石材分析の結果は第1表及び写真3～6のとおりである。その結果、大山産の石材は花崗斑岩ないし流紋岩と判定された。また、これに類似するデイ

大形石棒の製作遺跡と流通―北関東における火成岩製石棒の製作と流通を中心として―

写真4 柱状節理の発達した石材
上：刎石山北東（輝石安山岩） 下：丸岩東沢（輝石安山岩）

サイトは丸岩の西に存在するタカジョッキと呼ばれる岩山のものが比較的近い石材であることが判明した。また、それ以外はいずれも輝石安山岩であり、岩石学的には明確に区別することが可能であることが明らかとなった。そして、最も大きな特徴は、大山産の石材のみに黒雲母が含有されていることである。ほかのいずれの石材にも黒雲母は含まれておらず、これが大きなメルクマールとなることが明らかとなった。しかし、遺跡出土資料からのプレパ

第1表 柱状節理の火成岩の種類と特徴

	採取場所	岩石名	組織の特徴
1	大山東麓	花崗斑岩～流紋岩	石英、黒雲母、細かい不透明鉱物
2	森泉山南東麓	単斜輝石斜方輝石安山岩	不透明鉱物、填間状～ピロタキシティック組織（細かい柱状の長石が組み合わさった組織）、新鮮
3	森泉山北麓	単斜輝石斜方輝石安山岩	不透明鉱物、ピロタキシティック～填間状組織、2に較べ、黒く、石基が少し細かい
4	刎石山北東麓	斜方輝石単斜輝石安山岩	不透明鉱物、ピロタキシティック組織、石基は変質、ただし全体は新鮮
5	丸岩西麓	含カンラン石単斜輝石斜方輝石安山岩	石英、不透明鉱物、ピロタキシティック組織
6	丸岩東沢	含カンラン石単斜輝石斜方輝石安山岩	石英、不透明鉱物、ピロタキシティック組織
7	タカジョッキ	デイサイト	石英、角閃石、単斜輝石、斜方輝石、不透明鉱物

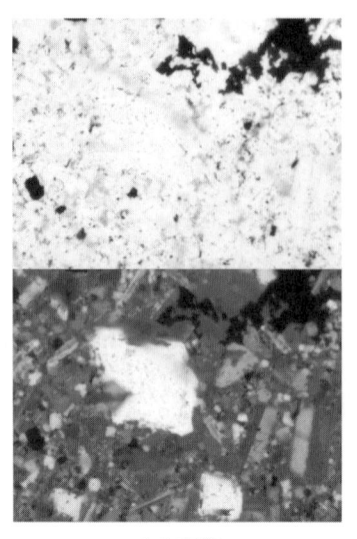

大山東麓
（花崗斑岩〜流紋岩）

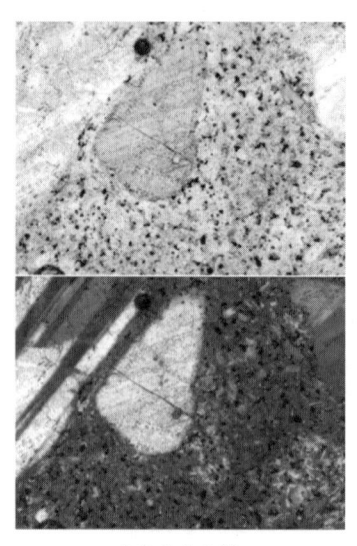

森泉山東南麓
（単斜輝石斜方輝石安山岩）

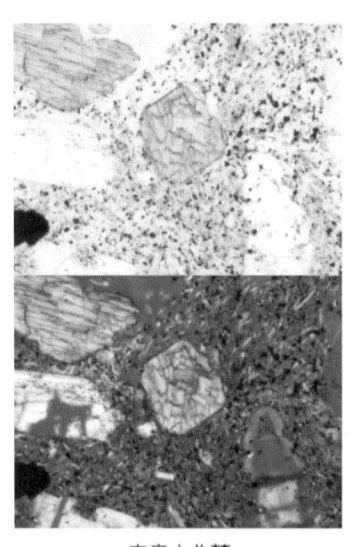

森泉山北麓
（単斜輝石斜方輝石安山岩）

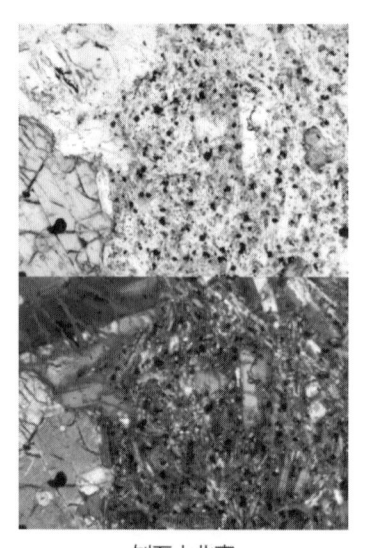

刎石山北東
（単斜輝石斜方輝石安山岩）

写真5　柱状節理の発達した石材の鉱物組織（1）

大形石棒の製作遺跡と流通―北関東における火成岩製石棒の製作と流通を中心として―

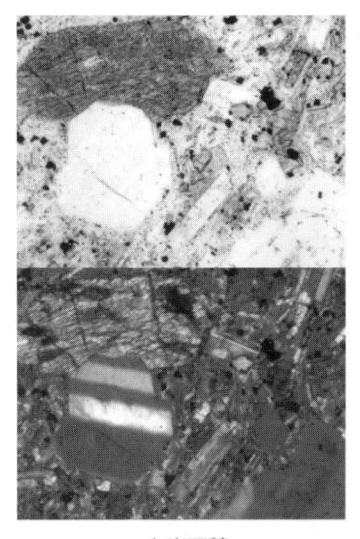

丸岩西麓
（含カンラン岩単斜輝石斜方輝石安山岩）

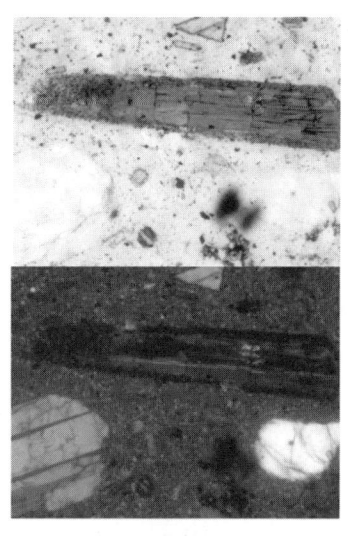

丸岩東沢
（含カンラン岩単斜輝石斜方輝石安山岩）

タカジョッキ
（デイサイト）

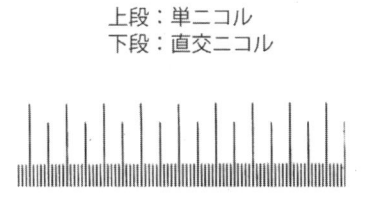

上段：単ニコル
下段：直交ニコル

最小目盛：0.01mm

写真6　柱状節理の発達した石材の鉱物組織（2）

ラートの作製は、破壊をともなう分析であるため実施が困難である。黒曜石のように非破壊で分析することができる方法を開発することができれば、火成岩製石棒の流通に関する研究は大きく進展することが可能である。

3. 大山山麓の石棒製作

(1) 西野牧小山平遺跡（恩賀遺跡）の石棒製作

遺跡の立地 大山は円錐形の岩山で花崗斑岩（石英斑岩）の柱状節理・板状節理が発達した露頭が認められる。とくに西野平小山平遺跡（以下小山平遺跡と呼称）の存在する東麓には比較的平坦な場所がある。大山山頂から東北東0.8km、大山直下の緩斜面に遺跡は存在しており、標高は760mである。土砂が扇状に流出して小さな扇状地を形成しており、この中に含まれる柱状節理の転石を利用して石棒製作がおこなわれている（第1図）。この地層の上部に浅間D軽石層（As-D：中期末噴出）が堆積しており、時期決定の根拠となっている。なお、山頂から約1km北東の山麓にも緩斜面があるので、こうした場所でも石棒の製作がおこなわれていた可能性もあろう。

遺跡の時期 ここからは加曽利E3式・曽利Ⅲ式の時期の土器群が最も多く出土しており、加曽利E3式の埋設土器も検出されていることから、石棒製作の時期をこの時期としている（福山1997）。しかし、五領ヶ台式土器がこれに次いで多く出土していることにも留意すべきである。大形石棒の出現時期について、戸田哲也は長野県小海町穴沢遺跡の事例等から、五領ヶ台Ⅱ式期に開始されているとする（戸田1997）。こうした近隣地域の石棒出現の様相を考慮した場合、ここでも中期前葉に石棒製作が開始されていた可能性もあろう。

製作工程 大山産の柱状節理の石材を用いた石棒未成品は125点ほど認定されている。その製作工程について、報告者の福山俊彰は以下の工程を「第0段階－原石段階、第1段階－剥離段階、第2段階－敲打段階、第3段階－成形段階」に分類する（福山1997）。しかし、第2段階の「敲打によって石棒としての形を作り出す段階」と第3段階の「ほぼ完全に近い段階で断面形が円形もしくは楕円形を呈し、端部の成形も行われる段階」は「敲打段階と

大形石棒の製作遺跡と流通―北関東における火成岩製石棒の製作と流通を中心として―

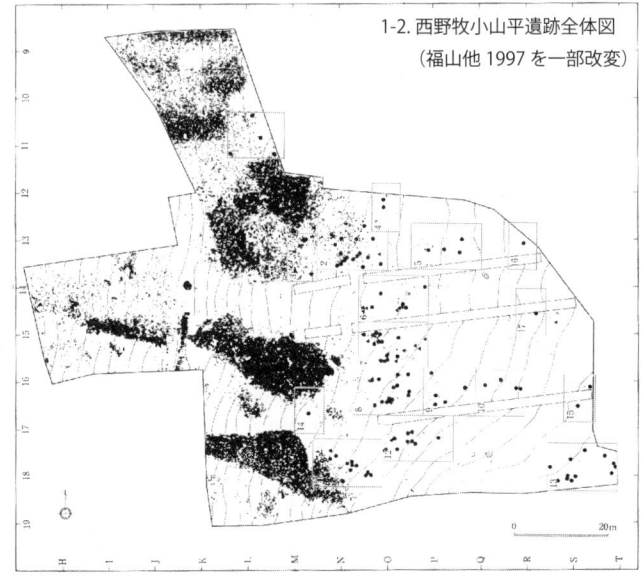

1-1. 大山と周辺遺跡の位置（秋池1997を一部改変）

恩賀集落
西野牧小山平遺跡
大山
初鳥屋遺跡

1-2. 西野牧小山平遺跡全体図
（福山他1997を一部改変）

第1図　大山と西野牧小山平遺跡

35

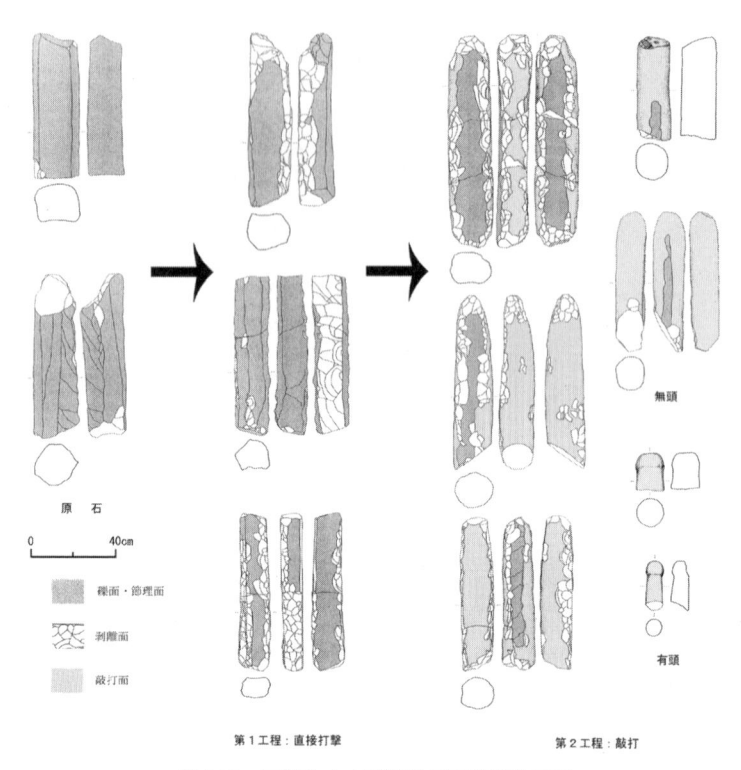

第2図　西野牧小山平遺跡の石棒製作工程

して括られる」べきであると鈴木は指摘し、一つの工程と考える（鈴木2007）。この考え方は正しく、敲打工程では敲打具・技法とも同じであり、作業の進捗状況の差に過ぎないので、同一工程として捉えておくべきであろう。ゆえに、筆者は鈴木と同様に、小山平遺跡の石棒製作工程を第1工程：直接打撃工程と第2工程：敲打工程の2段階に区分しておくことにする（第2図）。

　また、鈴木はここで製作されたものは、ほとんどが頸部の括れの小さい有頭石棒であったと考える（鈴木2007）。しかし、群馬県内のほぼ同時期と推定される石棒は大形無頭と中形有頭が主体を占めており、大形有頭は少なく、中形無頭はまったく存在しない。この在り方は、小山平遺跡の未成品の状況と共通する。したがって、ここでは大形無頭・大形有頭・中形有頭が製作さ

れていたと考えておくのが妥当であろう。

　ちなみに、この石材は露頭やその直下では水分を含んでおり、比較的軟らかく加工が容易であり、高度な製作技術は必要としない。簡単に石棒製作が可能であることは、福山らによる製作実験によっても実証されている（福山1997）。石棒製作に重要な要件は、加工が容易で形状・サイズが適した石材が大量に確保できることであり、特別な製作技法は存在していない。技術力ではなく、ひたすら時間と労力を必要とする作業なのである。

　加工具である敲石には、緑色岩類製の磨製石斧が転用されているものが多く、すべて定角式のものである。この石材は下仁田周辺の鏑川で採取可能なもので、藤岡周辺の超塩基性岩にくらべやや軟質である。石器製作用の敲石として硬質の磨製石斧が使用されることは縄文時代では一般的な現象であり、ここでもそれが確認される。

　報告書では敲石を大形、小形、小形・細身の3種類に分類し、大形は直接打撃工程、小形は敲打工程、小形・細身は敲打工程の後半ないし有頭石棒の括れ部の作出工程に対応させている（福山1997）。しかし、直接打撃工程に対応する大形の敲石は数が少な過ぎる。おそらく、石棒未成品に分類されたものや転石とされたものの中に、敲石が相当数含まれていたものと推定される。また、緑色岩類の礫が出土していることから「現地で工具の製作を行った可能性」を想定する（福山1997）。しかし、これは単に敲石として使用する予定で遺跡へ持ち込まれた搬入礫と考えておくべきである。敲石のように使用痕によって石器と識別される器種では、「工具の製作」などといった作業自体想定できない。

　研磨工程の所在　小山平遺跡では、牛伏砂岩製の砥石がわずかに1点出土しているのみであり、研磨工程はここには工程配置されていない。ここで荒仕上げされた状態で別の場所へ搬出され、そこで研磨がおこなわれていたことは確実である。この研磨場所について、鈴木氏は内匠上之宿遺跡（大山から直線距離22km、以下同じ）で粗く研磨していたことを指摘する（鈴木2007）[1]。しかし、碓氷川ルートでは仁田遺跡・暮井遺跡（5.3km）、鏑川ルートでは小出屋（5.6km）、千曲川ルートでは茂沢南石堂遺跡（10km）と、どのルー

トでも最短距離の遺跡で研磨された石棒が出土している。したがって、小山平遺跡付近の大山山麓において研磨作業がおこなわれていたと考えられる。

(2) 初鳥屋遺跡の石棒製作

遺跡の立地 初鳥屋遺跡は大山の南西 2.1km の位置にある。ここは大山の西を流れる和美沢や前川が矢川峠から東流する矢川が合流する谷底の緩斜面で標高は 590m 前後である。和美沢や前川には大山の岩石が転石として大量に存在しており、その中には素材となる棒状の転石も認められる。こうした棒状の河川転石を素材として石棒が製作されていたと推定されている。しかし、遺跡の発掘調査はおこなわれておらず、伝世品と表面採集資料のみからの推定なので、石棒製作が実際この地区のどの場所でおこなわれていたのか判然としない。

遺跡の時期 民家に所蔵されていた資料と工場建設の際に出土した資料、表面採集資料などからこの遺跡の時期が推定されている（秋池 1965・1997 等）。秋池によれば、加曽利 E2 式〜堀之内式の土器片と有頭石棒が出土しており、中期後半〜後期前半の時期に位置付けられている（秋池 1997）。しかし、実際に製作された時期が採集された土器の時期と必ずしも一致しないことは、小山平遺跡でも確認されており、ここで石棒が製作された詳細な時期については不明である。

製作工程 ここでの製作工程について、秋池はいくつかの工程区分案（秋池 1965 等）を提示したのち、最終的に第 1 次工程〜第 5 次工程の製作工程を示す（秋池 1997）。原文のままの言い回しでは長文となり分かりづらいので、それを筆者なりに要約すると以下のようにまとめられよう。

第 1 次工程：角柱状転石の基部・先端部の荒割り。胴部の角を取り除く荒割り。

第 2 次工程：胴部を中心に丸味を作り出す調整打・敲打。基部・先端部を荒割り加工。

第 3 次工程：胴部を中心に丸味を整えるように敲打し円柱化する。両端部を調整打をおこなう場合もある。

第 4 次工程：無頭は基部が敲打により平坦に加工。有頭は頭部と頸部を調

整打と敲打により作出。

第5次工程：有頭・無頭とも細かい敲打で仕上げる。研磨される場合もある。

これを筆者なりに要約すれば、第1次工程：直接打撃工程、第2次工程：直接打撃＋敲打工程、第3次・第4次工程：敲打工程、第5次工程：敲打工程＋研磨工程となろう。しかし、この案では各工程の区分の基準が不明確で主観的であり、そのまま一般化することは難しい。やはり、初鳥屋遺跡でも小山平遺跡における第1工程（直接打撃）と第2工程（敲打）と同様の製作工程が存在していたと理解すべきであろう。ただし、胴部の加工が先行しておこなわれ、頭部と基部の加工が後でおこなわれていたとする秋池の観察所見は重要であり、卓見と言えよう。

そして、初鳥屋遺跡でも小山平遺跡と同様、研磨作業がほとんどおこなわれていない。おそらく、研磨作業は近くの矢川流域の低地などでおこなわれていたのであろう。

4. 火成岩製石棒の分布と流通

(1) 石棒の分布

群馬地域では火成岩製石棒の出土事例を地域ごとにまとめたものが第2表である[2]。現在284例ほどが確認できる。大山山麓は160例あり、そのうち約80％が小山平遺跡のものである。また、それ以外の地域で確認されたものは124例である。前述のとおり岩石学的分析の結果、大山産の石材は他地域の石材との識別可能であることが確認された。しかし、今回は遺跡出土資料に対して、こうした分析をおこなうことができないので、従来どおり肉眼観察により花崗斑岩系と輝石安山岩系に大別しておく。また、形態的には有頭と無頭、大きさは胴部直径10cmを境に、それ以上を大形、それ以下を中形に分類する。以下、地域ごとにその様相について述べる。

碓氷川流域　中期中葉～後・晩期に至るまでの各時期のものが出土しており、現在40例ほど存在する。大山から碓氷川に沿って点在しており、その多くは花崗斑岩系であるので、大山産の石棒の可能性が高い。しかし、確実

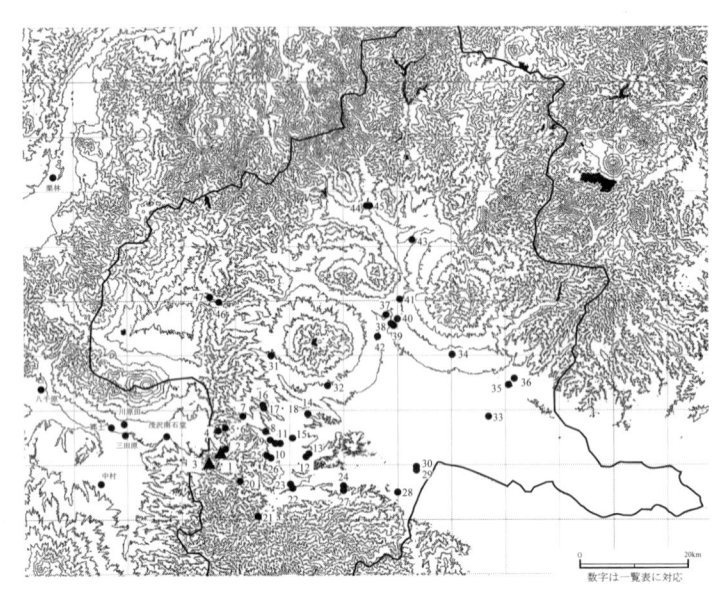

第3図　群馬県における火成岩系の石棒出土遺跡

に中期後葉のものは少なく、後期以降のものが多い傾向がある。

　最も古い事例としては、拠点集落である新堀東源ヶ原遺跡において加曽利E2～E3古段階の住居跡から大形柱状礫が出土している（第4図1）。剥離・敲打工程がなく直接研磨しており正真の石棒ではないが、大山産の石材であり注目される。しかし、ここでは大山産の石棒は出土していない。また、出土状態に疑問が残るが、砂押遺跡では加曽利E2～E3の住居跡から大形有頭石棒が出土している（第4図5）。加曽利E3～E4式の時期に限定される野村遺跡では、環状列石に転用されるかたちで大形石棒の破片が出土している。ちなみに、ここでは環状列石に在地の安山岩の転石が大形立石として使用されている。また、中期後半～後期前半の坂本北裏遺跡でも在地の安山岩製の石棒が環状列石に転用されている。2例は大山産と推定されるが、それ以外の4例はすぐ西の刎石山麓で採取された輝石安山岩の転石を用いている。このように原産地に近い遺跡でも周辺で採取できる場合には、身近な石材が利用されているようである。

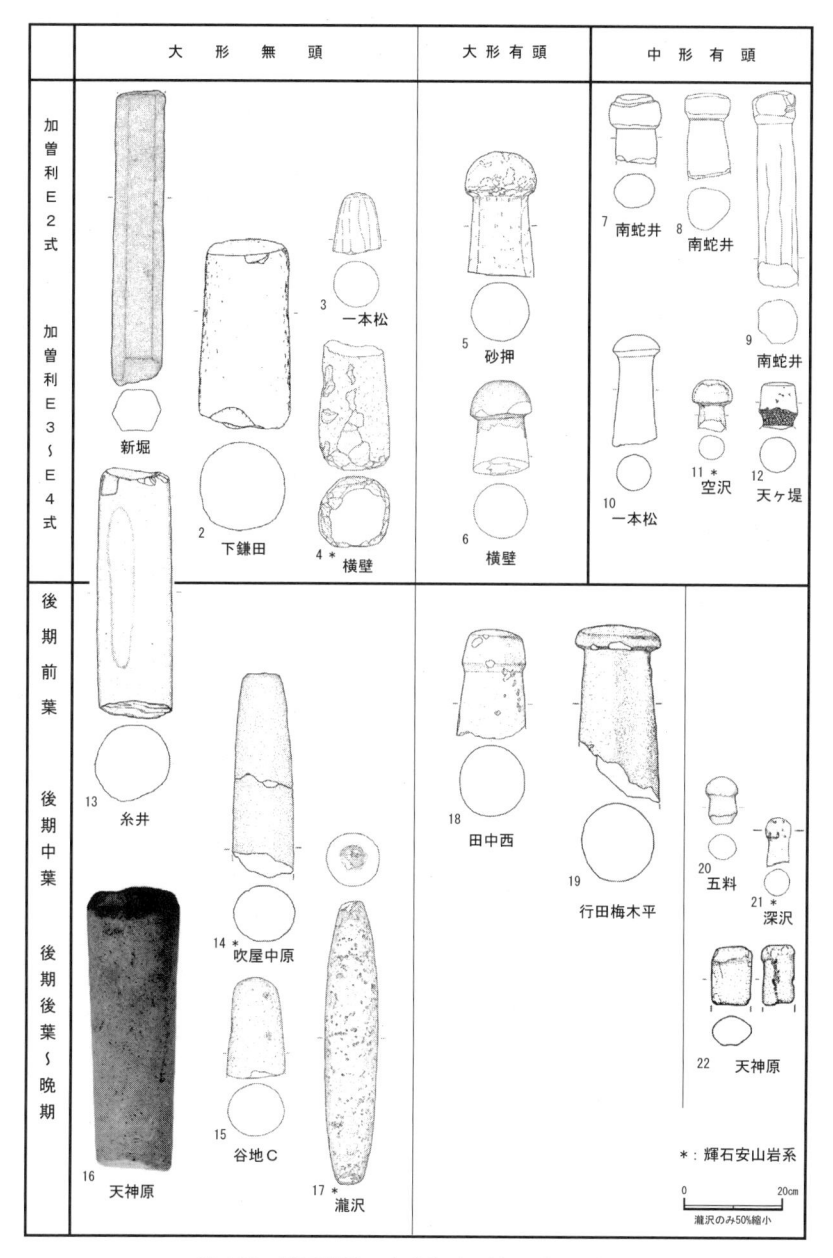

大形石棒の製作遺跡と流通―北関東における火成岩製石棒の製作と流通を中心として―

第4図 群馬地域の火成岩系石棒の種類と変遷

第2表 群馬県内出土の火成岩系石棒一覧

地域		遺跡名	所在地	時期	出土状態	形態	点数	花崗岩岩系	輝石安山岩系	不明	文献等	備考
大山山麓	1	西毛牧小山平	安中市松井田町西野牧	(五ヶ谷)〜加曽利E3	石棒製作址	大形有頭・大形無頭・中形有頭	125	125			福山1997	
	2	恩賀	安中市松井田町西野牧	不明	表面採集	大形有頭・大形無頭	2	2			上原1985	
				不明	表面採集	大形無頭	2	2			秋池2002	
	3	初鳥屋	甘楽郡下仁田町西野牧	加曽利E2〜堀之内	石造物として樹立	大形有頭・中形有頭・中形無頭	30	30			秋池2002	
碓氷川流域	4	重田	安中市松井田町人山	不明	表面採集	大形無頭	160	160			秋池2002	
	5	仁田	安中市松井田町人山	中期中葉〜後期中葉	包含層	大形有頭・中形有頭	2	2			大江他1990	
	6	春井	安中市松井田町人山	中期後葉〜晩期後葉	石造物として樹立	大形無頭	1	1			大江他1990	
	7	坂本北裏	安中市松井田町坂本	中期中葉〜後期前半	環状列石	大形有頭・中形不明	2	2			金子1999	
	8	五料梅ヶ久保	安中市松井田町五料	称名寺2〜堀之内	1敷石住居	大形無頭	4	4			福山他1997	
	9	新堀東源ヶ原	安中市松井田町新堀	加曽利E2	118住居	中形無頭	1	1			大賀他1997a	
	10	行田梅棒平	安中市松井田町行田	堀之内〜加曽利B2	132住居	大形杖状様	1	1		4		
				1弧状列石	有頭(平坦)	1	1			開官1997	
				堀之内1	5住居	大形不明	3	3				
	11	八城	安中市松井田町八城	加曽利E3・堀之内1	表面採集	大形不明	1	1			上原1985	
	12	砂押	安中市中野谷	加曽利E2〜E3	11住居	大形有頭	1	1			井上他2004	
	13	天神原	安中市中野谷	後期後葉〜晩期前葉	環状列石	大形無頭	4	4			大工原1994	
				後期後葉	包含層	大形有頭・大形不明	4	4				
	14	野村	安中市東上秋間	加曽利後葉	配石(立石)	大形無頭	1	1			大工原2001	
	15	田中西	安中市松井田町小日向	加曽利E3〜E4	住居・柄石	大形有頭	4	4			千田他2003	
	16	千馬瀬	安中市松井田町細野	堀之内2〜加曽利B1	3敷石住居	大形有頭	4	4			壁龍2010	
	17	長久保	安中市松井田町上増田	不明	石造物として出土	大形有頭(完形)	1	1			深町真教示	
	18	細野	安中市松井田町細野	不明	群作で出土	大形無頭(完形)	2	2			増伸田教示	
	19	安中市内	安中市	不明	表面採集	大形無頭	1	1			細野公民館	
							40	33		7	秋池2002	
鏑川流域	20	小田屋	甘楽郡下仁田町西野牧	中期後半〜後期前半	配石列葉	大形無頭	2	2			秋池2002	
	21	小沢	甘楽郡南牧村小沢	不明	不明	大形無頭	1	1			秋池2002	
	22	下鎌田	甘楽郡下仁田町下鎌田	加曽利E3〜E4	47住居	大形無頭	3	3			大賀他1997b	
	23	南蛇井増光寺	富岡市南蛇井	中期中葉〜中葉	157住居	中形有頭	1	1				VI
					201住居	中形有頭	2	2				
	24	内匠上之宿	富岡市内匠	中期後葉〜後期前葉	土坑	中形無頭	3	3			新井他1997	
					包含層	大形無頭	1	1			新井1993	
	25	諸戸日影	富岡市妙義諸戸	後期前葉	弧状列石・数石住居	不明	3	3			末報告	
	26	尾崎	富岡市妙義尾崎	不明	石造物として樹立	大形有頭	5	5			横尾好之教示	
	27	国峰	甘楽郡甘楽町国峰	中期前葉〜中葉	包含層	大形有頭	1	1			秋池2002	
	28	東平井寺西	藤岡市東平井	加曽利E3〜E4	包含層	大形不明	2	2			軽部2001他	

42

大形石棒の製作遺跡と流通―北関東における火成岩製石棒の製作と流通を中心として―

	No.	遺跡名	所在地	時期	遺構	中形有頭	中形無頭	大形有頭	大形無頭	大形不明	計	文献
烏川流域	29	谷地	藤岡市中栗須	後・晩期	包含層			大形有頭			1	寺内他1988
	30	谷地C	藤岡市中栗須	後期中心	包含層			大形無頭		1	1	寺内2006
赤城南麓	31	長井	高崎市倉渕町権田	加曽利E4	敷石住居			大形不明		27	27	松島他1988
	32	白川傘松	高崎市吉岡町白川	加曽利E3	18住居		3			1	3	関根1996
	33	天ヶ堤	伊勢崎市三和町	中期後葉	包含層	4		大形有頭・大形不明		4	4	関枕他2007
	34	市之関前田	前橋市之関町前田	不明	敷石住居	2	2	無頭			2	秋池2002
	35	清泉寺裏	みどり市笠懸町阿龍	中期後葉	包含層	1	1	中形有頭			1	岩宿博物館蔵
	36	三島谷	桐生市川内町	中期後葉	土坑・包含層	2	1	中形有頭・大形不明		2	2	増田他1987 3・4次
利根川中流域	37	吹塚中原	渋川市吹塚	堀之内1―加曽利B	土坑	6	4	大形有頭			6	石坂他1996
	38	三原田	渋川市赤城町三原田	中期中葉・後葉	土坑	4	4	中形無頭			4	赤山他1990
	39	房谷戸	渋川市赤城町八崎	中期後葉	包含層	2	1	中形無頭（敲打）			2	真下他1989
	40	瀧沢	渋川市赤城町滝沢	晩期前葉	配石（立石）川配石	3	3	大形無頭（完形）大形不明			3	小林他2008
	41	六万	渋川市赤城町津久田	不明	表面採集	1		大形有頭			1	小林1998
	42	空沢	渋川市行幸田	加曽利E4式	1住居	3	2	大形有頭・不明			3	大塚他1979 1次
				中期中葉・後葉	包含層	18	8	大形不明		10	18	大塚他1982 3次
利根川上流域	43	糸井太夫	利根郡昭和村糸井	加曽利E4―称名寺1	9住居・包含層	2	2	大形無頭		1	2	石北1995
	44	深沢	利根郡みなかみ町深沢	加曽利B	20配石墓	1	1	中形無頭			1	下城他1987
	45	矢瀬	利根郡みなかみ町矢瀬	後・晩期	配石状	2	2	中形住状			2	三宅2005
吾妻川流域	46	横壁中村	吾妻郡長野原町横壁	加曽利E3・曽利Ⅲ	20－22住居・炉隅	5	2	大形無頭			5	藤巻他2005 (2)
				加曽利E3・曽利Ⅲ	20－34住居・炉隅	1	1	大形無頭			1	
				加曽利E3	20－42住居	1	1	大形無頭			1	
				加曽利E3	19－35住居	1	1	大形不明（平坦）			1	池田2006 (3)
				加曽利E3（後期前葉？）	5－19住居	1	1	大形不明（敲打）			1	池田2006 (5)
				加曽利E3・曽利Ⅲ	20－80住居	1	1	大形不明			1	
				加曽利E3・曽利Ⅲ	20－87住居	1	1	大形不明			1	
				称名寺1	20－81住居	1	1	無頭			1	
				堀之内1―加曽利B2	20－4列石	1	1	大形無頭（敲打）			1	石田他2009 (9)
	47	一本松	吾妻郡長野原町一本松	堀之内2	29－3列石	1	1	大形不明			1	石田他2010 (11)
				加曽利E3	28－6住居	3	3	大形無頭			3	諸田2002 (1)
				加曽利E3	5－2住居	1	1	大形不明			1	
				中期後葉・後期中葉	6－5住居	1		大形無頭			1	
				加曽利E3	包含層	3	3	大形不明			3	小野2007 (2)
				加曽利後葉・後期中葉	包含層	2	2	中形有段		1	2	諸田2008 (3)
				加曽利後葉・後期中葉	4－17住居・立石	2	2	中形不明・無頭			2	小野2009 (5)
				加曽利E3新	包含層	1	1	中形有頭			1	
計						24	19			5	24	
						284	257			25	2	

43

後期前葉〜中葉では、有頭石棒が田中西（第4図18）、行田梅木平（第4図19）、五料野ヶ久保（第4図20）の各遺跡から出土している。このうち、行田梅木平遺跡例は頭部が平笠状の特徴的な大形有頭石棒である。類例は吾妻川流域の横壁中村遺跡にも存在しており、注目される。
　後期後葉から晩期のものとしては、天神原遺跡の事例がある。時期が確実なものは後期後葉（高井東式期）の配石遺構の中心に立てられていた無頭石棒である（第4図16）。これは完形で火を受けておらず、ほぼ同時期の瀧沢遺跡の石棒と共通するものである。この時期になると石棒の使用方法にも変化が生じたことが分かる。なお、ここからは胴部に稜をもつ石刀状の特徴的な中形有頭石棒が存在する（第4図22）。これは新たに出現した形態であり、この時期まで大山産の石棒製作が継続していたことを示す事例として注目される。

　鏑川流域　鏑川流域は緑泥片岩製の石棒製作地域であるとともに、大山産の石棒の搬出ルートにあたる地域でもあり、27例ほど確認できる。なお、緑泥片岩製石棒の一大産地である藤岡地域は集計上は鏑川流域に入れたが、神流川流域として括ることもできる。ここでは火成岩系の石棒は4例出土しているが、これを除外すると23例と意外に大山産の石棒は少ない。
　この地域で最も古い時期のものは、南蛇井増光寺遺跡の中期前葉〜中葉かけてのもので、土坑から4例出土している。このうち頭部が平坦な中形有頭石棒が3例あり、頭部に浅く太い沈線を巡らすもの（第4図9）、有段になるもの（第4図7）など、他地域には認められない特徴的な形態が存在する。いずれも柱状の礫面を残しており、剥離・敲打工程が不完全であり断面形も円形となるまで整形されていない。これは新堀東源ヶ原例と共通しており、古い段階の石棒の特徴を示している。
　また、対岸の下鎌田遺跡では加曽利E3・E4式期のものが6例存在し、大形無頭（第4図2）・大形有頭・中形有頭はそれぞれ1例ずつ存在する。内匠上之宿遺跡では中期後葉〜後期前葉にかけての火成岩製の石棒は6例存在し、5例が大山産と推定される。いずれも被熱により破損しており、使用後に廃棄されたものと判断されるので、鈴木の指摘（鈴木2007）のような研磨

工程の遺跡ではない。中形有頭石棒では頭部の凹んだ破損面までも研磨されている。同形態で同様に破損面を研磨する事例は、谷地遺跡にも存在する。また、大形石棒の胴部破片も破損面が研磨されている。破損面の研磨は砥石への転用ではなく儀礼的な行為と推定される。

烏川流域 この地域は浅間噴火の軽石層に厚く覆われているため、花崗斑岩系の石棒は中期後葉のものが2遺跡4例が確認できるのみである。いずれも加曽利E3〜E4式期の大形石棒の胴部である。長井遺跡の3例は加曽利E4式期のもので、赤黄褐色の縞状紋様が観察されることから大山産と推定されている（秋池2002）。吾妻川流域への流通ルート上にあり、注目される事例である。

吾妻川流域 八ッ場ダム関連の調査により、横壁中村遺跡と長野原一本松遺跡から24例検出されている。輝石安山岩系のものは5例で、残りは花崗斑岩系（デイサイトを含む）である。後者は肉眼観察では大山産の花崗斑岩に見えるが、この地域（タカジョッキ）のデイサイトは類似するので、詳細な分析をおこない確認する必要がある。

時期をみると、加曽利E3式期のものが10例と最も多く、3例は在地の輝石安山岩系のものである。また、形態別にみると大形無頭は4例、大形有頭2例、中形有頭1例と大形無頭のものが多い。長野原一本松遺跡には輝石安山岩系の大形無頭のもので、頭部が有段となる特徴的な形態が存在する。なお、この時期に当地域では、炉の隅に石棒を立てる事例がしばしば認められ、3例はこの状態で使用（転用？）されていた。それ以外にも屋内立石として使用されていた事例も1例認められる。

後期前葉から中葉（称名寺式〜加曽利B式期）のものは6例存在し、このうち3例は大形有頭である。列石に転用されていたものが多い。なお、横壁中村遺跡には加曽利E3式期の住居跡から行田梅木平例と同形態の頭部が平笠状の大形有頭石棒が出土しているが、形態的にみて後期前葉のものが混在したものと推定される。また、横壁中村遺跡の称名寺1式期の住居（20区81住）炉址出土の大形石棒は、長井遺跡と同じような黄褐色の縞模様があるので大山産の石棒が搬入された可能性が高い。

輝石安山岩系の石棒では、横壁中村遺跡の加曽利E3式の住居跡（20区87住）例（第4図4）と、中期後葉から後期前葉の弧状列石（4号列石）出土の大形有頭石棒は、敲打のみで研磨がおこなわれていない。これらは丸岩など在地の石材を用いてここで製作されたものと推定される。

利根川中流域　利根川中流域では、18例の火成岩系の石棒が確認されている。この地域では花崗斑岩系の石棒8例、輝石安山岩系の石棒10例で、後者の方が多い地域である。

三原田遺跡では中期中葉～後葉の土坑から花崗斑岩系（未見・報告書では流紋岩）の石棒が4例出土している。そして、この石材の石棒と土坑と強い関連性があることが指摘されている（赤山他1990）。こうした土坑からの石棒出土は、時期的にも南蛇井増光寺遺跡の事例と共通する現象であり、留意されよう。

一方、房谷戸遺跡ではほぼ同時期の石棒が3例あるが、すべて輝石安山岩系のものである。また、空沢例（中期中葉～後葉）（第4図11）、吹屋中原例（後期前葉～中葉）（第4図14）、瀧沢例（晩期前葉）（第4図17）でも在地石材が用いられている。このように、継続的に在地石材製の石棒が製作・使用されていることが、この地域の特徴と言えよう。

利根川上流域　この地域火成岩系の石棒は4例確認できるのみである。このうち深沢遺跡例（第4図21）は輝石安山岩系のものである。糸井大夫遺跡から花崗斑岩系の大形無頭石棒が出土しており、うち1例は加曽利E4式期の敷石住居跡出土のもの（第4図13）であり、時期が確定できる。なお、後・晩期の矢瀬遺跡例（未見・報告書ではデイサイト）は、柱状のもので、在地石材の可能性もある。

赤城南麓　赤城南麓から南東麓地域では6例の火成岩製の石棒が確認できる。このうち4例は花崗斑岩系の石棒である。中期後葉の天ヶ堤遺跡からは頭部が平坦な特徴的な中形有頭石棒（第4図12）が出土している。ただし、頭部が再整形されているので本来の形態ではない可能性もある。ほぼ同時期の清泉寺裏遺跡例も中形有頭石棒である。これらの石棒は肉眼観察による限り大山産の石材の可能性が高い。清泉寺裏遺跡までは直線距離で56kmであり、

相当遠隔地まで流通していたことになる。

　千曲川流域　長野県の千曲川流域の分布については、報告書と秋池論文(秋池2002)から大山産の可能性のある石棒をピックアップすると、29例ほど確認することができる。しかし、この集成作業ははなはだ不完全であり、実見もしていないので、まだ考古学的検討をおこなえる段階にない。大山から20km圏内におさまる茂沢南石堂遺跡や川原田遺跡など比較的近い地域のものについては、大山産の石材が搬入された可能性が高いと言えよう。

　秋池は三水村出土例を根拠に北信まで流通していたとする推定する（秋池2002）。確かに円光房遺跡（53km：後・晩期）や栗林遺跡（60km：縄文後期～弥生中期）でも類似した石材を使用した石棒が出土している（中島他1994）。しかし、北信地域の石棒については別の産地が存在する可能性もある[3]。したがって、この方面への流通について解明するためには、もっと詳細な分布状況を把握すると同時に、岩石学的な分析もあわせておこなう必要があろう。

(2) 石棒製作集団について

　それではこうした石棒を製作した集団は、どこに居住していたのであろうか。初鳥屋遺跡では、狭隘ながらも集落を形成することができる平坦地が存在しており、ここに居住しながら石棒製作をおこなっていたと推定することができる。また、搬出ルートについても鏑川の支流矢川を下り、鏑川本流をそのまま東へ搬出されていったことが想定できる。そして、これは地形的にみて妥当なものと言えよう。

　それでは小山平遺跡の石棒製作については、どのような想定が可能であろうか。ここには鏑川で産出する緑色岩類製の磨製石斧を敲石に転用したものが多いことから、鏑川流域の集団（具体的には下仁田町下鎌田遺跡）との関係が指摘されている（福山1997、秋池2002）。確かに群馬県西部地域では前期末葉から中期後葉までの間、磨製石斧の製作がしばらく途絶えており、加曽利Ｅ３段階になって下鎌田遺跡において再開される（大工原2003）。そして、緑色岩類を用いてこの時期に磨製石斧を製作していた遺跡は下鎌田遺跡以外には存在していないので、ここで製作された磨製石斧が小山平遺跡に搬入されて敲石として使用されていたことはほぼ間違いない。しかし、下鎌田製の

磨製石斧は鏑川流域だけでなく、碓氷川流域でも広く流通しているので、このことだけで製作集団を特定することはできない。

　ちなみに、各河川流域の拠点集落までの距離を計ると、鏑川流域の鎌田遺跡は大山から直線距離15.5kmであるのに対し、碓氷川流域の新堀東源ヶ原遺跡までは10.3kmに過ぎない。また、碓氷川流域の方が鏑川流域よりも石棒の数量も多い。そして、新堀東源ヶ原遺跡では加曽利E2式期の住居から長さ59cmの柱状礫が出土している。以上のことから、鏑川流域だけでなく、碓氷川流域の集団が製作に関与していた可能性も捨てきれない。

　鏑川流域にしろ碓氷川流域にしろ、中期後葉には加曽利E様式と曽利様式が併存し、長野の影響が強い地域である。とくに、石棒が製作されていた加曽利E3式期に、曽利様式の影響が強くなる。こうした歴史的・社会的様相の中で、西毛地域で石棒製作が開始されたことに重要な意味がある。石棒だけでなく、さまざまな文化要素を地域間で比較することで、石棒製作の本質を垣間見ることができる。このことは今後の検討課題であろう。

(3) 石棒の流通についての予察

　大山産の石棒の流通について考える場合、前提となるのは肉眼観察により類似した石材がすべて大山産であるかどうかである。この前提が成立しなければ、どのような学説も砂上の楼閣となってしまう。それを覚悟の上で今回は予察として、流通についてシミュレートしてみたい。

　搬出ルートと考えられるのは、碓氷川、鏑川、千曲川が想定されよう。碓氷川ルートと鏑川ルートは、東毛地域や北毛地域への流通を考えた場合、途中から区別がつかなくなる。利根川中流域（渋川地域）では在地の石棒が分布しており、大山産と推定される石棒の流通は低調であったと考えられる。さらに上流域（沼田盆地）となると分布が希薄であり、流通の周縁地域の様相を示している。こうしてみると利根川本流域への流通は、限定的なものであったと考えられる。

　つぎに、多数出土している吾妻川流域への流通ルートについて考えてみたい。直線距離では28kmほどに過ぎないが、山間地なので迂回ルートを想定しなければならない。最も実証性の高いのは、大山産と推定される石棒の出

土地である長久保、千間瀬、長井遺跡を結ぶルートである。すなわち、碓氷川流域から北上して丘陵地帯を横断し、さらに烏川流域を遡り、榛名山西麓を越えるルートである。鏑川流域の緑泥片岩製石棒の吾妻川流域への流通ルートも途中からこのルートと合流することをあわせて考えれば、最も無理のないルートと考えられよう。ただし、この石棒が単独で流通していたとすれば、西へ迂回して浅間東麓の高原地帯を横断するルートも想定可能である。

　また、東方への流通についてはどうであろうか。冒頭でも紹介したように、鈴木氏は大山産の石棒が東関東から南関東まで広域流通していると推定する（鈴木2007）。しかし、群馬地域での石棒の分布状態をみると、東毛地域は希薄となる（第3図）。かつ、天ヶ堤遺跡や清泉寺裏遺跡の事例のように中形石棒である。こうした石棒の希薄化・小形化は流通圏の周縁地域の様相を示すものである。したがって、渡瀬川流域までが流通の限界であったと推定される。これは東関東地方における大形石棒の在り方とは矛盾した状況を示すものである。東関東地方の場合、花崗岩・花崗斑岩が採取可能である八溝山地や阿武隈山地などから入手された可能性も考慮すべきであろう[4]。

5. おわりに

　大山産の石材については、今回はじめて顕微鏡観察による岩石学的分析をおこなった結果、他の石材との識別が可能であることが判明した。ようやく研究の入口に立った段階にあると言えよう。しかし、類似した石材も各地に存在しており、あわせて検討することが必要である。そして、流通については、こうした基礎的検討がなされた後に本格的におこなうべきであろう。

　今回は検討をおこなわなかったが、緑泥片岩製の「碧い石棒」には、単なる緑泥片岩製のものと、白い斑点が特徴的な点紋緑泥片岩製のものが存在している。前者は藤岡地域に多く存在するのに対し、後者は鏑川上流域に多くみられる。緑泥片岩の露頭や採取可能場所については、秋池により明らかにされており、この石材を用いた石棒製作について言及されている（秋池1999）。こうした「碧い石棒」と大山産の「白い石棒」がどのような関係性を有して流通していたのかについて明らかにすることも今後の研究課題であろう。

本稿を執筆するにあたり、石材分析をおこなっていただいた中島啓治、中村庄八、そして石材現地踏査に同行していただいた麻生敏隆、後藤佳一、多方面にわたりご指導・ご協力をいただいた秋池　武、石坂　茂、大塚昌彦、長田友也、壁　伸明、軽部達也、小菅将夫、角田真也、中島　誠、深町　真、藤巻幸男、前原　豊、増田　修、原　雅信をはじめ、多くの方々と関係各機関には感謝の意を表したい。

　註
1) たとえば、内匠上之宿遺跡の報告書第252図259（鈴木論文の製作工程図9）は、研磨部分とされている箇所は平滑な河川礫の自然面であり、研磨作業はほとんどおこなわれていない。
2) 火成岩系の石棒は今回の集成以外に中之条町歴史民俗資料館、高崎市榛名歴史民俗資料館の展示品などがあるが、未調査である。
3) 例えば千曲市森将軍塚古墳の葺石には、大穴山産の石英斑岩が用いられている。長野盆地周辺では、堀切山・妙徳山・米子山などは大部分が石英閃緑岩からなり、周縁部は花崗斑岩からなるとされる（周藤・山岸1988）。
4) 阿武隈山地や八溝山地は花崗岩や花崗閃緑岩が広範囲に存在しており、石材産地としても知られている。花崗岩の周縁部には花崗斑岩や石英斑岩が存在する（日本の地質『関東地方』編集委員会編1986、日本の地質『東北地方』編集委員会編1989）。

　引用・参考文献
秋池　武　1965　「群馬県下仁田町初鳥屋出土の石棒」『若木考古』74号、4-5頁
秋池　武　1997　「附編　初鳥屋遺跡」『横川大林遺跡（上ノ平遺跡）横川萩の反遺跡（萩の反遺跡）原遺跡（坂本遺跡）西野牧小山平遺跡（恩賀遺跡)』群馬県教育委員会・松井田町遺跡調査会、1-20頁
秋池　武　1999　「関東地方点紋緑泥片岩の分布と利用について」『群馬県歴史博物館紀要』第20号、19-39頁
秋池　武　2002　「大山産石材（大山産石英安山岩）の石棒分布について」『梅沢重昭先生退官記念論文集　考古聚英』梅沢重昭先生退官記念論文集刊行会、47-60頁

大形石棒の製作遺跡と流通―北関東における火成岩製石棒の製作と流通を中心として―

長田友也　2000　「石棒の製作遺跡」『季刊考古学』第 73 号、60-64 頁
周藤賢治・山岸猪久馬　1988　「3.4　新第三紀の貫入岩類」『日本の地質 4　中部地方 I』共立出版、114-117 頁
鈴木素行　2007　「石棒」『縄文時代の考古学 11　心と信仰』同成社、78-95 頁
大工原豊　2003　「縄文石器の道具」『安中市史第 2 巻　通史編』安中市、54-84 頁
大工原豊編　2008　『ストーンツールズ』安中市ふるさと学習館
戸田哲也　1997　「石棒研究の基礎的課題」『堅田直先生古希記念論文集』堅田直先生古希記念論文集刊行会、91-108 頁
日本の地質『関東地方』編集委員会編　1986　『日本の地質 3　関東地方』共立出版
日本の地質『東北地方』編集委員会編　1989　『日本の地質 4　東北地方』共立出版
福山俊彰　1997　「西野牧小山平遺跡（恩賀遺跡）」『横川大林遺跡（上ノ平遺跡）横川萩の反遺跡（萩の反遺跡）原遺跡（坂本遺跡）西野牧小山平遺跡（恩賀遺跡）』群馬県教育委員会・松井田町遺跡調査会、1-100 頁

石棒関連報告書・文献

赤山容造他　1990　『三原田遺跡』第 2 巻、群馬県企業局
赤山容造他　1992　『三原田遺跡』第 3 巻、群馬県企業局
新井　仁　1993　『内匠上之宿遺跡』（財）群馬県埋蔵文化財調査事業団
新井　仁他　1997　『南蛇井増光寺遺跡Ⅵ』（財）群馬県埋蔵文化財調査事業団
池田政志　2006　『横壁中村遺跡（3）』（財）群馬県埋蔵文化財調査事業団
石北直樹他　1996　『糸井大夫』昭和村教育委員会
石坂　茂他　1998　『白井北中道Ⅱ遺跡・吹屋犬小塚遺跡・吹屋中原遺跡』（財）群馬県埋蔵文化財調査事業団
石田　真他　2007　『横壁中村遺跡（9）』（財）群馬県埋蔵文化財調査事業団
石田　真他　2010　『横壁中村遺跡（11）』（財）群馬県埋蔵文化財調査事業団
井上慎也他　2004　『中野谷地区遺跡群 2』安中市教育委員会
上野佳也編　1988　『軽井沢町茂沢南石堂遺跡』軽井沢町教育委員会
上原富次他　1985　『松井田町誌』松井田町誌編さん委員会
大江正行他　1990　『仁田遺跡　暮井遺跡』群馬県教育委員会・（財）群馬県埋蔵文化財調査事業団
大賀　健　1997a　『新堀東源ヶ原遺跡』群馬県教育委員会・松井田町遺跡調査会
大賀　健他　1997b　『下鎌遺跡』下仁田町遺跡調査会

大塚昌彦他　1978　『空沢遺跡』渋川市教育委員会
大塚昌彦他　1982　『空沢遺跡　第3次』渋川市教育委員会
小野和之　2007　『長野原一本松遺跡（2）』（財）群馬県埋蔵文化財調査事業団
小野和之　2009　『長野原一本松遺跡（5）』（財）群馬県埋蔵文化財調査事業団
金子正人　1999　『坂本北裏遺跡』松井田町埋蔵文化財調査会
壁　伸明他　2010　『小日向地区遺跡群』安中市教育委員会
軽部達也　1994　『平成5年度東平井工業団地予定地内埋蔵文化財試掘報告書』藤岡市教育委員会
軽部達也　2001　『東平井工業団地造成に伴う埋蔵文化財調査報告書　東平井寺西遺跡』藤岡市教育委員会
小林　修　1998　「六万遺跡」『赤城村考古資料図録Ⅱ　旧敷島村の遺跡　附樽遺跡』赤城村教育委員会
小林　修他　2008　『史跡瀧沢石器時代遺跡Ⅰ』渋川市教育委員会
小林　修他　2008　『史跡瀧沢石器時代遺跡Ⅱ』渋川市教育委員会
桜井秀雄　2000　『上信越自動車道埋蔵文化財発掘調査報告書19』（財）長野県埋蔵文化財センター
下城　正他　1988　『深沢遺跡　前田遺跡』（財）群馬県埋蔵文化財調査事業団
関根慎二　2007　『天ヶ堤遺跡（1）』（財）群馬県埋蔵文化財調査事業団
関根慎二　1996　『白川傘松遺跡』（財）群馬県埋蔵文化財調査事業団
千田茂雄　2003　『東上秋間遺跡群』安中市教育委員会
大工原豊他　1994　『中野谷地区遺跡群』安中市教育委員会
寺内敏郎他　1988　『神明北遺跡　谷地遺跡』藤岡市教育委員会
寺内敏郎　2006　『公立藤岡総合病院外来センター建設に伴う埋蔵文化財発掘調査報告書』藤岡市教育委員会
堤　隆他　1997　『川原田遺跡―縄文編―』御代田町教育委員会
中島庄一他　1994　『長野県埋蔵文化財センター発掘調査報告書19　栗林遺跡・七瀬遺跡』（財）長野県埋蔵文化財センター
福山俊彰他　1997　『五料平遺跡（五料Ⅰ遺跡）五料野ヶ久保遺跡（五料Ⅱ遺跡）五料稲荷谷戸遺跡（高墓遺跡）』群馬県教育委員会・松井田町遺跡調査会
藤巻幸男他　2005　『横壁中村遺跡（2）』（財）群馬県埋蔵文化財調査事業団
藤巻幸男　2007　『横壁中村遺跡（5）』（財）群馬県埋蔵文化財調査事業団
真下高幸他　1989　『房谷戸遺跡Ⅰ』（財）群馬県埋蔵文化財調査事業団

大形石棒の製作遺跡と流通―北関東における火成岩製石棒の製作と流通を中心として―

増田　修　1987　『昭和60年・61年発掘調査概要』桐生市教育委員会
松島榮治他　1988　「長井（権田）遺跡」『群馬県史　資料編1』群馬県
間宮政光　1997　『行田梅木平遺跡（行田Ⅱ遺跡)』群馬県教育委員会・松井田町遺跡調査会
三上次男他　1968　『軽井沢町茂沢南石堂遺跡』軽井沢町教育委員会
三宅敦気　2005　『上組北部遺跡群Ⅱ　矢瀬遺跡』月夜野町教育委員会
森嶋　稔他　1990　『円光房遺跡』戸倉町教育委員会
諸田康成　2002　『長野原一本松遺跡（1）』（財）群馬県埋蔵文化財調査事業団
諸田康成　2008　『長野原一本松遺跡（3）』（財）群馬県埋蔵文化財調査事業団

■ コラム1

大形石棒の石材の観察・記載法

中島 啓治

1. はじめに

　石器石材の研究といえば、打製石器の石材に対する研究が主流であり、石棒の石材に関する研究はこれまであまりおこなわれてこなかった。そのため、石棒石材産地に関して、考古学研究者の肉眼観察による類推が一人歩きしている感を否めない。本来、正確な岩石名称やその産地を明らかにするためには、石棒の一部を切り取り、岩石薄片を作成して詳細な岩石データを蓄積する必要がある。

　とはいえ、すべての資料を薄片化する前に、基本的な事実を押さえておくことが必要である。群馬県域の大形石棒の原材料となる石材は、実見したところ花崗斑岩や輝石安山岩といった半深成岩、火山岩の火成岩の一群と、緑泥片岩や点紋片岩といった広域変成岩の一群に大別することができ、前者については西野牧小山平遺跡や初鳥屋遺跡で製作遺跡が確認されている。これらの石材は転石として存在しており、河川礫を辿っていけば、露頭に到達することが可能である。本稿では、群馬県西部域を中心に、これら岩石の特徴と観察・記載方法について述べてみたい。

2. 大形石棒に用いられる石材の特徴

(1) 半深成岩

深成岩との違いと半深成岩の特徴　マグマによる火山活動で火山岩は形成され、地下における深成活動で深成岩が形成される。深成岩や火山岩は火成岩の組織により分類される（第1図）。

また、酸性度により、酸性岩、中性岩、塩基性岩、超塩基性岩に分けられる。

　深成岩は底盤や大きな岩株などとして産出するが、粗粒で完晶質な岩石で大きな鉱物のみからなることが多く、酸性の深成岩というと花崗岩が代表的なものとしてあげられる。花崗岩質岩石の組織は一般に花崗岩質、半自形粒状である。中性の深成岩の代表的なものは閃緑岩であり、塩基性深成岩の代表的なものは、はんれい岩である。

　そして、深成岩と火山岩の中間的な産状および粒度を示すものを半深成岩というが、このように考えても、半深成岩はあいまいな定義しかできないのである。こうした半深成岩は岩脈、岩床、餅盤などの形で産するものであるが、そのような産状のものが、すべて半深成岩の組織をもっているわけではない。半深成岩は酸性度により以下のように分けられ、典型的な酸性半深成岩としては花崗斑岩、中性半深成岩の代表的なものはひん岩、塩基性岩は輝緑岩がある。

花崗斑岩　花崗斑岩は石基と斑晶の区別がはっきりした岩石で、石英、斜長石、カリ長石および若干の黒雲母、角閃石の斑晶がある。石基は微花崗岩質の組織を示し、等粒状の石英、カリ長石、斜長石の細かな集合体からなる。黒雲母、白雲母、磁鉄鉱等を少し含むことがある。

石英斑岩　石英斑岩は花崗斑岩とよく似た岩石である。花崗斑岩にくらべ、斑晶は長石類が少ない。石基は緻密、細粒であり、陰微晶質（火山岩の基質がきわめて細粒で顕微鏡下でも個々の鉱物の識別が困難なもの）のことがある。石基にガラスが入っている場合、石英斑岩と呼ばずに、流紋岩または石英粗面岩と呼ぶ。これも岩脈として産出する。

SiO_2の量 %（重量）	←	66	←	52	←	45	
色	白					→	黒
	酸性岩	中性岩	塩基性岩	超塩基性岩
火山岩	デイサイト 流紋岩	安山岩	玄武岩	―
半深成岩	花崗斑岩	ひん岩	輝緑岩	―
深成岩	花崗岩	閃緑岩	はんれい岩	かんらん岩

第1図　火成岩の分類

(2) 火山岩

　火山活動で形成される火山岩には、地表にマグマが噴出して形成された噴出岩体と、地表付近にマグマが貫入して形成された貫入岩体がある。いずれも細粒な岩石である。

　酸性火山岩の代表的なものには、流紋岩と石英粗面岩がある。流理構造のはっきりしているものを流紋岩、はっきりしていないものを石英粗面岩という。いずれも斑晶と石基ははっきり区別できる。中性の火山岩として日本でもっとも多く見られるのは安山岩である。そして、塩基性の火山岩では玄武岩が代表的である。

輝石安山岩　安山岩は一般に斑晶と石基がはっきりしている場合が多いが、ときには無斑晶質の場合もある。斑晶は斜長石、普通輝石（単斜晶系）、紫蘇輝石（斜方晶系）、角閃石、磁鉄鉱、黒雲母、かんらん石で、それらがさまざまな組合わせ、いろいろな量比で含まれる。角閃石安山岩、普通輝石安山岩、両輝石（複輝石）安山岩、含かんらん石安山岩の名で呼ばれる。石基の組織は間粒状（短冊状〜針状の斜長石が網目状に散在する間を細粒の輝石、磁鉄鉱など有色鉱物がうめている火山岩の石基の組織。これに対し填間状は、火山岩の石基の組織で、間粒状と似ているが、斜長石の間をうめるものがガラスや陰微晶質のもの、あるいは二次鉱物である場合をいう）、ガラス基流晶質（斜長石の小さな短冊状〜針状の結晶をガラスがうめている火山岩の石基の組織である。斜長石は流理方向に定向配列することも多い）、ハイアロオフィティック（填間状の基質部分が多く、斑晶〜微斑晶の少ないものをいう。短冊状〜針状の微小な斜長石が不規則に散在している間をガラスや陰微晶質の基質がうめているもの）、陰微晶質などである。石基にみられる鉱物は斜長石、普通輝石、磁鉄鉱、火山ガラスが普通である。

デイサイト　デイサイトはシリカ鉱物に富んだフェルシックな火山岩で、SiO_2の含有量が70％以上のものを流紋岩、63〜70％のものをデイサイト、と呼ぶ。斑晶鉱物は、斜長石・石英・アルカリ長石などのフェルシック鉱物（白あるいは白にちかい淡色であることから無色鉱物ともいう）のほか、普通輝石・斜方輝石・角閃石・黒雲母・ザクロ石などを含む。石基はフェルシッ

ク鉱物（斑晶のものと同様）、マフィック鉱物（カンラン石・輝石・角閃石・黒雲母などで、暗色であることから有色鉱物という）のほかに、普通輝石・斜方輝石・黒雲母・ガラスを含む。

流紋岩　鉱物組成は斑晶・石基鉱物ともデイサイトとほとんどかわらないが、一般的にはアルカリ長石はデイサイトよりも流紋岩に多く含まれる。灰白色で緻密な流紋岩は、若干色調の異なる部分（結晶度の異なる部分）が縞状構造を示すことがよくある。マグマの流動で形成された一種の流理構造である。流理構造がはっきりしないものを石英粗面岩という。流紋岩質マグマが急冷されると、ほとんど鉱物を晶出しないで固結し、天然ガラスになることがあり、それを黒曜岩やピッチストーンと呼ぶ。両者ともに少量の斑晶鉱物を含む。

(3) 広域変成岩

　広域変成岩には、それが形成されたときの温度、圧力等の物理的条件により、また源岩の化学組成により、多種多様なものがある。緑色片岩、角閃岩、黒色片岩、黒雲母片岩等である。

　関東山地はおもに中・古生界で構成されている。これらは、構成岩石・地質年代および地質構造の異なる北西—南東方向の帯状配列をしていて、北から三波川（変成）帯・秩父帯・四万十帯とよばれている。

　広域変成岩からなる三波川帯は、おもに海底に堆積した火山噴出物を主とする堆積物で変成度が低い結晶片岩からなるが、南縁部には低変成度の玄武岩質の火山噴出物から変化した塩基性岩体がみとめられ、御荷鉾緑色岩類とよばれている。この帯の変成岩は、南に接する秩父帯の中・古生界（秩父層群）の変成層である。

　関東山地の北部を占める三波川帯は、西は群馬県下仁田町南部の青岩公園から東南東方向にのび、群馬県

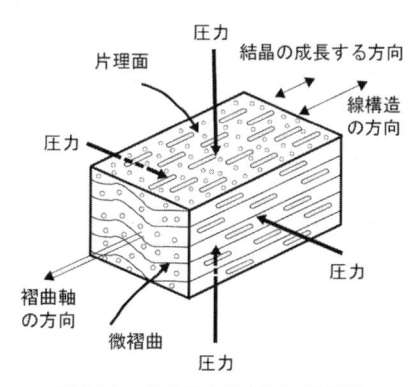

第2図　変成岩の片理面・線構造

神流町の三波石峡・埼玉県の長瀞町、さらに南東に続いて、埼玉県の越生町まで約60kmにわたっている。分布幅は下仁田町南部から東に向かってしだいに広くなり、神流町鬼石では幅約10km、長瀞付近で10数kmにまで広がっている。三波川結晶片岩は、板状に割れる割れ目（片理）が入るのが特徴である。

緑色（緑泥）片岩　低温で形成された、緑色片岩相を代表する変成岩であり、緑泥石、緑れん石、アクチノ角閃石等の鉱物に富み緑色を示す。緑泥石は低度変成岩、緑色片岩層の変成岩の主要な構成鉱物として産出する。また、緑泥石は火成岩中で、黒雲母、角閃石、輝石、かんらん石などの鉱物が熱水変質をうけて生ずることもある（緑泥石は通常、鏡下で淡緑ないし緑色で多色性を示し、複屈折が小さい）。緑れん石は緑色片岩相のような割合低温の主として塩基性の変成岩に産出する。また、火成岩中でも末期晶出物として産したり、斜長石の熱水変質の生成物としても産出する。アクチノ角閃石は淡緑色、一般に小さな針状の結晶として産することが多い。その含み方によって緑泥石緑色片岩、アクチノ角閃石緑色片岩等と呼ばれる。細粒で、鉱物は線構造を示す。

点紋片岩　三波川帯には、緑色片岩に曹長石の斑状変晶（より細粒の基質中に再結晶作用で生じた大きな結晶）が発達している部分があり、点紋緑色片岩、点紋黒色片岩、点紋石英片岩とよばれる。斜長石は大部分の火成岩および、変成岩、堆積岩中に産出し、接触変成作用を受けた晶質石灰岩にも産出する。斜長石はその組成によって6つに細分され、その一つが曹長石である。700℃以上で安定な高温型曹長石と700℃以下で安定な低温型曹長石とがあり、両者の間に連続的な中間の状態がある。高温型斜長石はある種の火成岩に出現するだけで、深成岩や変成岩中の斜長石は低温型のものが多い。三波川変成岩のなかの再結晶作用の進んだ部分には曹長石の斑状変晶がよく発達し、点紋片岩とよばれている。

3. 各石材の産出する場所について

　柱状節理の発達した露頭とその転石は、石棒の素材を獲得し、加工する場

所と近接する可能性が高い。そこで、石棒に利用可能な石材の柱状節理がみられる代表的な露頭の地質構造について、簡単に述べてみたい。

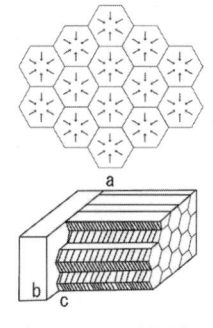

（1）火成岩の露頭

上信県境・大山周辺　花崗斑岩から流紋岩の露頭は群馬県西端部の大山とその周辺で確認できる。大山東山麓では柱状節理が発達した露頭が存在しており、これが崩落して二次堆積した斜面部の西野牧小山平遺跡では、大形石棒の製作がおこなわれている。

（a、b、cは冷却面）
第3図　柱状節理の原理

大山は上信県境近くの安中市松井田町の高岩南西に存在し、直径2kmの広がりをもって、約1800万年前の中期中新世の小幡層に貫入する。上信越自動車道を碓氷軽井沢ICに向かって大山トンネル入口付近、側道の南側斜面で柱状節理が観察される。岩質は角閃石デイサイト〜石英斑岩で、岩株状の形態をとる。形成年代は、K-Ar年代は約580万年を示すが、同質の火成岩が本宿層の基底礫に含まれていることから、中期中新世の後期の貫入と考えられる。大山の組織の特徴として黒雲母が含有されていることがあげられる。このことに着目することで、他と識別することができる。なお、付近に分布する若宮岩体、三ツ谷岩体、小柏岩体、赤坂岩体も、ほぼ同時期の貫入と考えられる。

吾妻・丸岩周辺　デイサイトは、群馬県北西部に位置する吾妻川流域の丸岩の南方500m、タカジョッキ周辺に溶岩ドーム状の貫入岩として分布する。丸岩はみごとな柱状節理が存在しており、国道145号線から、半円形のドーム状

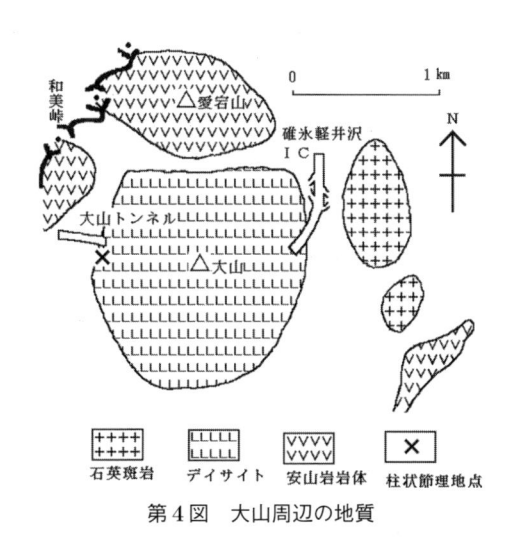

第4図　大山周辺の地質

写真1　大山の柱状節理

のシフォンケーキのような独特の形を遠望することができ、その直下の河岸段丘上には縄文中期〜晩期にかけての大遺跡である横壁中村遺跡が存在する。

　丸岩は標高1124mの山であるが、北側に傾いており、約100万年前に南方にある「菅峰火山」から流出した溶岩からできている。この溶岩は柱状の節理が発達し、暗灰色を呈し、1mmほどの黒色の輝石の斑晶を含む輝石安山岩である。白い鉱物の斑晶は斜長石である。

　菅峰は、JR吾妻線「長野原草津口」の南に位置する標高1474mの山で、浅間山などと比較すると古い火山であり、山はだには深い谷が刻み込まれ険しい地形をつくっている。この火山の活動は、今から100万年前である。川原畑からの菅峰の溶岩は、山頂から傾斜の10度程の平坦面がゆるやかにのびて、尾根の東側斜面の縁辺に連続した約100mの断崖をつくり、山ろくの北西の与喜屋まで続いている。細かい崖の一つ一つが一枚の溶岩であり、数10cmから数10mで、くり返し流出したものである。これは約90万年前に菅峰火山の火口から流れてきたものといわれている。そしてこの溶岩と溶岩の間には、黒いスコリアと火山灰でできた凝灰角礫岩がみられる。

碓氷峠・刎石山周辺　輝石安山岩の

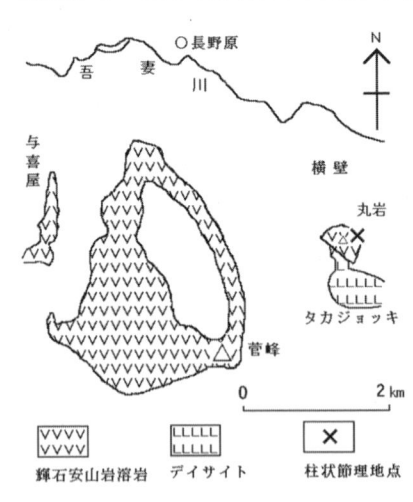

第5図　丸山周辺の地質

柱状節理は群馬県内のいたる所にみとめられる。たとえば、群馬県西部の碓氷峠旧中山道の刎石山北東部には柱状節理の発達した「座頭転がし」とよばれる場所がある。

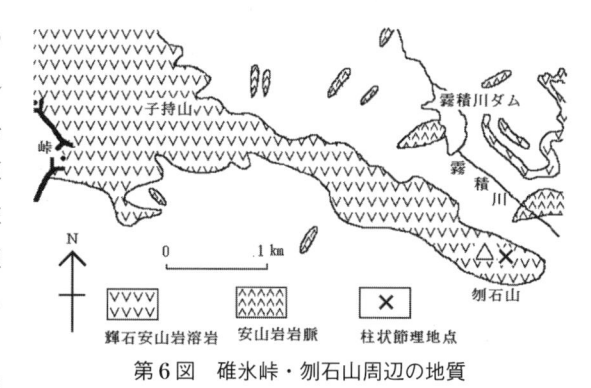

刎石山頂上の少し手前では、柱状節理の暗灰色の硬い輝石安山岩の溶岩が観察される。溶岩の厚さ40〜50mで、縦の柱状節理に水平方向の顕著な板状節理があわさって発達し、岩片は幅5〜10cm、奥行20〜30cmの、いわゆる鉄平石型の溶岩で、鼻曲層とされる。

第6図　碓氷峠・刎石山周辺の地質

輝石安山岩は偏光顕微鏡では、間粒状組織を呈する石基中に単斜輝石、斜方輝石、斜長石が観察される。鼻曲層は、旧中山道ぞいの刎石山・子持山を含む標高700m以上の尾根、および小根山地域に分布する。輝石安山岩の溶岩および同質の凝灰角礫岩より構成され、本層中の溶岩は子持山以東では2枚認められる。いずれも厚さ40〜50mで、板状節理の顕著な鉄平石型の溶岩である。

写真2　刎石山の柱状節理

本層下部に挟まれる溶岩の年代は110万年前、刎石山の溶岩は65万年前である。いずれも平坦な地形面を形成する。

(2) 変成岩の露頭

広域変成岩は、変成帯に沿って同じような性質の岩石が帯状に存在してい

第7図　群馬県南部の地質

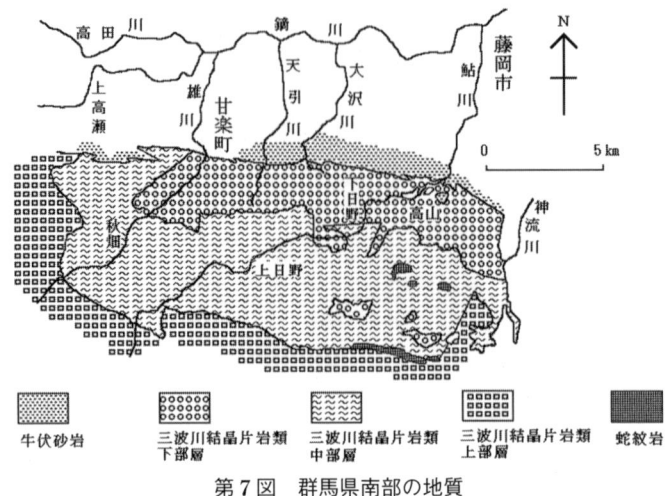

るため、火成岩の貫入などとは異なり、採取地を特定することはきわめて困難である。秋池武の調査によれば、点紋緑泥片岩の露頭はいくつか確認されている（秋池1999）。これらの露頭も候補地となるが、現存する露頭は道路工事などでたまたま確認されたものであり、縄文時代の環境とは大きく異なっていた可能性が高い。

　大工原豊の調査によれば、緑色（緑泥）片岩製の石棒は藤岡地域の遺跡から多く出土しており、点紋緑色（緑泥）片岩製の石棒は富岡・安中地域の遺跡から多く出土しているとされる。したがって、鏑川上流域では点紋緑色（緑泥）片岩の採取地は、露頭の確認できる、鏑川支流の雄川上流域の可能性が高い。

　藤岡市においては、新第三系の牛伏層と断層で接する三波川結晶片岩類が、鮎川の中流域および上流域の全体に広く分布している。県道をさかのぼると、日野金井から会場まで、延長約20kmにわたって結晶片岩の露頭が断続的にみられる。

　その下部層は、変成度が高く、点紋緑色片岩、点紋石英片岩が主体で片理がよく発達し、鮎川の中流域の北部の地域である、中倉、猪之田、塩平、黒石、印地、高井戸、高山に分布する。

中部層は、変成度が高く、点紋黒色片岩が大部分を占め、片理が発達し、鮎川の中・上流部を中心に、多野山地の東部から西部まで広く分布し、藤岡市では駒留から上日野の会場まで分布する。

　上部層は、変成度は低く、塊状岩が大部分を占め、点紋はみられず、片理はあまり強く発達していない。東西の御荷鉾山、雨降山を中心に帯状に分布している緑色化した御荷鉾緑色岩類である。

　甘楽町雄川においては、三波川結晶片岩類は中流域および上流域に広く分布する。下部層は町谷から戦場に分布し、中部層は赤谷平、秋畑から那須の南西方に約1kmにまで分布する。

4. 石材観察方法

　露頭全体の観察、転石かどうかの判断、断層・節理・岩脈・褶曲構造の有無や発達の程度、岩相の変化の観察後、石を叩き測定する。

　石材鑑定にあたっての項目は、岩体の石質、鉱物の識別、成分・組織・色沢・色調・斑紋の識別、比重の測定、層理面・片理面・断層面・線構造・へき開などの測定、加工の難易、風化の程度、石の硬さ、採石の大きさ、見込石量、埋蔵量、産地の地理、運搬方法等である。

肉眼観察

　できるだけ新鮮な部分を選び、表面が風化したり、分解したりしたものをさける。結晶面を破損しないよう注意し、産状が分かるように母岩と一緒に観察する。

　具体的には、鉱物の形、大きさ、他の鉱物との関係、色（無色鉱物、有色鉱物）、へき開、斑晶や粘土鉱物の様子などである。

顕微鏡による観察

　石棒あるいは石棒の破片から切片を切り取ることが可能であれば、そこから岩石薄片を作製し、鉱物組織や屈折率などを計測し、より詳細に岩石の特徴を確認することができる。以下、プレパラートを作製する場合の留意点について述べる。

　岩石薄片にしたいものは固い岩石だけとはかぎらない。風化した岩石や多

孔質の岩石の場合は、瞬間接着剤またはエポキシ系樹脂をチップの表面から浸透させて機械的強度を補強し、これを表面研磨と交互に2～3回繰返して接着面の研磨仕上げをするとよい。

　そして、鉱物の屈折率、モードを測定できれば、各地域の露頭や河川転石との比較が可能となり、より客観的に石材の採取場所を推定することができる。

風化や人間による二次的変成（強い加熱を受けた）の場合の観察

　風化については酸化鉄の保護皮膜がある。表面風化による古さび・球状風化・有色縞、雨による化学的風化による表面硬化、節理や他の割れ目による節理面の硬化と劣化の場合がある。
これらの厚い風化皮膜等の下の、岩石の新鮮な部分を観察しなければ、岩石を同定することは出来ないのである。

　群馬県埋蔵文化財センターの収蔵庫で、麻生敏隆・大工原豊らと石棒を観察する機会を得た。実際に観察してみると、変色（白化・赤化・黒斑）や、破砕・ヒビ割れ等がほとんどのサンプルに確認された。これは明らかに人間によって強い加熱を受けた結果であり、本来の材質が大きく変質していた。こうした作用を受けていなければ、比重を測定することにより、ある程度材質の比較が可能である。しかし、加熱により岩石に含まれる水分が失われており、加熱の度合いも異なるため、比較することは困難である。

参考になる書籍

　岩石や地質を調べる際、役立つのは、各県の地質図と以下の文献である。地質図は絶えず更新されているので、最新のものを用いる方が、精度が高い。

日本の地質（全9巻）(1986-1992)：日本の地質刊行委員会編　共立出版
日本の地質（増補版）(2005)：日本の地質増補版刊行委員会編　共立出版
記載岩石学 (2002)：周藤賢治・小山内康人　共立出版
偏光顕微鏡と岩石鉱物（第2版）(2006)：黒田吉益・諏訪兼位　共立出版

参考文献

日本の地質編集委員会編　1986　「関東地方」『日本の地質　関東地方』共立出版、

3-12 頁

秋池　武　1999　「関東地方点紋緑泥片岩の分布と利用について」『群馬県立歴史博物館紀要』20、19-39 頁

秋間団体研究グループ　1996　「群馬県松井田町、碓氷川上流地域の地質」『地球科学』第 50 巻、161-176 頁

久保誠二・中村庄八・小山和久・高橋陽一　1993　「吾妻渓谷周辺およびその南西域」『長野原の自然』群馬県長野原町教育委員会、3-89 頁

群馬県地質図作成委員会　1999　『群馬県 10 万分の 1 地質図解説書』内外地図

吉羽興一・坂下剛男・堀澤勝　1989　「藤岡市の地形・地質」『藤岡市史』、26-73 頁

石棒観察から読み取れること

長田友也

はじめに

　2010年10月に開催されたシンポジウム『縄文人の石神―大形石棒に見る祭儀行為―』は、石棒自体の研究から具体的な儀礼行為の復元、さらにはその背後に存在するであろう精神文化へと迫る大変示唆に富む内容であり、石棒研究においても大きな画期であったといえよう。筆者の発表に対しても、シンポジウムパネラーや会場の参加者など、多くの方々から貴重なご意見・ご指摘を頂戴した。とくに、早くから石棒研究に取り組まれてこられた戸田哲也、澁谷昌彦、そして、パネラーでもあった山本暉久からは、暖かくも厳しいご指摘・ご批判をいただいた（戸田2011、澁谷2011）。戸田・澁谷の指摘にあるように、発表で筆者が提示したライフヒストリー概念については、戸田によって15年も前に石棒の発生から埋没までの一連の過程が提示され、さらには、その過程ごとに第一から第四までの儀礼が想定されている（戸田1997）。この戸田の指摘を発表において引用していなかった点については、筆者の不徳のいたすところであり、この場をお借りし、深くお詫び申し上げる。

　本稿ではこれらの経緯を踏まえ、石棒のライフヒストリーにかかわる点について加筆修正をおこなうとともに、筆者の発表に対する意見に関連しいくつかの追記をおこなった。

1. 石棒から精神世界へ

　石棒を含め、土偶や石冠など精神文化的行為（以下、儀礼と総称する）に用いられる道具（以下、儀器と総称する）の機能・用途を推し量ることは非常に

困難である。それは儀器使用の背景には、縄文時代人の精神世界・世界観が存在し、それらの象徴として儀器が用いられたと考えられるためである。したがって、縄文時代人の内面にある精神世界・世界観にまで踏み込まなければ、儀器の本質的な機能・用途を本当に理解することはできない。

　土器・石器の多くは、現代あるいは近現代まで同様の道具として用いられたものが多く、具体的な機能・用途が明確なもの、あるいは類推しやすいものが多い。同様に儀器も、現代にまで通ずる精神観念の装置としてみることが可能であり、たとえば土偶に対する人形意匠の偶像崇拝としての位置づけや、破損土偶にみる"身代わり地蔵"的な感染呪術として考えられることもある。こうした現代的思考を元に、縄文時代の精神世界を考究することは可能であろうが、それにより提示された縄文時代の精神世界観が、どこまで真実味があるものかの保証は全く無い。それは現代の精神世界観が、縄文時代より日本列島内のみで醸成されたものではなく、中国大陸・西欧などの影響を少なからず受けたものであり、縄文時代人の精神世界観と直接的には同義のものとすることはできず、むしろ異なった精神世界観であると認識すべきものであることによる[1]。

　一般に民族研究において、異文化（あるいは同文化においても）の精神世界を研究するには、異文化集団に対し直接聞き取りをおこなうか、集団に入り観察をおこなうのが研究手法であり、あるいはそれらをまとめた民族誌を紐解くことで間接的に読み取ることができる。しかし、当然のことながら縄文時代の精神文化を研究するには、こうした手法は適わず、遺跡・遺物を対象とした考古学による研究以外取り組みようがない。遺跡・遺物といった"モノ"を対象にする考古学は、人間活動や技術の復元には非常に有効な手法であるが、精神文化など人間内面の事象を明らかにすることは難しい。そのため、具体的な用途・機能が不明なモノに対して、そのモノに付随するさまざまな状況（コンテクスト）を加味し、モノの用途・機能を明らかにしていくのである。さらに、そこから導き出された用途・機能に対して、民俗学・神話学・宗教学などさまざまな周辺学問の成果を援用しながら、その背後に存在する精神文化を考究するという手法が用いられる。このように、モノにさ

まざまなコンテクストを付加することで、事象理解に対する深淵度が増し、単なる解釈だけではなく意味へとアプローチできるのである。

モノとコンテクストに主眼を置いた解釈論自体は、考古学的手法による精神文化研究において有効であるが、前提となるモノとコンテクストの位置づけについては、大きな問題が存在するように思う。それはモノに対する安易なコンテクストの評価であり、その背景や状況に対する検討を詳細におこなわないまま、解釈の前提となる部分が提示される点にある。その一つに本稿で扱う"石棒観察から読み取れること"があり、石棒観察においては「観察された事象はどの段階での事象であるのか」が課題となる。

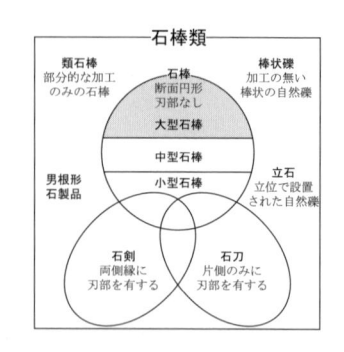

第1図　石棒類の概念図

本稿では上記のような視点のもと、石棒観察から読み取れる"痕跡"とくに"敲打・研磨・被熱"などの痕跡について検討を加え、そこから何が読み取れるのかについて私見を述べるものである。なお、本稿では縄文時代の石棒類のうち、他の発表でも主題となっている大形石棒[2]のみを分析対象とし、以下特に断りのない限り、石棒とは大形石棒を指すこととする（第1図参照）。その範囲は縄文時代後期前葉までの日本列島全域を対象とするが、あくまで筆者の管見にふれえた資料のみを扱うため、多くの遺漏や資料観察に際しての誤認などもあろうかと思われる。

2. 石棒観察の前提－石棒のライフヒストリー

最初に石棒観察の前提とした、「観察された事象はどの段階での事象であるのか」について、明記する必要があろう。

冒頭でふれたように、こうした視点・概念整備としては戸田哲也による指摘がある（戸田1997）。戸田は、石棒の宗教的・儀礼的側面の解明を念頭に、「石棒の発生と、製作時における完形石棒がどのような過程をへて最終遺構共伴あるいは埋没という状況に到達するか」を検討する必要性を指摘している。

その上で製作から埋没に至る過程において、製作から石棒入手（第 1 儀礼）、被熱を含む破砕行為（第 2 儀礼）、分割後に凹みを加える行為（第 3 儀礼）、さまざまな出土状況としてあらわれる石棒を「各種の儀礼行為に付加される力」（第 4 儀礼）の 4 つの儀礼を設定している。この各過程での 4 儀礼の設定により、石棒製作遺跡、破片資料が多い点、さらには儀礼的要素を有する出土状況など、石棒にかかわる儀礼要素を総合的に扱うことが可能となった。

このほかでは鈴木素行も、石棒の製作・流通、石棒の各種出土事例を、その過程ごとに検討し、石棒を「樹立」させたものではなく、「隔離」「埋没」「燃焼」「破砕」の出土状態から、「短期の祭儀のために準備され、祭儀の終了にともない処分されたことを考え」ている（鈴木 2007）。このように、石棒の使用痕跡や出土状況を考慮するためには、それらがどのような過程でおこなわれた事象であるかを検討する必要性は、かねてより指摘され、その提示・実践もさまざまおこなわれている。

これら製作・使用・廃棄といった過程を考慮した研究では、その対象はあくまで精神文化に関連する儀礼に主体があり、それ以外の過程についての検討がやや不十分であるように考える。したがって、石棒に関する痕跡・出土状況などあらゆる事象を、直接的に儀礼と関連づけてしまう危険性が伏在し、痕跡・出土状況の客観的な判断がおよばない例もあろう。そこで、儀礼に関連する所作だけでなく、石棒にかかわるあらゆる事象を包括した過程の分析が必要となる。こうした過程を分析する手法として多用されるのが、ライフヒストリーの概念である[3]。無為に石棒観察から得られた事象（コンテクスト）のみに着目するのではなく、石棒の一生（ライフヒストリー）を考慮し、その事象が如何なる要素を含んでいるかを検討することで、客観的に儀礼・精神文化的要素の有無が判断可能になるものと考える。本稿では、このライフヒストリーの概念を用いて、あらためて「石棒のライフヒストリー」について考慮してみたい。

石棒を含め、石器に関するライフヒストリーの研究では、澤田敦により石器使用痕研究の前提としてのモデル化された石器ライフヒストリー研究がある（澤田 2003）。澤田が分析の対象とするのは剥片石器であり、石棒を含め

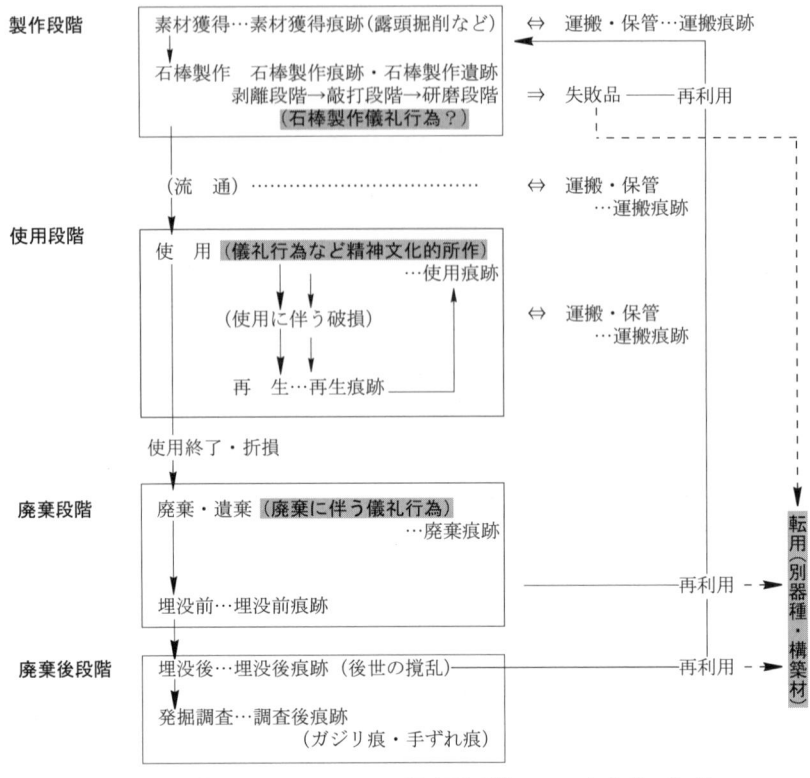

```
製作段階  ┌─────────────────────────────────┐
          │ 素材獲得…素材獲得痕跡（露頭掘削など）│ ⇔ 運搬・保管…運搬痕跡
          │                                  │
          │ 石棒製作　石棒製作痕跡・石棒製作遺跡│ ⇒ 失敗品 ──── 再利用
          │ 剥離段階→敲打段階→研磨段階        │
          │ （石棒製作儀礼行為？）              │
          └─────────────────────────────────┘
                          │
                     （流通）………………………… ⇔ 運搬・保管
                          ↓                      …運搬痕跡
使用段階  ┌─────────────────────────────────┐
          │ 使　用（儀礼行為など精神文化的所作）│
          │          ↓  ↓                     │
          │              …使用痕跡             │
          │       （使用に伴う破損）            │ ⇔ 運搬・保管
          │          ↓  ↑                     │    …運搬痕跡
          │       再　生…再生痕跡              │
          └─────────────────────────────────┘
                  使用終了・折損
                          ↓
廃棄段階  ┌─────────────────────────────────┐
          │ 廃棄・遺棄（廃棄に伴う儀礼行為）   │
          │          …廃棄痕跡                │
          │          ↓                        │
          │ 埋没前…埋没前痕跡                 │
          └─────────────────────────────────┘                  ── 再利用 ─┐
                                                                          │転
廃棄後段階 埋没後…埋没後痕跡（後世の撹乱）────── 再利用 ─────────┤用
           発掘調査…調査後痕跡                                            │（別器種・構築材）
                  （ガジリ痕・手ずれ痕）
```

第2図　石棒のライフヒストリー概念図（澤田2003を参考に作成）

た礫核石器や、石棒のように各段階での儀礼が想定される儀器においては、そのまま利用することは難しい。しかし、提示された「製作段階」「使用段階」「廃棄段階」「廃棄後段階」の4段階の大区分[4]は、石棒におおむね当てはまるものと考えられる。それぞれの段階において痕跡として加えられる要素が想定できるとともに、存否はともかくとして各段階に儀礼行為を想定することもでき、これを元にモデル図を作成した（第2図）。

　それぞれ想定される儀礼行為を"痕跡"として抽出できれば、具体的な石棒の儀礼行為の復元が可能であり、石棒自体の具体的な機能、すなわち使用段階として想定した石棒本来の機能をも読み取ることができよう。しかし、遺跡から出土する石棒は、すべて埋納を含む廃棄後の状態であり、必ずしも

石棒本来の機能と考えられる使用段階の状態を残しているとは限らない。考古学においてはなかば常識的な事項ではあるが、目的とする痕跡のみを追求しようとするあまり見落としがちな点であり、階上屋に解釈を重ねる結果にもなりかねない。とくに石棒自体の観察から、その背後の精神世界を読み取ろうとする際などには、あくまで慎重に対応する必要があろう。

以下、このライフヒストリー的視点を前提に、石棒にみられる痕跡について事例検討をおこなう。

3. 石棒観察の事例〜新潟県・アチヤ平遺跡〜

観察の事例として、筆者が実際に整理作業を担当し報告した、新潟県アチヤ平遺跡例の検討をはじめにおこなう。アチヤ平遺跡は新潟県北端の村上市奥三面地区にあり、朝日連峰西側の"奥三面地区"とよばれる地域にある。奥三面ダム開発にともない、アチヤ平遺跡の全面発掘調査がおこなわれ、中期末（大木10式）〜後期前葉（南三十稲場式）の間に営まれた直径50m程度

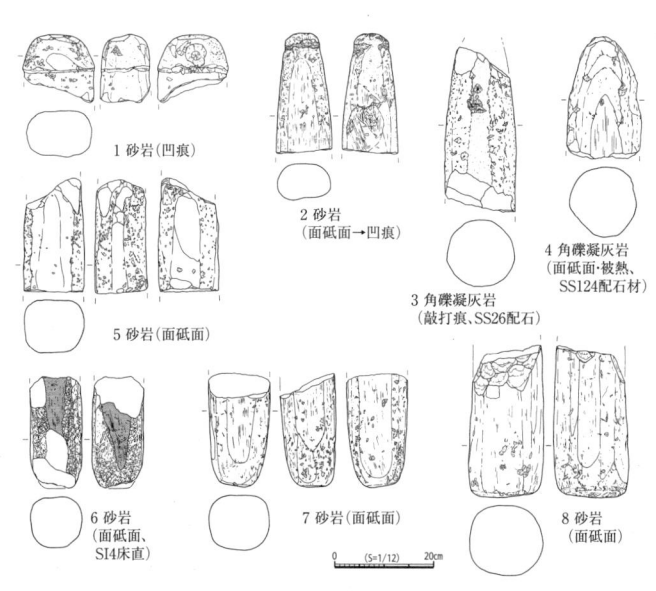

第3図 新潟県アチヤ平遺跡・痕跡のある石棒1
（敲打痕・凹痕・面砥面をもつもの、報告書より転載）

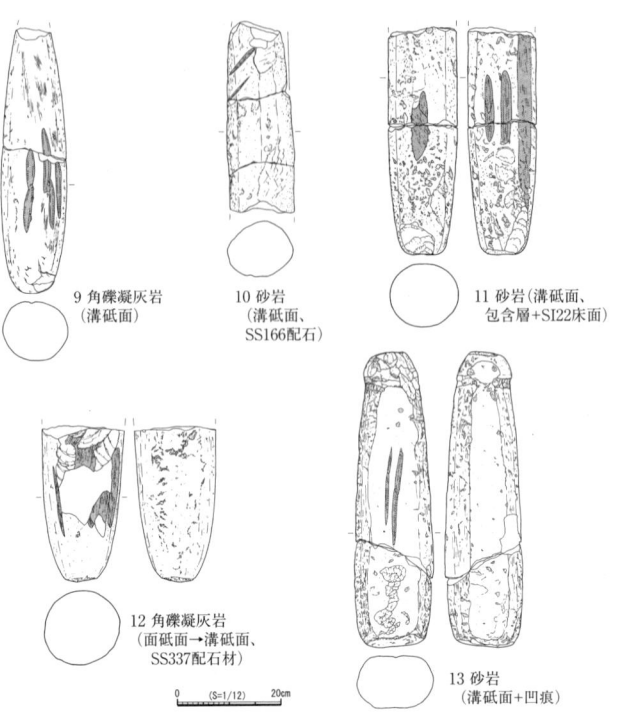

9 角礫凝灰岩
（溝砥面）

10 砂岩
（溝砥面、
SS166配石）

11 砂岩（溝砥面、
包含層+SI22床面）

12 角礫凝灰岩
（面砥面→溝砥面、
SS337配石材）

13 砂岩
（溝砥面+凹痕）

(S=1/12)　20cm

第4図　新潟県アチヤ平遺跡・痕跡のある石棒2
（溝砥面および複合痕跡のもの、報告書より転載）

の小規模な環状集落が発掘された（富樫ほか2002）。遺跡からは74点の石棒類が出土しており、うち本稿であつかう石棒は26点出土している（長田2002）。完形品は4点のみで大半が破片資料であり、さらに完形品2点は接合資料であるため9割以上が破片資料であったことになる。これらのうち、敲打痕・研磨痕などの痕跡がみられた資料は13点と半数にあたる（第3・4図）。内訳としては、凹痕を含む敲打痕を有するもの4点、砥面と考えられる研磨痕をもつもの11点（面砥面6点、溝砥面5点）である。また、被熱したものは1点のみであった。これらの痕跡は、アチヤ平遺跡出土の磨石・敲石や石皿・砥石などと比較した結果、それぞれ敲石や砥石にみられる痕跡と酷似しており、これらと同様の行為をおこなったものと考えられる。とくに砥石が多い点は、石棒と砥石に石材・形状の共通性があるためと考えられる。

石棒観察から読み取れること

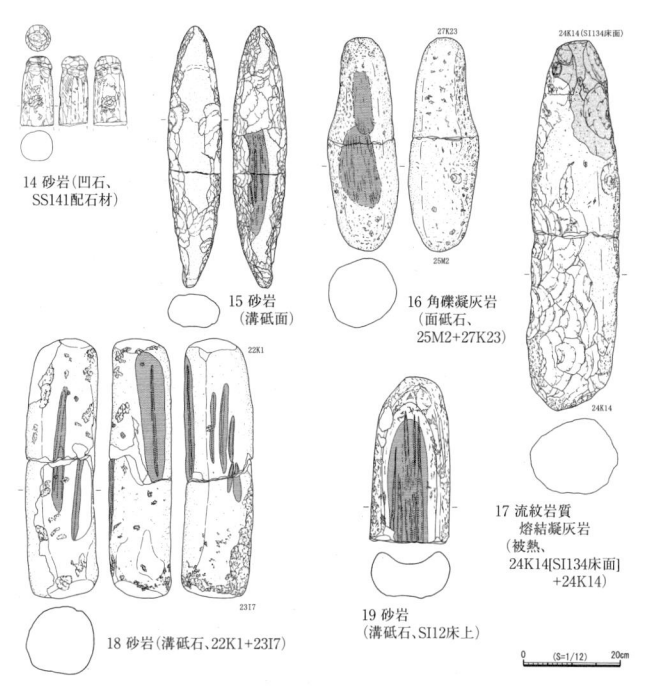

第5図　新潟県アチヤ平遺跡・痕跡のある石棒・参考資料
（14：中形石棒、15～17：類石棒、18・19砥石、報告書より転載）

　問題は、これらが石棒のライフヒストリーのどの段階で付された痕跡なのかである。痕跡の切り合いから製作段階の"製作痕"ではないこと、またガジリ痕などを含む埋没後による後世の痕跡でないことは明らかである。したがって、使用段階の石棒にともなう儀礼行為時の痕跡（使用痕）であるのか、廃棄段階以降のものということになり、具体的には"石棒の廃棄"が大きな境界となる。廃棄の基準は、折損・破壊や完形品を含めた埋納・遺棄などがあげられるが、使用と廃棄の前後関係を明示することは非常に困難である。先にふれたように、アチヤ平遺跡の石棒の大半が破片資料であることを考慮すれば、折損・破壊をともなう廃棄儀礼の存在が想定されるが、折損面と痕跡との切り合い関係などが無い限りは、明確に前後関係を示すことは不可能であろう。

ここで視点を変えて、石棒にみられる痕跡が儀礼にともなう使用痕と仮定してみよう。石棒に関する儀礼行為であれば、石棒には形態学的に"棒状の研磨石製品"という大きな斉一性が存在することからも、儀礼行為自体にもある程度の規則性が存在すると考えられる。それならば、石棒に残る儀礼のための痕跡（使用痕）にも、同じ部位に付される、痕跡自体が類似するなど、何らかの規則性が存在すると考えられよう。しかし、実際には石棒の痕跡にはそうした規則性は見当たらない。また、痕跡自体にも第3図2のように面砥面と凹痕が切り合い、面砥面→凹痕という変化が読み取れるものや、第4図13のように折れた石棒の上半と下半で痕跡が異なる事例が存在することから、これらの痕跡は石棒の使用が1回ないしは短期間のものではなく、複数回・長期間の使用の結果、形成された痕跡であることが読み取れよう。このような痕跡の重複、面の広狭などによる使い分けは、磨石・敲石・石皿・砥石など使用痕系礫石器に多く見られる転用のあり方と酷似している。

　以上のことから、状況証拠的ではあるが、アチヤ平遺跡の石棒にみられる痕跡は石棒を廃棄後に素材として再利用し、さらには別器種である敲石・砥石へと転用されたことを示してものと考えられる。このことは、配石・敷石住居への構築材として組み込まれた石棒においても同様のことが指摘できるのではなかろうか。また、先にふれたように、石棒の大半が破片資料であることから、石棒の廃棄において意図的な折損・破壊がともなっていたことも十分想定されよう。しかし、折損面・部位の観察からは特定の折損・破壊行為や所作は読み取れず、およそ偶発的な折損・破壊であったと考えられる。すなわち、石棒で何かを叩くだとか、頭頂部や頸部などを打ちつけるなどの、特定の行為・方法にともなう折損・破壊行為ではなく、折損・破壊すること自体に意義があったものと考えられる。この折損・破壊行為に類する行為として被熱行為が想定されるが、アチヤ平遺跡では被熱を受けた石棒は1点のみと少なく、当該資料のみではどの段階での被熱行為であるのかなど火と石棒の関係性を考慮することは難しい。

石棒観察から読み取れること

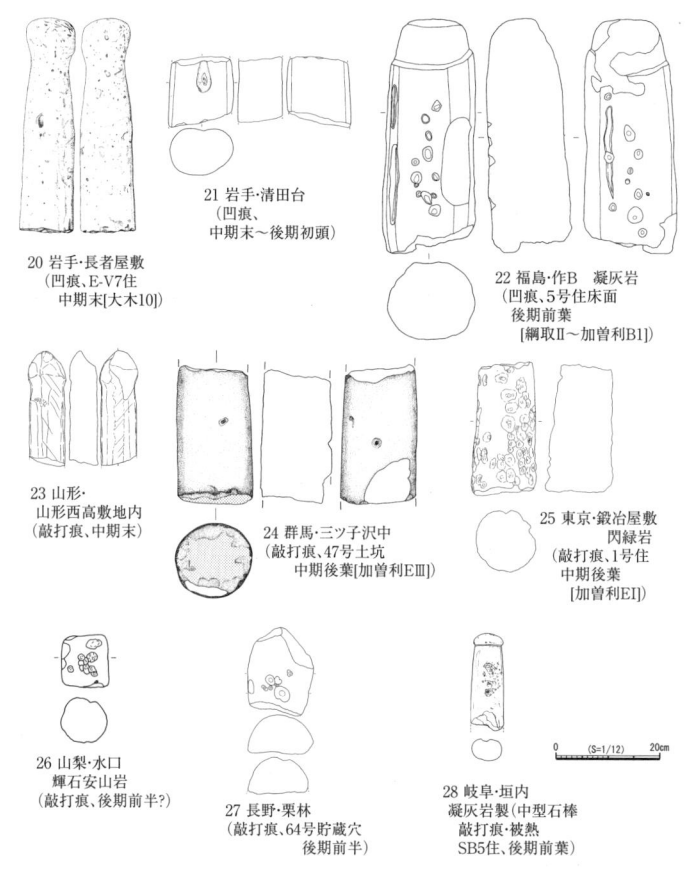

20 岩手・長者屋敷
（凹痕、E-V7住
中期末[大木10]）

21 岩手・清田台
（凹痕、
中期末〜後期初頭）

22 福島・作B 凝灰岩
（凹痕、5号住床面
後期前葉
[綱取Ⅱ〜加曽利B1]）

23 山形・
山形西高敷地内
（敲打痕、中期末）

24 群馬・三ツ子沢中
（敲打痕、47号土坑
中期後葉[加曽利EⅢ]）

25 東京・鍛冶屋敷 閃緑岩
（敲打痕、1号住
中期後葉
[加曽利EI]）

26 山梨・水口
輝石安山岩
（敲打痕、後期前半?）

27 長野・栗林
（敲打痕、64号貯蔵穴
後期前半）

28 岐阜・垣内
凝灰岩製（中型石棒
敲打痕・被熱
SB5住、後期前葉）

第6図　各地の痕跡ある石棒1
（敲打痕をもつもの、各報告書より転載）

4. 各地における痕跡のある石棒

　アチヤ平遺跡での在り方を踏まえ、各地における石棒の痕跡について概観する（第6〜8図）。

　敲打痕を有する石棒は、胴部に1箇所のみの敲打痕を残すもの（第6図 20・21・23・24・28）と、複数箇所の敲打痕を残すもの（第6図 22・25・26・27）に大きく分けられる。さらに、折損した石棒胴部の折損面を敲打面とし

75

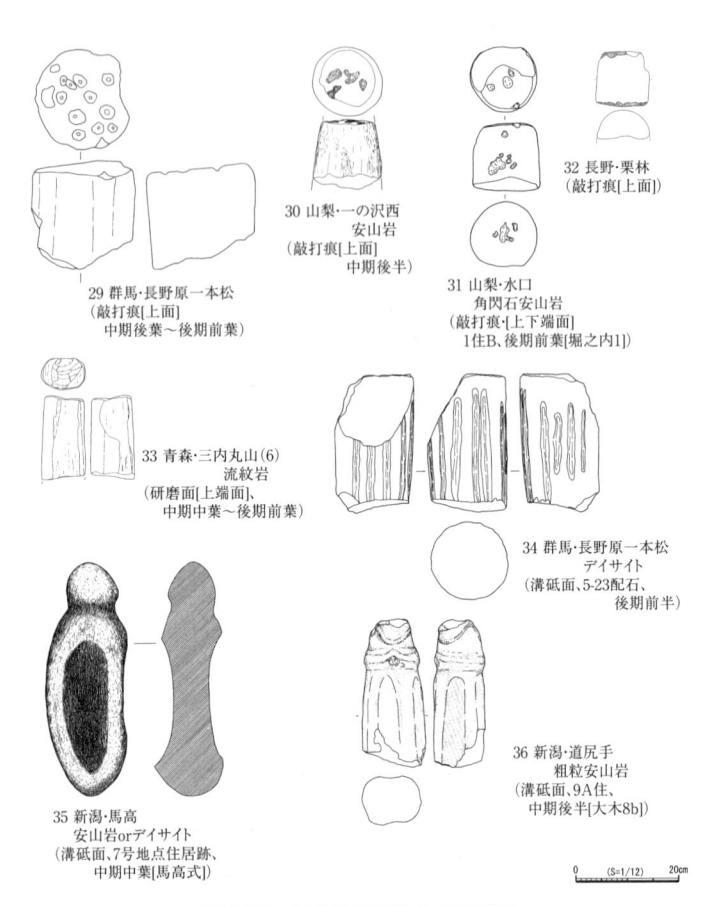

第7図　各地の痕跡のある石棒2
(敲打痕［端部］・砥石をもつもの、各報告書より転載)

て利用するものもみられる(第7図29～32)。この折損面に敲打痕を複数残し、あたかも敲打面となっているものは、石棒が廃棄され破壊された破片を利用しており、石棒が完存のまま儀器として機能していた状態とはかけ離れた痕跡であることは明らかであり、アチヤ平遺跡で指摘したように廃棄後の転用と考えられる。その他の胴部に敲打痕・凹痕を残す石棒については廃棄以前か以後かの判断は難しいが、規則性がみられないことからアチヤ平遺跡同様に転用によるものと推測される。

石棒観察から読み取れること

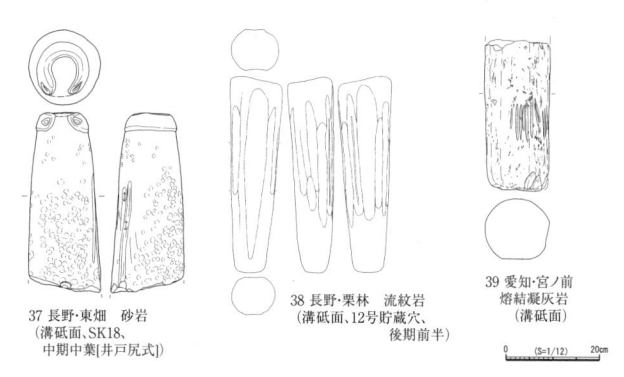

37 長野・東畑　砂岩
(溝砥面、SK18、
中期中葉[井戸尻式])

38 長野・栗林　流紋岩
(溝砥面、12号貯蔵穴、
後期前半)

39 愛知・宮ノ前
熔結凝灰岩
(溝砥面)

第8図　各地の痕跡のある石棒3
(溝砥面をもつもの、各報告書より転載)

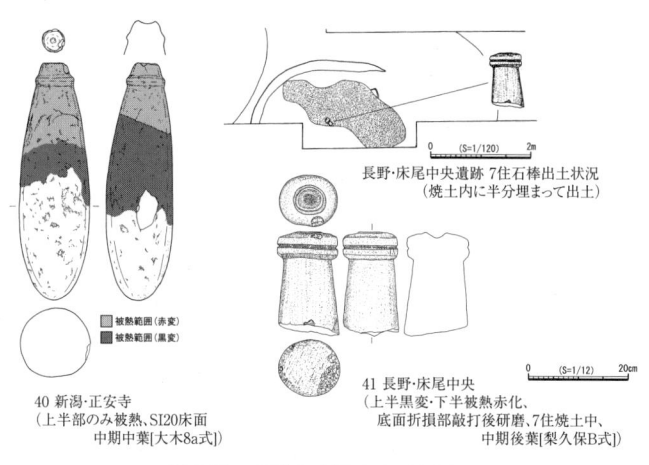

40 新潟・正安寺
(上半部のみ被熱、SI20床面
中期中葉[大木8a式])

長野・床尾中央遺跡 7住石棒出土状況
(焼土内に半分埋まって出土)

41 長野・床尾中央
(上半黒変・下半被熱赤化、
底面折損部敲打後研磨、7住焼土中、
中期後葉[梨久保B式])

第9図　各地の痕跡のある石棒4
(被熱したもの、各報告書より転載)

　研磨痕を有する石棒には、溝砥面となるものが多い（第7図34〜36、第8図）。著名な新潟県馬高遺跡例（第7図35）は、完形品で中央部が研磨（砥面）により大きく抉れることから、石棒の儀礼的使用にともなう痕跡とする意見も多い。しかし、アチヤ平遺跡で確認したように、痕跡の残る部位に規則性はなく、あえて言うならば台石・置砥石として安定するような、裏面が平坦面となる反対側に敲打・研磨の痕跡が残っている。そうした安定性の高いものは、東京都鍛冶屋敷遺跡例（第6図25）のように敲打痕が無数に残り台石的

77

な使用が考えられるものもある。

　アチヤ平遺跡では不明瞭であった、石棒の被熱痕跡については以前にもふれたことがある（長田2008）が、本稿では被熱を含めた痕跡について検討する。石棒の被熱率はかなりの高率であり3～4割の石棒が被熱により赤変・黒変しているものと推測される。特異な出土状況を示す事例として、住居の廃屋儀礼としての火災住居跡から、石棒が出土する事例が複数例知られている。新潟県正安寺遺跡（第9図40）では、火災住居跡であるSI20住居跡の床面から完形の石棒が出土し、その上半は被熱し下半が焼けていないことから、使用段階として住居跡内出の樹立を指摘し、その状態のまま火入れ行為をおこない廃棄された好例として指摘した（長田2008）。長野県床尾中央遺跡では、7号住居跡中央部部分に溜まった焼土内に横位に埋まる状態で石棒が出土している（小口ほか1995、第9図41）。焼土の原因が何であるかは所見がないため不明であるが、火災住居跡の可能性も考えられる。本例は、横位で焼土内に埋まっていた下半は黒変し、上に出ていた上半は被熱し赤変していることから、この状態で被熱したことがわかる。しかし、この石棒は下端部が敲打後に研磨され一見すると完形品に見えるが、明らかに折損した下端部を再調整したものである。したがって、「使用〔儀礼的〕→破損・破壊（廃棄）→再生〔再生痕跡〕→（使用？）→焼土内埋納・遺棄」という石棒のライフヒストリーが読み取れる。出土状況のあり方は、おそらく廃棄儀礼の一例であると考えられるが、横位での出土状況は、使用を示すのか使用後の遺棄の状況を示すのかは判断に苦慮する。これら2例は、石棒自体の観察では被熱痕跡のみの判断に留まるが、それが住居内から出土したという情報が加味されることで、より具体的なコンテクストへと大きく変化する。

5. 石棒観察から読み取れること

　以上のように、石棒観察から確認された痕跡には、石棒のライフヒストリーでいうところの使用段階における石棒の儀礼行為にともなう痕跡ではなく、廃棄段階以後のものが大半であり、石棒を素材として転用し、礫石器として用いられた結果付された痕跡であるものが、少なからず存在することが明ら

かになった。すなわち、石棒が廃棄された後に、その破片ないしは完形品までをも素材として転用し敲石（台石）・砥石へ、さらには構築材に用いたものと考えられる。こうした石棒の転用については、倉田恵津子により千葉県北部での石棒について、すでに同様の指摘がなされている（倉田1990）。

　実際に石である石棒に敲打痕や凹み・研磨面・線状痕などの痕跡を残すには、対象物が比較的硬質なものか、あるいは相当回数の使用が必要となる。硬質なものを擦りつける行為、敲打痕として残るような頻繁な行為というものが、石棒の儀礼行為であったとする意見もあろうが、経年による使用の積み重ねを想定しても、やはり直接的に儀礼にともなう痕跡（使用痕）とするには難しいであろう。むしろ、現状では痕跡として確認できていないような、わずかな擦れ痕や敲打痕などを検討し、それらに規則性がみられ普遍化された際には、儀礼にともなう痕跡として石棒を解釈するための新たな事象（コンテクスト）として利用されるであろう[5]。そうした点でも、石棒観察は無意味ではなく、さらなる詳細な観察が必要となる。

　こうした筆者の指摘に対し、石棒に痕跡を付す行為だけでなく、凹孔などの痕跡自体にも呪術的要素を見出すとする指摘は多数存在する。

　石棒にみられる痕跡の代表である凹孔については、縄文時代中期の関東地方から中部地方にかけて、多孔石や蜂の巣石と呼ばれる不整形の自然石に多数の凹孔を穿った石器がある。多孔石研究の先駆である能登健は、凹石と多孔石の相違点を指摘した上で、多孔石にみられる凹孔は凹石による植物性加工行為の結果、そこに残された敲打痕を食料の獲得や加工による食生活の安定を願って象徴化したものと考え、さらに土版・岩版にみられる凹孔（盲孔）との類似性から、凹孔自体が女性記号へと転化したことも想定している（能登1978）。さらに近年では、石棒に穿たれる凹孔について再度言及し、食糧生産にかかわる事例より「凹孔を付けるという行為が生への祈りにかかわる呪術行為になっていたのだろう」とし、「それが石棒にも付されるということは、凹孔が生への祈りとして女性マークに転化していたと考えてもよさそうである」と、石棒と凹孔が男女の象徴として、その合体を示したものとしている（能登2011）。

これ以外にも、本シンポジウムにおいて石棒の痕跡を整理された中島将太は、痕跡にさまざまな例があるとしながらも、痕跡の範囲が分断される事例などから、各痕跡を一概に転用品とすることを危惧している（中島2010）。また、澁谷昌彦は石棒への凹孔・磨痕の加飾や痕跡が、「『身体変工』を表わし、『縄文人男性のイニシエーション、男性成人式』の状況を物語っていると考えている」としている（澁谷2011）。
　いずれの指摘も痕跡自体の意味とその解釈に論点が置かれ、"石棒＝男性"に対置する"凹孔＝女性"というような視点が多いものの、根幹の部分では定説化するものはなく、千差万別の意見が提示されている。石棒に付された痕跡に対する意味づけ・解釈は非常に重要ではあるが、これを考慮するためにも、その痕跡がどのような過程で付されたものかというライフヒストリー的視点での整理は不可欠である。しかし、石棒の痕跡を重視する研究では、痕跡の意味づけ・解釈と、痕跡を付す行為自体が必ずしも一致していない場合が多いように見受ける。石棒の本来的な機能解明からすれば、最も重要な点は"痕跡が付された時点で石棒自体に本来的な精神文化的機能が存在したか否か"であろう。
　こうした判断は石棒－出土状況－痕跡といったコンテクストを総合的に検討した上でなされるべきであるが、現状では精神文化的機能の有無あるいは消失を明確に示す根拠は乏しく、さらには個々の石棒においても精神文化的

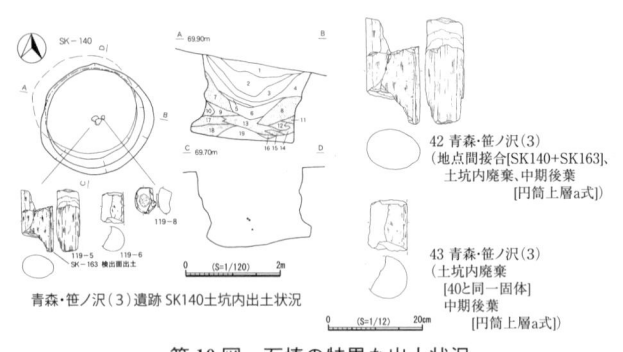

第10図　石棒の特異な出土状況
（土坑内出土［遺構間接合］例、報告書より転載）

機能の有無・消失は多様であり、一概に示すことは難しいものと考える。したがって、個別の石棒例を丹念に精査し、その付加された意味について検討していく必要があるのと同時に、凹孔・磨面、被熱痕、破砕といった痕跡・改変自体の検討も重要である。とくに凹孔・磨面は、使用痕石器である磨石・敲石・凹石・砥石といった石器群との比較検討が必要であろう。

　さて本稿で扱った石棒のライフヒストリー的視点からすれば、石棒に観察される痕跡を直接的に石棒儀礼のコンテクストとして用いるには慎重になるべきであると指摘したが、もう一つの大きなコンテクストである出土状況についても同様のことが指摘できよう。第10図42・43は青森県笹ノ沢 (3) 遺跡におけるSK140とされる貯蔵穴と考えられるフラスコ形土坑内の中央埋土からこの2点と敲石1点がまとまって出土した事例である。両者は接合しないものの同一個体と考えられ、さらに40については隣接するSK163土坑上面から出土した破片と接合している。報告者はこの土坑を含め、石棒が出土した3基のフラスコ形土坑が墓に転用されたものとし、3基が緩斜面に一直線に並び、副葬品として石棒を有することから、「同じ意識をもった人々（例えば近親者など）による構築と考えられる」としている（新山ほか2001）。しかし、土坑内出土の石棒は折損・破壊後の破片資料であり、なおかつ隣接するとはいえ他の遺構の確認面出土資料と接合すらしており、廃棄段階においても実際の廃棄自体に時間差が存在したことは明らかである。こうした破片資料を副葬とし、さらに「同じ意識をもった人」とする点はいささか疑問である。こうした点も、"石棒＝儀器→特異な出土状況" という安易なコンテクストが導き出され、それを元に解釈がなされた結果であり、実際のコンテクスト自体に対する吟味が不十分であると言わざるを得ない。このように、出土状況においても石棒のライフヒストリーを検証すべきであり、慎重に出土状況を利用する必要があろう[6]。

　このように、石棒観察から得られた事象を石棒のライフヒストリーに当てはめて検討し、さらに石棒の出土状況を加味することで、より具体的なコンテクストへと昇華することが可能である。石棒の用途・機能を解明するためには解釈論的手法は重要ではあり、その解釈には民族学・民俗学・宗教学な

どの成果を援用し、またはそれらの専門分野からの意見を求める必要すらあると考える。しかし、解釈論の前提となるコンテクストの提示は考古学的手法の元に提示されるべきものであり、考古学的情報を具体的にするという意味では、考古学研究者の責務であるといえよう。したがって、安易な観念論的思考の元にコンテクストを提示するのではなく、より実証的な検証を心がけて提示する必要がある。こうした作業により得られたコンテクストを読み取ることで、石棒の儀礼行為や具体的な機能・用途など精神文化の実態が明らかになるものと考える。

註
1) とはいえ、現代的思考を元にした、縄文時代の精神世界探究が全く無意味であるとは考えていない。感覚的な、あるいは妄想かもしれないが、縄文時代人と現代人の間にも相通ずる部分が少なからずあると推測している。また、こうした感覚的な部分こそ、精神文化研究をおこなう上で重要な要素であるとも考える。
2) 胴部断面形円形の棒状石製品である石棒を、その胴部径により大型（10cm以上）、中型（10〜5cm）、小型（5cm未満）に三分し、それぞれの群により製作技法から用途・機能などの差異がみられることから、形状だけでなくその文化的な意味合いも異なると考えられるため、筆者は通常大型石棒・中型石棒・小型石棒と呼称している。
3) ライフヒストリーについては、西藤清秀によるシファーの記念碑的論文の訳文（西藤1983）、阿子島香による石器使用痕分析（阿子島1989）、澤田敦による石器使用痕研究における視点（澤田1992、1997、2003）、村上由美子による木器研究における視点（村上2004）などがあり、本稿においてもこれらを参考に石棒のライフヒストリーについて検討を行った。
4) 製作段階・使用段階は、原著ではそれぞれ生産段階・消費段階とされている。しかし、"生産"・"消費"という用語自体に含まれる、体系的な生産活動を石棒においては現段階で想定しえないため、単にモノを作る"製作"と使う"使用"とした。このうち製作段階は、素材（石材）獲得・石器製作の二段階に区分されており、石器製作全体を指している。製作（生産）と使用（消費）の間には、石器の流通・移動も想定されるが、澤田は「流通と生産・消費を段階差として区分することが困難」なことから、流通段階を設定せず、使用段階に含めている（澤

田 2003)。小形石棒・石剣・石刀などのように、明確な製作遺跡が存在し、流通を前提として生産されている石器については流通段階を設定すべきであると考えるが、大形石棒については現状で流通の明確な実態が不明瞭であることから、今回は段階として設定せずに澤田の4段階区分に従った。

5) 筆者も石棒の儀礼行為を想定する中で、"破瓜割り行為"のような象徴的な行為を想定し、石棒頭頂部は常に慎重な観察を心がけている。しかし、これまでのところ規則性のある敲打痕のあり方どころか、明確な敲打痕すら少数例しか確認しえていない。そもそもの頭頂部自体も、石棒の形態あるいは個体によってさまざまであり、頭頂部が接触するような儀礼行為自体を想定するのは難しいと考えている。

6) こうした石棒と遺構の関連について櫛原功一は、石囲炉の象徴性を検討する中で炉縁に埋置される石棒について言及し、男根をイメージするとする意見を認めつつも、頭部を欠く石棒や石棒基部を用いた例などから、男根との類似性を強調したものではなく、円柱であることに意味のある柱祭祀である可能性を指摘している（櫛原 2011）。

引用・参考文献

阿子島　香　1989　『石器の使用痕』ニューサイエンス社

今井惠昭・松井和浩　2004　『八王子市　鍛冶屋敷・池の下遺跡』東京都埋蔵文化財センター調査報告第 143 集、東京都埋蔵文化財センター

今福利恵ほか　1994　『水口遺跡』山梨県埋蔵文化財センター調査報告書第 91 集、山梨県教育委員会

梅川勝史　1997　『正安寺遺跡・春日平遺跡』堀之内町文化財報告書第 6 集、堀之内町教育委員会

小口達志・小林康男　1995　『床尾中央遺跡』塩尻市教育委員会

長田友也　2002　「第Ⅴ章　遺構・遺物　7 石製品　A 石棒類」『アチヤ平遺跡上段』朝日村文化財報告書第 21 集、新潟県朝日村教育委員会、269-276 頁

長田友也　2006　「馬高式期の大型石棒―彫刻石棒をめぐって―」『火焔土器の時代―その文化を探る』津南学叢書第 4 輯、津南町教育委員会、76-79 頁

長田友也　2008　「大型石棒にみる儀礼行為」『考古学ジャーナル』No.578、10-13 頁

長田友也　2010a　「石棒―壊される石製品―」『壊されるモノ―土偶・石棒・石皿

からみた縄文の祭祀―』十日町市博物館平成22年夏季特別展・展示リーフレット、十日町市博物館、10-12頁

長田友也　2010b　「石棒観察から読み取れること」『縄文人の石神―大形石棒にみる祭儀行為―　公開シンポジウム発表予稿集』國學院大學学術資料館

櫛原功一　2011　「石囲炉の象徴性」『帝京大学山梨文化財研究所研究報告』第15集、帝京大学山梨文化財研究所、69-90頁

西藤清秀訳　1983　「考古学的状況と体系的状況」『橿原考古学研究所紀要　考古学論攷』第9冊、奈良県立橿原考古学研究所

坂本真弓ほか　2002　『三内丸山(6)遺跡Ⅳ』青森県埋蔵文化財調査報告書第327集、青森県教育委員会

佐藤雅一ほか　2005　『道尻手遺跡』津南町文化財調査報告第47輯、津南町教育委員会

澤田　敦　1992　「石器研究の視点と方法に関する一考察」『新潟考古学談話会会報』第9号、3-9頁

澤田　敦　1997　「石器の機能とライフヒストリー研究のための一試み―新潟県三川村上ノ平遺跡A地点ブロック6出土石器の分析を通じて」『新潟考古』第8号、21-30頁

澤田　敦　2003　「石器のライフヒストリー研究と使用痕分析」『古代』第113号、41-55頁

澁谷昌彦　2011　「石棒の用途と型式研究」『縄文時代』22、163-184頁

鈴木素行　2007　「まつりの道具⑦　石棒」『縄文時代の考古学11　心と信仰』同成社、78-95頁

高島好一ほか　2004　『作B遺跡』いわき市埋蔵文化財調査報告第105冊、(財)いわき市教育文化事業団

田中　彰ほか　1991　『垣内遺跡発掘調査報告書』高山市埋蔵文化財調査報告書第19号、高山市教育委員会

富樫秀之ほか　2002　『アチヤ平遺跡上段』朝日村文化財報告書第21集、新潟県朝日村教育委員会

戸田哲也　1997　「石棒研究の基礎的課題」『堅田直先生古希記念論文集』真陽社、91-108頁

戸田哲也　2011　「水辺の石棒」『考古学ジャーナル』No. 612、34-37頁

長沢宏昌ほか　1986　『一の沢西遺跡・村上遺跡・後呂遺跡・浜井場遺跡』山梨県

埋蔵文化財センター調査報告第16集、山梨県教育委員会
中島庄一ほか　1994　『栗林遺跡・七瀬遺跡』（財）長野県埋蔵文化財センター発掘調査報告書19、長野県
中島将太　2010　「大形石棒に加えられた行為」『縄文人の石神―大形石棒にみる祭儀行為―　公開シンポジウム発表予稿集』國學院大學学術資料館
中村孝三郎　1978　『越後の石器』学生社
新山珠美ほか　2001　『笹ノ沢（2）・（3）遺跡』青森県埋蔵文化財調査報告書第305集、青森県教育委員会
能登　健　1978　「縄文時代の凹穴に関する覚書」『信濃』第30巻第4号、38-43頁
能登　健　2011　『列島の考古学　縄文時代』河出書房
諸田康成編　2002　『長野原一本松遺跡（1）』群馬県埋蔵文化財調査事業団調査報告書第287集、（財）群馬県埋蔵文化財調査事業団
村上由美子　2004　「木器の「ライフヒストリー」考―生活史の文脈をもとめて―」『往還する考古学（近江貝塚研究会論集2―10周年記念―）』近江貝塚研究会、27-37頁
柳澤　亮ほか　2005　『坂北村　東畑遺跡』坂北村教育委員会

石棒にみられる痕跡について

中島 将太

1. はじめに

　石棒の機能・用途を類推していくためには、石棒に加えられたさまざまな行為の結果を読み取る必要がある。住居跡や配石などの遺構から出土した石棒は、意図的な「配置行為」の結果を示した可能性が考えられる。また、形態には「製作行為」の意図が表されており、異なった地域や時期では差異が見られる。しかし、他の石器では見られるような、遺物そのものに見られる痕跡から石棒の分析をおこなった研究は、出土状況や形態と比較しても少ない（柴田1937、戸田1997、長田2008など）。

　石棒にいつ加工をほどこしたのかという問題は、石棒が製作されてから最終的に廃棄されるまでのライフサイクルを復元する上では重要である。しかし、石棒に見られる痕跡は、石棒を用いた儀礼行為の痕跡であるのか、石棒としての機能喪失後の二次的な行為の痕跡（転用）であるのか、判別しづらい点が問題である。よって、まずはこうした痕跡がどのような状況で残されたものかを把握する必要がある。本論では、石棒にみられる磨きや敲きなどの痕跡を概観し、利用部位・破損状況などから痕跡のパターンを抽出することで、ライフサイクル復元のための基礎としたい。なお、本論で扱う石棒は径が5cm以上を基準とした「大形石棒」を指す。

2. 石棒にみられる痕跡

　石棒にみられる痕跡は、「製作にともなう痕跡」、「使用にともなう痕跡」、「再利用・転用による痕跡」が挙げられる。これら各痕跡の境界は不明瞭なものもある。

石棒の製作は、原石の獲得→剥離調整→敲打調整→研磨調整といった工程が、群馬県西野牧小山平遺跡、岐阜県塩屋金清神社遺跡、神奈川県塚田遺跡などの石棒製作址によって、明らかになりつつある。そのため、本論では製作痕以外の痕跡を抽出することとした。石棒がもつ属性は多岐にわたるが、主に部位・利用面・破損状況を中心に見ていくことにする。以下、痕跡の種類と属性を合わせることで特徴的なパターンを捉えていきたいと思う。

2. 各痕跡の特徴

（1）敲　き（第1図）

　前述した工程によって製作された石棒を完形品とするならば、敲打行為は石棒製作において欠かすことのできない調整であるため、ほぼすべての石棒でおこなわれる。こうした製作の一工程における製作敲打痕はその後の研磨調整によって器面から消失することが多いが、研磨作業の度合い（頻度や範囲など）で残る場合がある。そのため、石棒に見られる敲打痕は製作敲打痕と使用による敲打痕とに大別する必要がある。今回、使用による敲打痕を抽出する基準は、製作痕との分類が不明瞭なものは省き、「研磨調整後の敲打痕」および「局所的な敲打痕」とした。前者は石棒が完成した後の加工として見ることができ、後者は石棒の整形を目的としない痕跡と考えられる。以下、部位別に類例を挙げる。

　頭部に見られる敲打痕は、頭頂部に規則的な敲打を加えたものと、頭頂部以外の位置に不規則な敲打を加えたものとがある。神奈川県粕上原遺跡石棒埋設遺構（第1図1）や岩手県大畑貝塚（第1図4）から出土した石棒は、頭頂部の中心から敲打痕によってほぼ同心円状にくぼんでいる。こうした痕跡は規則的に敲打された結果とみられ、敲打の蓄積によって意図的にくぼませたものであろう。このような頭頂部への加工は上の林遺跡J10号住居跡（第1図2）や長野県床尾中央遺跡7号住居（第8図1）などから出土した装飾石棒、また東北地方の石棒においても認められる。特に、東北地方では関東以西と異なり、棒状の石棒の上下面に規則的な敲打痕が数多く認められ、使用の結果ではなく文様として扱う可能性も考える必要がある。一方で、長野県マツ

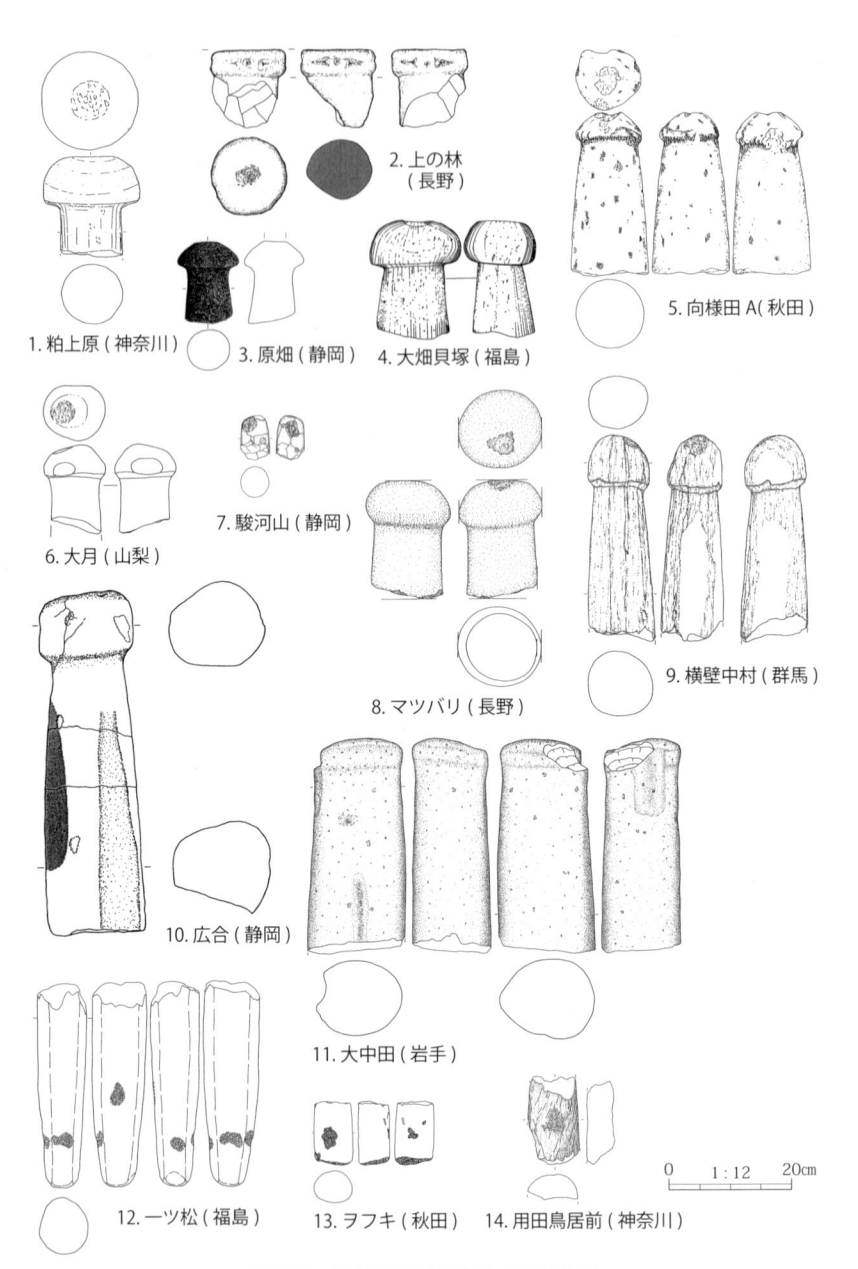

1. 粕上原(神奈川)　2. 上の林(長野)　3. 原畑(静岡)　4. 大畑貝塚(福島)　5. 向様田A(秋田)
6. 大月(山梨)　7. 駿河山(静岡)　8. マツバリ(長野)　9. 横壁中村(群馬)
10. 広合(静岡)　11. 大中田(岩手)
12. 一ツ松(福島)　13. ヲフキ(秋田)　14. 用田鳥居前(神奈川)

0　1:12　20cm

第1図　敲きの痕跡が認められる石棒

88

バリ遺跡14号住居（第1図8）や群馬県横壁中村遺跡7号住居跡（第1図9）などから出土した石棒では、頭頂部ではなく頭部側面付近にあまりくぼむことのない敲打痕が見られる。残された位置や敲打痕の状況からは一定の規則性はみることができず、意図的な加工の可能性よりも、石棒を素材として転用することで敲石や台石として使用した可能性が高い。

一方、胴部では静岡県広合遺跡1号住居出土例（第1図10）などのように、石棒の長軸に伸びる溝状の敲打痕が認められる。本資料は接合した状況から見て、石棒分割前の痕跡であり、比較的破損度が低い状態で加工されたと考えられる。同様の痕跡は岩手県大中田遺跡（第1図11）や長野県ほうろく屋敷遺跡出土の完形石棒などでも確認される。これらは他の礫石器ではあまり見られない痕跡であり、完形もしくは完形に近い状態で施されたことからも、転用・再利用の痕跡よりも分割行為以前に敲打された痕跡と想定される。よって、溝状の敲打痕は石棒使用時の痕跡や文様の一部の可能性も考えられる。

(2) 磨 き （第2図）

磨きも敲打と同様に、製作痕と使用痕が不明瞭なものは省き、明確な使用痕として位置付けられる事例を挙げる。本論では、主に「局所的な磨き」の痕跡を使用痕とした。研磨範囲が局所的であり、製作時の研磨調整より磨耗度が顕著な磨きなどは、製作を目的としない痕跡の可能性が高いものと考えられるためである。また、痕跡の断面形状は平坦面や溝状であり、変形の度合いで細分できる。以下、部位別に類例を挙げたい。

頭部への磨きは事例が少数であるが、その中で多摩ニュータウンNo.72遺跡（第2図1）や静岡県大塚遺跡第1特殊ピット（第2図3）出土の石棒などが挙げられる。前者は頭頂部、後者は頭部側面に磨きの痕跡が見られ、頭部の中でも利用箇所に差異がある。同様に頭部を利用した磨きのうち、岩手県八木沢遺跡（第2図4）の石棒は頭部全体を覆うような磨きである。図示していないが、相模原市No.199遺跡の石棒では頭部全体が光沢を帯びるほど摩滅しており、さらには基部も「球面状のつるつるの光沢面」を呈している（谷口2006）。本例では磨きに線状痕が確認できることから、自然な磨滅ではなく、製作痕とは異なった意図的な磨きがおこなわれた結果と考えられる。

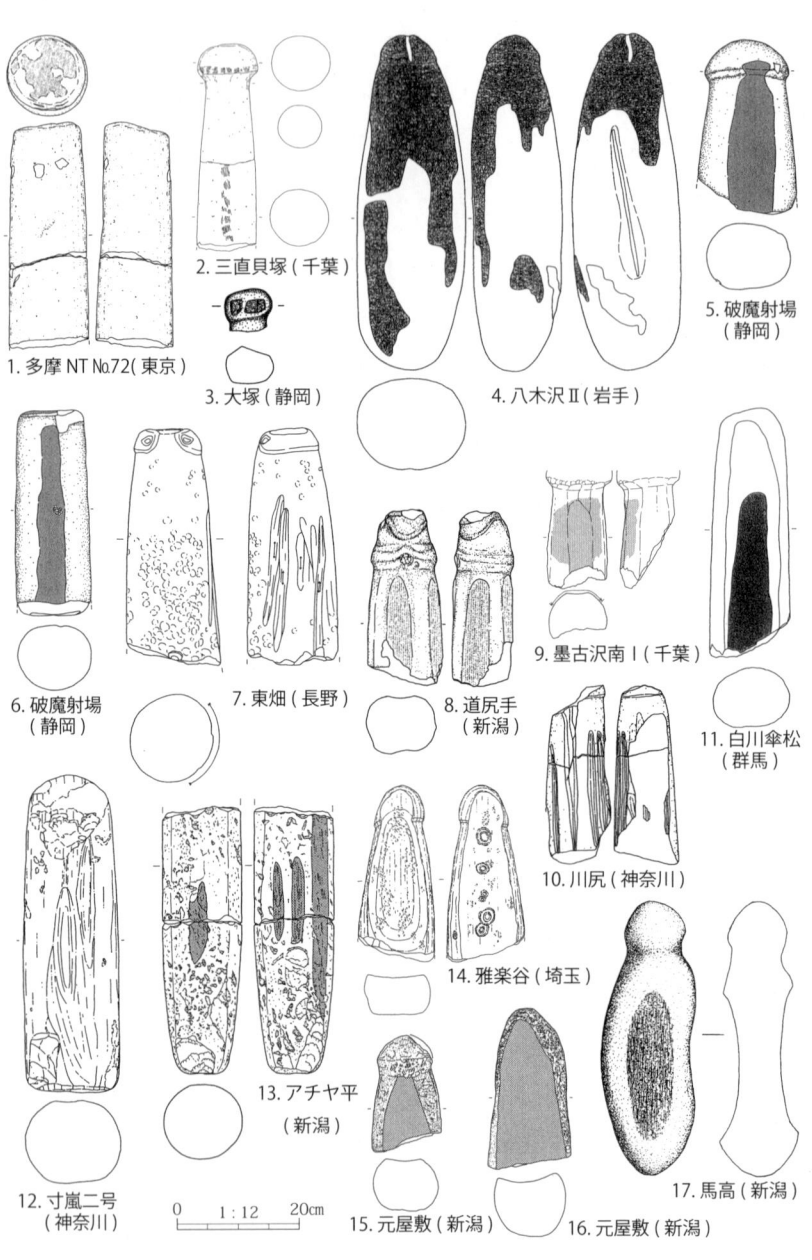

1. 多摩NT No.72(東京)
2. 三直貝塚(千葉)
3. 大塚(静岡)
4. 八木沢Ⅱ(岩手)
5. 破魔射場(静岡)
6. 破魔射場(静岡)
7. 東畑(長野)
8. 道尻手(新潟)
9. 墨古沢南Ⅰ(千葉)
10. 川尻(神奈川)
11. 白川傘松(群馬)
12. 寸嵐二号(神奈川)
13. アチヤ平(新潟)
14. 雅楽谷(埼玉)
15. 元屋敷(新潟)
16. 元屋敷(新潟)
17. 馬高(新潟)

第2図　磨きの痕跡が認められる石棒

胴部への磨きは頭部に比べて事例が多く、断面形状があまり変形しないものと、断面形状が磨きの影響で変形するものに細別される。断面形状があまり変形しない磨きには、静岡県破魔射場遺跡（第2図5・6）や群馬県白川傘松遺跡18号住居（第2図11）出土の石棒などが挙げられる。これらは胴部の長軸に沿って磨きの痕跡が認められ、痕跡の範囲も長い。一方で、断面形状が変形する磨きは、狭範囲で溝状になるものと、広範囲で使用した結果、平坦〜石皿状になるものとが認められる。神奈川県川尻遺跡（第2図10）や寸嵐二号遺跡1号敷石住居（第2図12）出土の石棒は、胴部の長軸に沿って磨きが広がっているが、断面形状が幅狭く溝状に変形する。また、新潟県アチヤ平遺跡（第2図13）の事例でも比較的石棒としての形状が維持された状態で幅の狭い磨きがおこなわれている。こうした磨きの範囲は砥石に分類される痕跡と類似しており、砥石としての転用が想定される（長田2011）。埼玉県雅楽谷遺跡（第2図14）や新潟県馬高遺跡（第2図17）の石棒は、頭部に比べて胴部が幅広くなる北陸地域に多い形態であり、その幅広い胴部を利用した磨きが認められる。こうした痕跡は石皿として分類される磨りくぼむような痕跡と類似するが、事例は非常にまれであり、集成データでは4例しか確認されていない（中島2011）。これらは、石棒としての機能喪失後の痕跡か、それとも同時性のある痕跡かをみていく必要がある。

　磨きが認められる資料は、短軸に沿って広がる事例はほとんどなく、長軸に沿って広がる事例が多くを占める。これら痕跡の範囲は、素材による規制を受けながら使用時の状況を色濃く反映したものと想定される。また、断面形状が変形しない原因としては、磨き自体が使用を目的としていない、もしくは使用頻度や対象物の差異などの使用方法によって変形しない使用痕であった可能性などが挙げられる。

（3）凹　み　（第3図）

　石棒に限ったことではないが、凹みの痕跡が儀礼・祭祀的な行為の結果とする指摘がある。能登健は石皿にみられる凹みの痕跡について触れており、「凹状の打痕が錐揉み状の凹穴として形象化されたもので、多孔石は呪術を意味する儀礼具であった」と述べている（能登1978）。小島隆も円錐状の凹

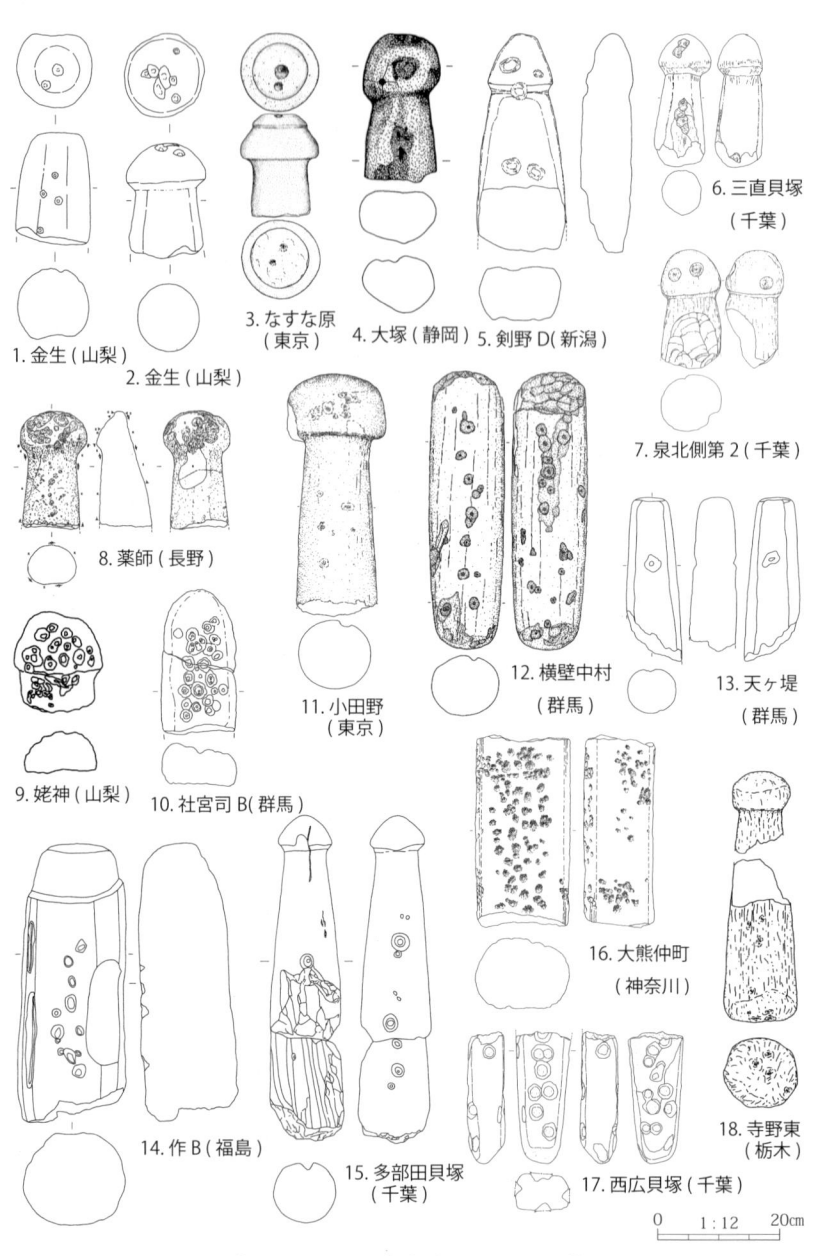

第3図　凹みの痕跡が認められる石棒

1. 金生（山梨）
2. 金生（山梨）
3. なすな原（東京）
4. 大塚（静岡）
5. 剣野D（新潟）
6. 三直貝塚（千葉）
7. 泉北側第2（千葉）
8. 薬師（長野）
9. 姥神（山梨）
10. 社宮司B（群馬）
11. 小田野（東京）
12. 横壁中村（群馬）
13. 天ヶ堤（群馬）
14. 作B（福島）
15. 多部田貝塚（千葉）
16. 大熊仲町（神奈川）
17. 西広貝塚（千葉）
18. 寺野東（栃木）

みの痕跡について、日常的な使用用途を想定しながらも、その一方では「何か非日常的な行為に使用されたとしか、考えが及ばない」としている（小島1997）。凹みの痕跡は堅果類の粉砕など実用作業としての痕跡の可能性もあり、用途についてはまだ不明な点が多い。

　石棒に見られる凹みの痕跡は敲打や磨きよりも類例が多く、石棒との関係がとくに強いことが指摘できる。特に分割されて破片となった石棒に多くみられるが、千葉県吉見台遺跡（第8図7）や岩手県川内遺跡出土の石棒には完形品にも凹みの痕跡が認められる。凹みの痕跡は回転穿孔によって円錐状にくぼむものと敲打の蓄積によってくぼむものとがあり、両者は加工方法に違いがあるため本来は細別するべき痕跡である。しかし、今回は両者の判別が困難であるため、一箇所で集中的にくぼんでいるものを凹みの痕跡として扱うこととする。ただし、前項で挙げた敲きの事例は、使用範囲や変形した断面形状の特徴により分類できるため、本項目では含めないものとする。

　山梨県金生遺跡（第3図1・2）や東京都なすな原遺跡（第3図3）の石棒は頭頂部で凹みの痕跡が認められる。頭頂部に凹みの痕跡がみられる事例は非常に稀である。静岡県修善寺大塚遺跡9号住居（第3図4）出土の石棒は頭部の側面に一箇所認められ、山梨県姥神遺跡17号住居（第3図9）出土の石棒では多数の凹みの痕跡が頭部一帯に広がっている。こうした利用箇所に差異がみられる点は磨きや敲きの痕跡と同様である。これら頭部の事例は以下に述べる胴部の事例に比べて少数である。

　福島県作B遺跡（第3図14）や神奈川県大熊仲町遺跡（第3図16）出土の石棒など、胴部に凹みの痕跡がみられる事例は多い。では、こうした凹みの痕跡は、石棒が製作されてから現代に出土するまでの過程において、どの時期（段階）に残されたものであろうか。くぼませる行為自体がどのような意図があっておこなわれたものかを考えていく上では、こうした時期差を類推する必要がある。いくつかの胴部資料から凹みの痕跡の状況が類推できるものもある。例えば、群馬県社宮司B遺跡（第3図10）や千葉県西広貝塚の事例（第3図17）では、分割された箇所で凹みの痕跡が分断されていることから、分割以前の痕跡と推察される。こうした状況から、石棒が大形に維持された

状態で使用された可能性が考えられる。分割行為が石棒を用いた儀礼行為の一つとして考えるならば、こうした分割行為以前の痕跡は、石棒の機能喪失以前の痕跡として注目されよう。

　また、凹みの痕跡が認められる石棒を地域別にみてみると、関東・中部地方で多く、東北地方で少ない傾向がある。関東・中部地方は凹痕がみられる資料が多いだけでなく、一つの石棒に対して多数の凹みの痕跡が認められる事例が多い。一方で、東北地方においては福島県では事例が多くみられるものの、福島県以北の石棒では凹みの痕跡が関東・中部に比べて極少数しか確認されないといった特徴がみられる。凹みの痕跡における用途は、堅果類の加工に用いたという日常的なものから、前述した非日常的な用途まで想定されているが、地域と凹みの用途とが関係している可能性も考えられる。

（4）剥　　離　（第4図）

　石棒に剥離がくわえられた資料は少なく、意図的な剥離の可能性が高い資料はさらに限られる。頭部に剥離を加えているもののうち、少数の剥離は意図的か自然剥落かの判断が困難である。東京都大橋遺跡（第4図4）では焼失住居であるSJ91号住居から石棒片が大量に出土している。「その破損状況は一様ではなく、円盤用にスライスされたような状態のものと剥片状の小破片のもの」（吉田ほか1998）がある。石棒の石材は黒曜石やチャートとは異なり、意図的な剥離を捉えることが困難なことが多い。

（5）分　　割　（第5図）

　石棒は欠損品として出土することがほとんどだが、人為的な分割行為を位

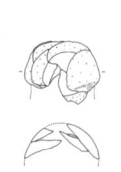

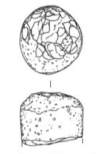

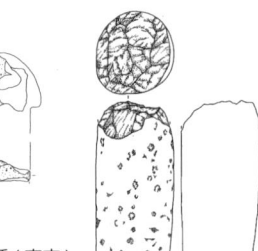

1. 金楠台（千葉）　2. 宮ノ前（山梨）　3. 茅野和田（長野）　4. 大橋（東京）　5. 横壁中村（群馬）

0　　1:12　　20cm

第4図　剥離の痕跡が認められる石棒

石棒にみられる痕跡について

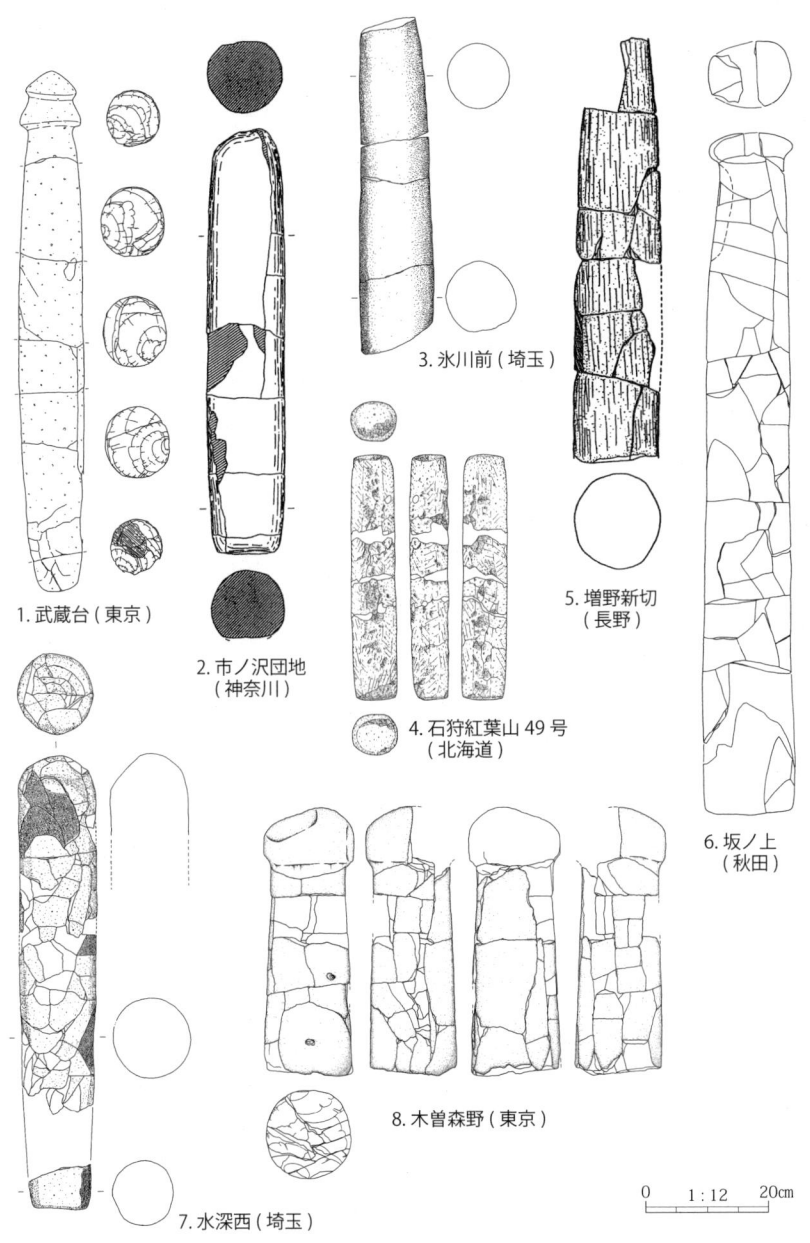

1. 武蔵台 (東京)
2. 市ノ沢団地 (神奈川)
3. 氷川前 (埼玉)
4. 石狩紅葉山 49 号 (北海道)
5. 増野新切 (長野)
6. 坂ノ上 (秋田)
7. 水深西 (埼玉)
8. 木曽森野 (東京)

第 5 図　分割された石棒

置付けることが難しい。東京都下宅部遺跡出土の石棒では「割れ口に力が一定方向に抜けた痕跡」が認められるものを「人為的に力が加えられた」可能性が高いとする所見も見られる（五十嵐ほか2003）。また、東京都御殿前遺跡では、「剥離面を観察した際の所見では石棒は横位よりまず数回の打撃を加えて形状を変え、その後に中央部付近で半分に切断」した石棒が出土している（陣内ほか1988）。このように分割状況の観察から人為的な分割行為を類推できる事例がある。今回は筆者の実見が足りず、分割面の情報が少ないことから、遺構内の接合資料について分割行為の可能性が高いものを抽出した。

　東京都武蔵台遺跡（第5図1）や神奈川県市ノ沢団地遺跡（第5図2）、埼玉県氷川前遺跡（3）などの事例は、住居内から石棒が輪切りされたような状態で出土している。こうした遺構内の出土状況や、遺跡から破片となって出土する石棒も輪切りのような遺存状態が多いことから、輪切り状になる分割行為が普遍的におこなわれた可能性が高い。さらには、輪切りの状態よりもさらに細かくなってしまう石棒も多く認められる。特に住居内から破砕して出土する石棒はその状態をよく示しており、焼失住居との関わりも強くみられる。中部地方では長野県増野新切遺跡D22号住居跡（第5図5）、東北地方では秋田県坂ノ上遺跡15号住居跡（第5図6）、関東地方では埼玉県水深西遺跡7号住居跡（第5図7）、東京都木曽森野遺跡3号敷石住居跡（第5図8）などが確認されており、地域も広範囲にわたる。

　石棒に対しておこなわれる分割行為は、石棒を破壊するための行為と考えられる。ただ、破壊行為自体が石棒を用いた儀礼行為か、それとも廃棄行為の一つかは、まだ明らかになっていない。こうした破壊することが多い石器に石皿が挙げられる。意図的と想定される分割行為については石皿でも言われており、平出は欠損した石皿の形態を分類し、「人為的な破損・目的ある破損を十分考慮」する必要があることを述べている（平出1979）。さらには、磨きや凹みなどの痕跡、出土状況も石棒と石皿の共通点が多いことから、両者に密接な関係があったものと推測される。

　分割行為は人為的な加工の可能性が高いものの、被熱や自然による割れの可能性も否定できない。石棒の素材には柱状節理の石材が多く利用され、製

作遺跡の石材も同様である。柱状節理は文字通り柱状に割れる性質をもっているため、大形石棒の素材としては最適な石質であるが、被熱することで節理面によって輪切り状に割れる可能性も考えられる。人為的な分割行為か、加熱による破砕か、それとも自然に割れたものか、分割面の観察や出土状況などからの検討が必要である。

(6) 被　熱　(第6図)

火と石棒との関係が強いことは先学によって指摘されている（神村1995・渡辺1995ほか）。近年では山本暉久が住居内出土の被熱事例をまとめている。時期幅としては石棒が出現し始める前期末～中期初頭以前に属するものは見られず、中期中葉以降後期中葉あたりまで確認される（山本2006）。石棒は被熱の所見があまり記されていない状況にあるが、火と石棒の関連性を明らかにしていくためには、より詳細な記録が求められる。

神奈川県市ノ沢団地遺跡11号住居（第6図2）や埼玉県水深西遺跡7号住居（第6図6）出土の石棒は、赤色化と黒色化の範囲が示されているが、その分布範囲は限定的である。このように範囲が限定的なものと、長野県川原

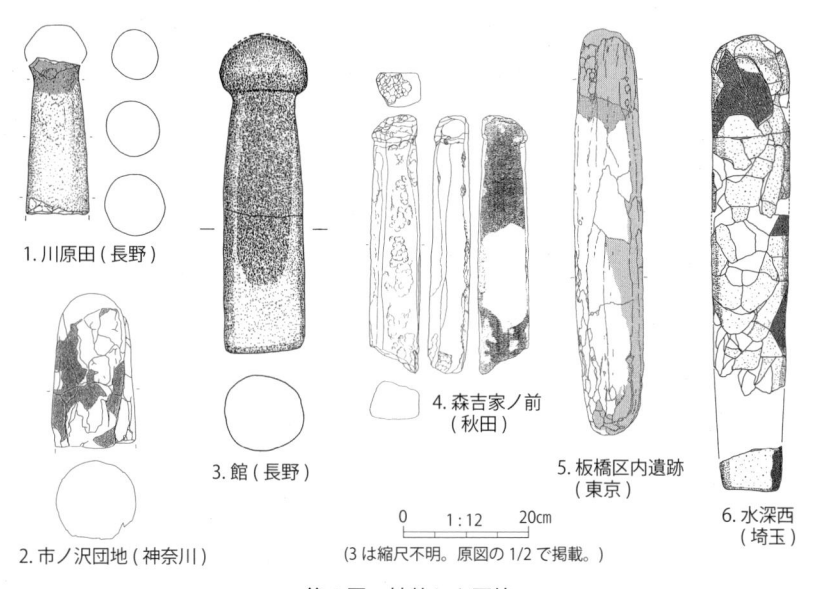

1. 川原田(長野)
2. 市ノ沢団地(神奈川)
3. 館(長野)
4. 森吉家ノ前(秋田)
5. 板橋区内遺跡(東京)
6. 水深西(埼玉)

0　1:12　20cm
(3は縮尺不明。原図の1/2で掲載。)

第6図　被熱した石棒

田遺跡（第6図1）のように頭部全体が被熱したり、秋田県森吉家ノ前遺跡（第6図4）のように裏面一帯で火を受けた痕跡が見られるものとがある。また、新潟県正安寺遺跡出土の石棒は、上半部が被熱しているのに対して、下半部は被熱しておらず、「樹立した状態を示して」いると考えられている（長田2008）。このような視点でみると、被熱の種類（赤色・ススなど）やその分布などから、加熱された時に石棒がどのような状態にあったのか想定できる。それによって、石棒に対して火が用いられた状況の復元が可能となろう。

3. 分割後の行為 （第7図）

　これまで破砕した石棒にみられる痕跡は再利用や転用として扱われることが多く見受けられる。しかし、石棒の器面にみられる痕跡については出土状況などの諸属性を含めて考えると、再利用や転用と断定できる資料はなく、石棒に対する加工がいつおこなわれたのか不明瞭である。そのため、まずは行為の時期が明瞭な資料を抽出したい。

　ここで石棒の割れ面を仮に「分割面」と呼称する。石棒の分割面に残される痕跡は、破砕後におこなわれた行為の結果であることが明らかである。よって、これらの石棒は再利用や転用された石棒として位置付けることができる。以下に、痕跡の種類ごとに事例を挙げたい。

　分割面に磨きがみられる事例は、分割面全体に磨きの痕跡が広がっているものと、局所的なものとがある。長野県床尾中央遺跡（第7図1）や群馬県三ツ子沢中遺跡47号土坑（第7図2）出土の石棒は前者であり、山梨県宿尻遺跡（第7図7）や同県飯米場遺跡（第7図8）出土の石棒は後者にあたる。分割面の磨きについては、分割面を底部として石棒として再利用したり、砥石などの礫石器として転用した可能性が考えられる。また、千葉県六通貝塚（第7図9）の事例では、長軸で破砕した石棒の分割面を利用している。これら分割面への磨きの痕跡は出土状況によって、行為の目的が推定される可能性が高い。

　分割面に凹みの痕跡がみられる事例は、凹みのみが分割面に認められる事例と、凹みと磨きや敲きの痕跡が共存する事例がある。山梨県原町農業高校

石棒にみられる痕跡について

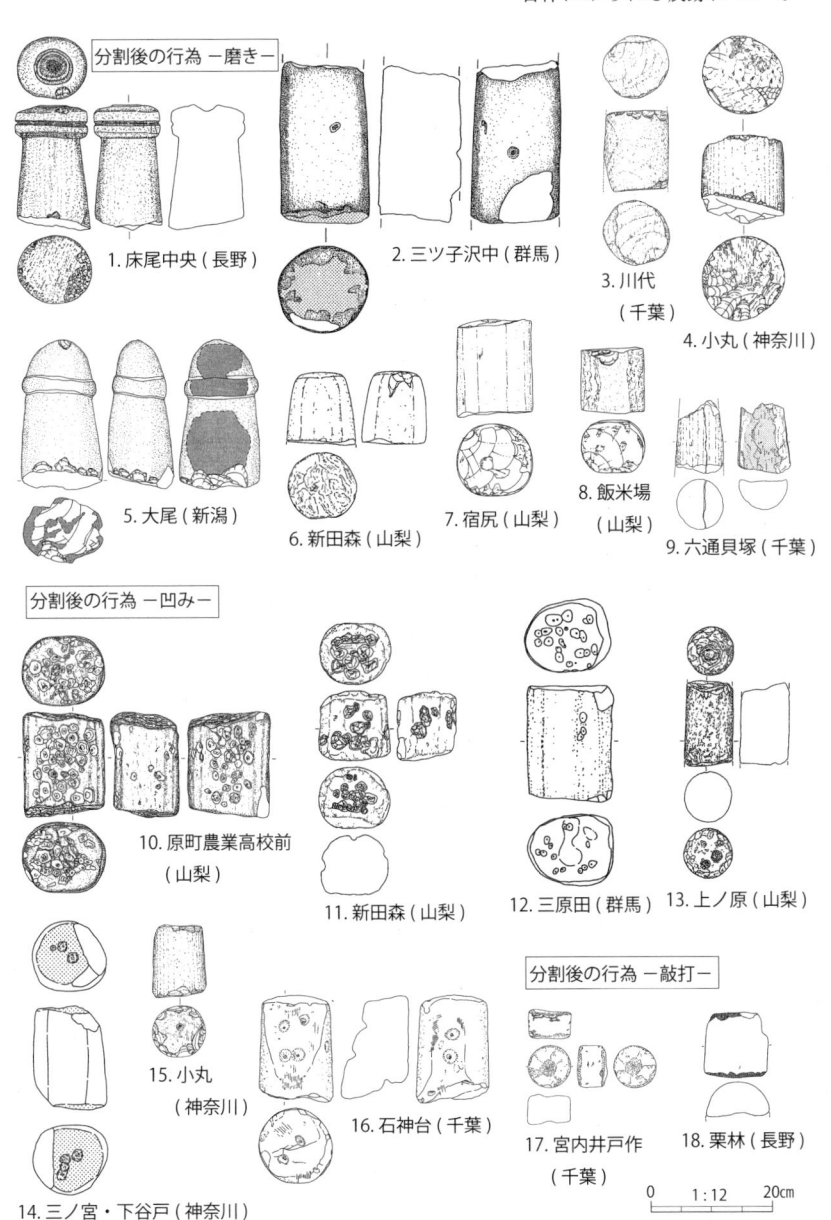

分割後の行為 －磨き－

1. 床尾中央（長野）
2. 三ツ子沢中（群馬）
3. 川代（千葉）
4. 小丸（神奈川）
5. 大尾（新潟）
6. 新田森（山梨）
7. 宿尻（山梨）
8. 飯米場（山梨）
9. 六通貝塚（千葉）

分割後の行為 －凹み－

10. 原町農業高校前（山梨）
11. 新田森（山梨）
12. 三原田（群馬）
13. 上ノ原（山梨）

14. 三ノ宮・下谷戸（神奈川）
15. 小丸（神奈川）
16. 石神台（千葉）

分割後の行為 －敲打－

17. 宮内井戸作（千葉）
18. 栗林（長野）

0　1:12　20cm

第7図　分割後の痕跡が認められる石棒

99

前遺跡（第7図10）や群馬県三原田遺跡（第7図12）などは前者であり、神奈川県三ノ宮・下谷戸遺跡（第7図14）や同小丸遺跡（第7図15）出土の石棒は後者である。分割面への磨きは頭部が利用されることもあるが、凹みの痕跡は概ね輪切り状に分割された石棒に多く見受けられる。戸田は、「石棒破砕後に凹みを加える」行為が石棒を用いた儀礼の第三次儀礼として指摘している（戸田1997）。

　その他、分割面に敲きの痕跡がみられる事例もあるが、非常に少数である。千葉県宮内井戸作遺跡（第7図17）の石棒は輪切り状の分割面中心に敲打痕が認められる。また、本資料や長野県栗林遺跡（第7図18）の資料では分割面の稜上が敲打痕によって潰れている。

　以上、石棒破片の分割面にもさまざまな痕跡がみられる。前述したように分割面にみられる痕跡は、石棒が分割された以後におこなわれた行為の結果であることは明らかである。石棒破砕後の行為は戸田の示す一連の儀礼行為か、もしくは石棒としての機能が終わった後に新たな石材として転用された結果を示すものか、石棒として再利用した可能性も含めて、諸属性も含めた検討が必要である。

4. 完形品の石棒　（第8図）

　石棒は完形品の事例が欠損品に比べて極端に少ない。そのうち、痕跡が認められる完形品となると、さらにその事例数は減少する。

　東京都下宅部遺跡（第8図1）や千葉県三直貝塚（第8図2）の事例などは、長軸に沿った磨きが認められる。こうした完形品が破損した場合、2—(2)で挙げたような破損した石棒に磨きの痕跡がみられる事例となる。また、群馬県横壁中村遺跡（第8図6）や千葉県吉見台遺跡（第8図7）の事例では、複数の凹みが認められる。これら完形品にみられる痕跡は、少なくとも石棒の分割行為以前に、磨きや凹みなどの行為があったことを示している。つまり、分割行為が石棒を用いた儀礼行為、もしくは廃棄行為であるならば、こうした分割前の痕跡は石棒としての機能を有していた際に意図的に加えられた可能性が高い。

石棒にみられる痕跡について

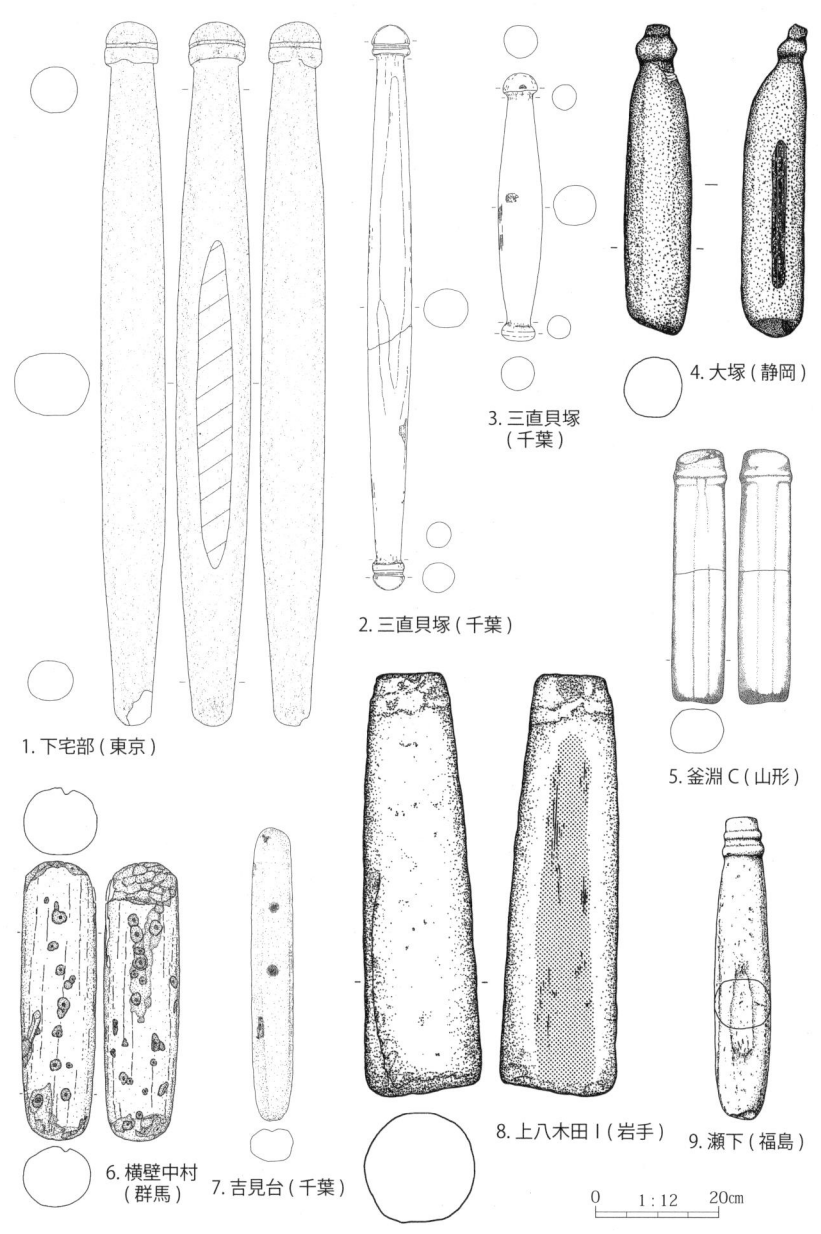

1. 下宅部 (東京)
2. 三直貝塚 (千葉)
3. 三直貝塚 (千葉)
4. 大塚 (静岡)
5. 釜淵C (山形)
6. 横壁中村 (群馬)
7. 吉見台 (千葉)
8. 上八木田Ⅰ (岩手)
9. 瀬下 (福島)

第8図　痕跡が認められる完形の石棒

101

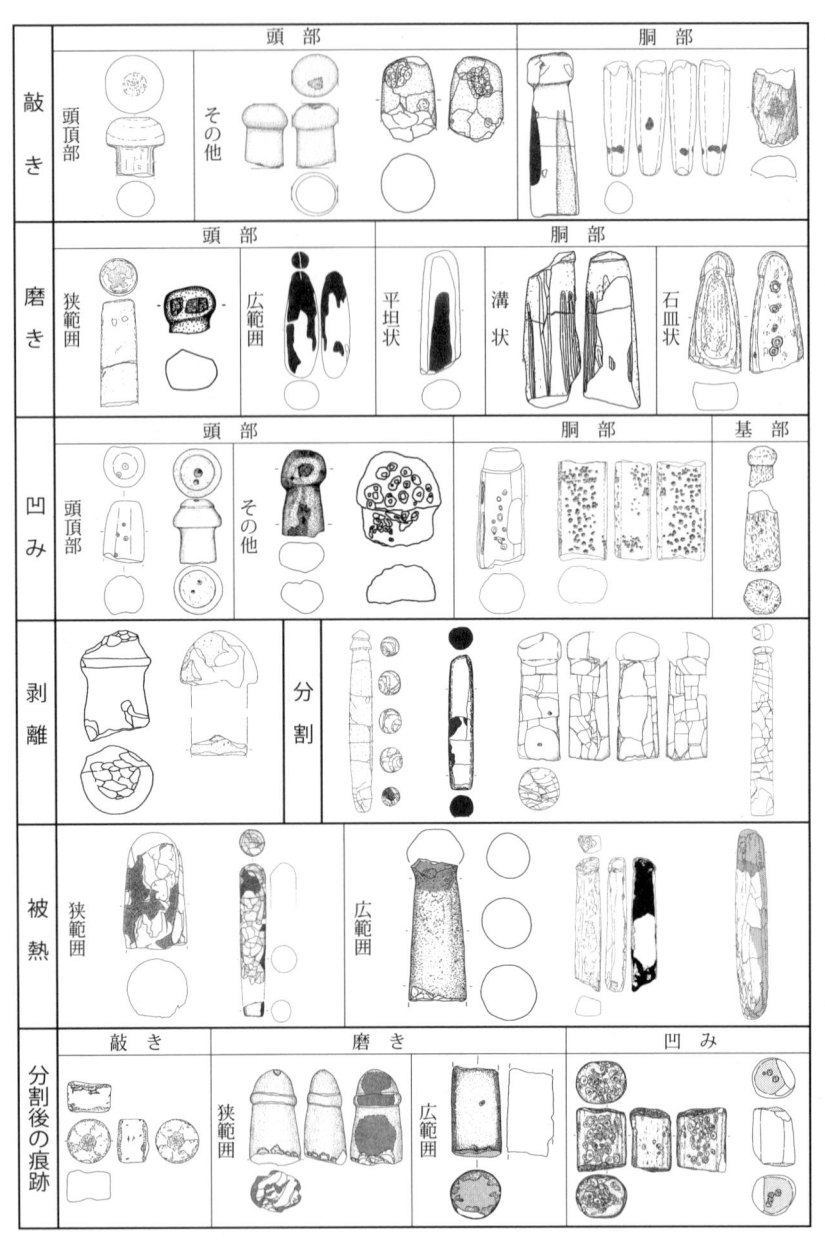

第9図 石棒にみられる痕跡のパターン

欠損した状態で多く出土する石棒は、自然であれ、意図的な分割であれ、破損することの多い遺物であったことを示している。一方で、完形の石棒においても、少ないながらも痕跡が認められる。また、石棒に対して様々な加工が施されることもこれまでの各種痕跡から見て取れる。こうした状況から、石棒の遺存状態と加えられた行為の関係をみていくことで、石棒に対する加工の時期を捉えていくことができよう。

5. おわりに

これまで石棒にみられる痕跡から加えられた行為について述べたが、痕跡の状況にはさまざまなパターンがみられる（第9図）。前述してきたように、完形品に痕跡が認められる事例や、痕跡の範囲が分割によって分断されている事例などは、分割前に何かしらの行為が加えられたことが明らかであると考えられる。よって、分割された破片に見られる各痕跡を一概に「転用品」として捉えることは危惧される。こうした痕跡パターンが必ずしも用途に直結することはないだろうが、詳細な観察を行うことで、加工の時期的な前後関係や、痕跡そのものの種類や状況などを拾い上げていくべきであろう。それにより、長田が指摘している「大型石棒の多様なライフサイクル」（長田2008）を把握することが可能と考えられる。しかし、痕跡の把握だけでは石棒の用途、石棒を用いた儀礼・祭祀を復元するには困難である。こうした基礎データの蓄積とともに、形態や出土状況など諸属性との関連性をみていくことが今後の課題といえる。

引用・参考文献

五十嵐睦ほか　2003　「下宅部遺跡出土石棒について」『下宅部遺跡2002年度発掘調査概報』東村山市遺跡調査会、15-17頁

大矢昌彦　1977　「石棒の基礎的研究」『長野県考古学会誌』第28号、18-44頁

長田友也　2008　「大型石棒にみる儀礼行為」『月刊考古学ジャーナル』No. 578、10-13頁

長田友也　2010　「石棒観察から読み取れること」『縄文人の石神―大形石棒にみる祭儀行為―公開シンポジウム発表要旨集』國學院大學学術資料館、長田1-12頁

神村　透　1995　「炉縁石棒樹立住居について」『王朝の考古学』雄山閣、20-31 頁
小島　隆　1997　「凹石・多孔石考」『三河考古』第 10 号、67-90 頁
柴田常恵　1937　「日本原始時代の宗教」『歴史公論』第 6 巻第 1 号、279-291 頁
陣内康光ほか　1988　『御殿前遺跡』北区埋蔵文化財調査報告書第 4 集、北区教育委員会
鈴木素行　2007　「石棒」『縄文時代の考古学 11　心と信仰―宗教的観念と社会秩序―』同成社、78-95 頁
谷口康浩　2006　「石棒と石皿―象徴的生殖行為のコンテクスト―」『考古学』Ⅳ、77-102 頁
戸田哲也　1997　「石棒研究の基礎的課題」『堅田直先生古稀記念論文集』真陽社、91-108 頁
中島将太　2011　「大形石棒に加えられた行為」『縄文時代の大形石棒―東日本地域の資料集成と基礎研究―』國學院大學研究開発推進機構学術資料館、111-129 頁
能登　健　1978　「縄文時代の凹穴に関する覚え書」『信濃』第 30 巻第 4 号、38-43 頁
平出一治　1978　「こわされた石皿」『山麓考古』第 9 号、32-46 頁
両角まりほか　1998　『大橋遺跡　上巻』目黒区大橋遺跡調査会
山本暉久　2006　「浄化された石棒」『神奈川考古』第 42 号、37-65 頁
渡辺　新　1995　「下総台地における石棒の在り方（瞥見）―市川市高谷津遺跡出土事例から―」『利根川』第 16 号、54-59 頁

図版出典

第 1 図　1：粕上原土地区画整理事業区域内遺跡埋蔵文化財発掘調査団編 1999『粕上原遺跡発掘調査報告書』／2：箕輪町教育委員会編 1981『上の林遺跡』／3：中伊豆町教育委員会編 2004『原畑遺跡』（遺物編）／4：いわき市教育委員会編 1975『大畑貝塚調査報告』／5：秋田県埋蔵文化財センター編 2004『向様田 A 遺跡』秋田県文化財調査報告書第 370 集／6：山梨県埋蔵文化財センター編 1997『大月遺跡』山梨県埋蔵文化財センター調査報告書第 139 集／7：静岡県埋蔵文化財調査研究所編 2010『駿河山遺跡Ⅱ（縄文時代編第 1・2 分冊）』静岡県埋蔵文化財調査報告書第 212 集／8：日義村教育委員会編 1995『マツバリ遺跡』／9：群馬県埋蔵文化財調査事業団編 2006『横壁中村遺跡 (3)』群馬県埋蔵文化財調査事業団調査報告書第 368 集／10：沼津市文化財センター編 1990『広合遺跡（b・c・d 区）・

広合南遺跡発掘調査報告書』沼津市文化財調査報告書第49集／11：岩手県文化振興事業団埋蔵文化財センター編 2004『大中田遺跡発掘調査報告書』岩手県文化振興事業団埋蔵文化財調査報告書第429集／12：郡山市埋蔵文化財発掘調査事業団編 1997『一ツ松遺跡』／13：秋田県埋蔵文化財センター編 2003『ヲフキ遺跡』秋田県文化財調査報告書第352集／14：かながわ考古学財団編 2002『用田鳥居前遺跡』かながわ考古学財団調査報告128

第2図　1：東京都埋蔵文化財センター編 1999『多摩ニュータウン遺跡―No.72・795・796遺跡―(8)』東京都埋蔵文化財センター調査報告第50集／2：千葉県教育振興財団編 2006『東関東自動車道（木更津・富津線）埋蔵文化財調査報告書7』千葉県教育振興財団調査報告第533集／3：加藤学園考古学研究所編 1982『修善寺大塚』／4：岩手県文化振興事業団埋蔵文化財センター編 2008『八木沢Ⅱ遺跡・八木沢ラントノ沢Ⅰ遺跡発掘調査報告書』岩手県文化振興事業団埋蔵文化財調査報告書第528集／5・6：静岡県埋蔵文化財調査研究所編 2001『富士川SA関連遺跡（遺物編）・（遺構編）』静岡県埋蔵文化財調査報告書第123集／7：坂北村教育委員会編 2005『東畑遺跡』／8：津南町教育委員会編 2005『道尻手遺跡』津南町文化財調査報告書第47輯／9：千葉県文化財センター編 2005『酒々井町墨古沢南Ⅰ遺跡　縄文時代編』千葉県文化財センター調査報告第505集／10：神奈川県立埋蔵文化財センター編 1992『川尻遺跡』神奈川県立埋蔵文化財センター調査報告23／11：群馬県埋蔵文化財調査事業団編 1996『白川傘松遺跡』群馬県埋蔵文化財調査事業団調査報告書第204集／12：相模湖町No.6遺跡発掘調査団編 1998『寸嵐二号遺跡発掘調査報告書』／13：朝日村教育委員会編 2002『アチヤ平遺跡上段』朝日村文化財報告書21／14：埼玉県埋蔵文化財調査事業団編 2005『雅楽谷遺跡Ⅱ』埼玉県埋蔵文化財調査事業団報告書第307集／15・16：朝日村教育委員会編 2002『元屋敷遺跡Ⅱ（上段）』朝日村文化財報告書22／17：中村孝三郎　1978『越後の石器』学生社

第3図　1・2：山梨県教育委員会編 1989『金生遺跡Ⅱ（縄文時代編）』山梨県埋蔵文化財センター調査報告書第41集／3：なすな原遺跡調査団編 1984『なすな原遺跡　No.1地区調査』／4：加藤学園考古学研究所編 1982『修善寺大塚』／5：柏崎市史編さん委員会編 1987『柏崎市史資料集考古篇1』／6：千葉県教育振興財団編 2006『東関東自動車道（木更津・富津線）埋蔵文化財調査報告書7』千葉県教育振興財団調査報告第533集／7：千葉県文化財センター編 1991『千葉ニュータウン埋蔵文化財調査報告書Ⅹ』千葉県文化財センター調査報告第190集／8：大

桑村教育委員会編 2000『薬師遺跡　シシゴ沢 A 遺跡・シシゴ沢 B 遺跡』／9：山梨県 1998『山梨県史　資料編 2』／10：群馬県埋蔵文化財調査事業団 2006『小野地区水田址遺跡（社宮司 B 地点）・谷地遺跡 F 地点』群馬県埋蔵文化財調査事業団調査報告書第 378 集／11：小田野遺跡発掘調査編 1996『小田野遺跡発掘調査報告書』／12：群馬県埋蔵文化財調査事業団編 2009『横壁中村遺跡（9）』群馬県埋蔵文化財調査事業団調査報告書第 466 集／13：群馬県埋蔵文化財調査事業団編 2008『天ヶ堤遺跡（2）』群馬県埋蔵文化財調査事業団調査報告書第 430 集／14：いわき市教育文化事業団編 2004『作 B 遺跡』いわき市埋蔵文化財調査報告第 105 冊／15：千葉市教育振興財団埋蔵文化財調査センター編 2003『千葉市平和公園遺跡群Ⅰ』／16：横浜市ふるさと歴史財団埋蔵文化財センター編 2000『大熊仲町遺跡』港北ニュータウン地域内埋蔵文化財調査報告 26／17：市原市文化財センター編 2007『西広貝塚Ⅲ』市原市埋蔵文化財調査センター調査報告書第 2 集／18：とちぎ生涯学習文化財団埋蔵文化財センター編 1998『寺野東遺跡Ⅳ』栃木県埋蔵文化財調査報告書第 208 集

第 4 図　1：房総資料刊行会 1974『松戸市金楠台遺跡』／2：韮崎市教育委員会編 1993『宮ノ前遺跡』／3：茅野市教育委員会編 1970『茅野和田遺跡』／4：目黒区大橋遺跡調査会編 1998『大橋遺跡　上巻』／5：群馬県埋蔵文化財調査事業団編 2009『横壁中村遺跡（9）』群馬県埋蔵文化財調査事業団調査報告書第 466 集

第 5 図　1：都立府中病院内遺跡調査団編 1994『武蔵国分寺跡西方地区　武蔵台遺跡Ⅱ―資料編 2―』／2：横浜市ふるさと歴史財団埋蔵文化財センター編 1997『市ノ沢団地遺跡』／3：富士見市教育委員会編 2001『富士見市内遺跡Ⅸ　氷川前遺跡第 18・22～26 地点・上沢遺跡第 14 地点・山形遺跡第 4 地点』富士見市文化財報告第 53 集／4：石狩市教育委員会編 2005『石狩紅葉山 49 号遺跡』／5：長野県教育委員会編 1972『長野県中央道埋蔵文化財包蔵地発掘調査報告書―下伊那郡高森町地内その 2―』／6：秋田市教育委員会編 1984『坂ノ上 E 遺跡・湯ノ沢 A 遺跡・湯ノ沢 C 遺跡・湯ノ沢 E 遺跡・湯ノ沢 F 遺跡・湯ノ沢 H 遺跡・野形遺跡』／7：さいたま市遺跡調査会編 2002『水深北遺跡（第 6 次調査）・水深西遺跡（第 3 次調査）・水深遺跡（第 6・7 次調査）』さいたま市遺跡調査会報告書第 3 集／8：木曽森野地区遺跡調査会編　1993『木曽森野遺跡Ⅱ　旧石器・縄文時代編』

第 6 図　1：御代田町教育委員会編 1997『川原田遺跡』御代田町埋蔵文化財発掘調査報告書第 23 集／2：市ノ沢団地遺跡調査団編 1997『市ノ沢団地遺跡』／3：長野県南佐久郡誌編纂委員会編 1998『南佐久郡誌　考古編』／4：秋田県埋蔵文化

財センター編 2006『森吉家ノ上 A 遺跡』秋田県文化財調査報告書第 409 集／6：さいたま市遺跡調査会編 2002『水深北遺跡（第 6 次調査）・水深西遺跡（第 3 次調査）・水深遺跡（第 6・7 次調査）』さいたま市遺跡調査会報告書第 3 集

第 7 図　1：塩尻市教育委員会編 1995『床尾中央遺跡』／2：群馬県埋蔵文化財調査事業団編 2000『三ツ子沢中遺跡』群馬県埋蔵文化財調査事業団調査報告書第 260 集／3：財団法人千葉県文化財センター編 2002『茂原市川代遺跡』千葉県文化財センター調査報告第 437 集／4・15：横浜市ふるさと歴史財団埋蔵文化財センター編 1999『小丸遺跡』港北ニュータウン地域内埋蔵文化財調査報告 25／遠藤佐 1996「東蒲原郡内出土の石棒 2 例」『越佐補遺些』創刊号／6・11：北杜市教育委員会編 2005『新田森遺跡』北杜市文化財調査報告書第 5 集／7：山梨県教育委員会編 1993『宿尻遺跡』／8：韮崎市教育委員会編 2002『飯米場遺跡』／9：千葉県教育振興財団編 2007『千葉東南部ニュータウン 37　六通貝塚』千葉県教育振興財団調査報告第 572 集／10：山梨県埋蔵文化財センター編 2003『原町農業高校前（下原）遺跡　第 1 次調査』山梨県埋蔵文化財センター調査報告書第 210 集／12：群馬県企業局編 1980『三原田遺跡』／13：上ノ原遺跡調査団編 1999『上ノ原遺跡』／14：かながわ考古学財団編 2000『三ノ宮・下谷戸遺跡（No. 14）Ⅱ』かながわ考古学財団調査報告 76／16：千葉県文化財センター編 2005『市原市石神台遺跡』千葉県文化財センター調査報告第 524 集／17：印旛郡市文化財センター編 2009『宮内井戸作遺跡（旧石器時代編）（縄文時代本文・分析編）』印旛郡市文化財センター発掘調査報告書第 266 集／18：長野県埋蔵文化財センター編 1994『栗林遺跡・七瀬遺跡』長野県埋蔵文化財センター発掘調査報告書 19

第 8 図　1：下宅部遺跡調査団編 2006『下宅部遺跡Ⅰ（1）』／2・3：千葉県教育振興財編団 2006『東関東自動車道（木更津・富津線）埋蔵文化財調査報告書 7』千葉県教育振興財団調査報告第 533 集／4：加藤学園考古学研究所編 1982『修善寺大塚』／5：山形県埋蔵文化財センター編 2003『釜淵 C 遺跡発掘調査報告書』山形県埋蔵文化財調査報告書第 115 集／6：群馬県埋蔵文化財調査事業団編 2009『横壁中村遺跡（9）』群馬県埋蔵文化財調査事業団調査報告書第 466 集／7：佐倉市遺跡調査会編 1983『佐倉市吉見台遺跡発掘調査概要Ⅱ』／8：岩手県文化振興事業団埋蔵文化財センター編 1995『上八木田Ⅰ遺跡』岩手県文化振興事業団埋蔵文化財調査報告書第 227 集／9：山都町教育委員会編 1985『山都町遺跡分布調査報告（Ⅰ）―山都・木幡・三津合地区―』山都町文化財調査報告第 6 集

大形石棒が埋まるまで
―事例研究による「石棒」（鈴木 2007）の改訂―

鈴 木 素 行

1. はじめに ―道鏡様―

　2007年5月1日、茨城県茨城町に「道鏡様」を訪ねた。山林の平場に建てられた祠の中に、全長が「約85cm」という石棒が樹立されてある。格子戸越しに見る石棒の頭部は、断面が三角形に近い形状、石材は緑泥片岩か。「道鏡様」とは、「道鏡は座ると膝が三つでき」と川柳にも詠

第1図　道鏡様

まれた、巨根伝説をもとにしての呼称である。同名の石神は他所にもあり、唯一というわけではない。このことは、大形石棒の形象が男性器を連想させる単純で優れた記号であったという見方を支持している。

　同年、縄文時代の大形石棒について思考実験を公開することになった（鈴木 2007）。その準備のために学習した大形石棒をめぐる研究の歩みについても既に公表してある（鈴木 2007・2008・2009）。研究史に登場する調査の報告を逐一に検討するために用意した視点は、完形の大形石棒が立てられたまま検出された確実な事例はあるのか、という基本的な問いであった。検討の結果、大形石棒の祭儀として、立てられていたことを前提とすべき確固とした根拠は認めることができなかった。

　大形石棒の祭儀に接近するための手掛かりは、個々の事例の徹底的な観察により見出されるはずである。いくつかの事例研究により、大形石棒が埋まるまでの経緯について、理解を深めておきたい。

2.「樹立される石棒」への転機

　縄文時代の土器編年が確立に向かうにつれ、大形石棒には時期的な消長が捉えられて、これを実用品と考える研究者は次第に姿を消してゆく（鈴木2004・2007）。戦後、大形石棒についての研究は、長野県を中心に展開された。鳥居龍蔵の『諏訪史』第1巻を原典に据えた研究により、非実用品としての大形石棒について仮説が提示されることになる。「皇国史観」が否定された解放感、静岡県登呂遺跡の発掘と報道が後押しするような機運にもよるのか、発掘された現象についての解釈には性急さを覚える。1948年からの和島誠一も、遺跡に残された環状の集落跡という最終的な景観から、「環状集落」という集落の構成を説いていた（和島1948・1955・1958）。1950年、宮坂英弌は長野県与助尾根遺跡の「第4阯」住居跡から「横倒し」で出土したという大形石棒の破片を「完形」であり「直立していたもの」と報告する（宮坂1950）。このような「樹立される石棒」は、藤森栄一に継承されて「縄文中期農耕論」へ組み込まれるとともに（藤森1950）、1963年には水野正好が「男性祭式」と解釈して、与助尾根遺跡の分析から集落構造と宗教構造の一体的な復元に挑む（水野1963）。大形石棒についての解釈の性急さは、製作から廃棄されるまで形状や用途が変わらず、検出された地点をそのまま使用されていた場所と看做すことに窺えるのである。「樹立される石棒」は、これを不問に付しながら、現在まで命脈を保ち続けている。

　同じ与助尾根遺跡において宮坂は「竪坑炉」として分類した炉址を「嘗ては石囲に築構されたものが、後日その炉石が撤去されたらしい」と推定しており（宮坂1950）、「第17阯」住居跡の「石壇」中央の穴についても「かつては石柱を立ててあったものであろう」と考えるようになる（宮坂1968）。大形石棒には向けられなかったものの、この指摘は集落跡の分析に先駆的な視点であった。現在、住居跡の発掘において調査の直接的な対象となるのは、順序として第1に住居跡の廃絶から埋没までに残された現象であり、第2に住居の廃絶にともなう現象、第3に住居の構築に関わる現象と考える。第2と第3の間に位置付けられるはずの、住居が機能した生活の常態は、現象と

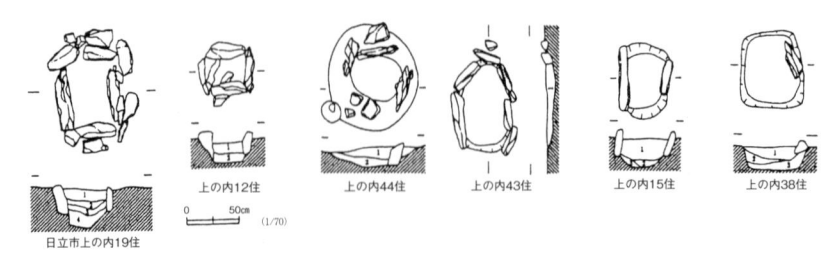

第2図　石囲炉の遺存状態（鈴木ほか 2005 より引用）

してはほとんど残されていない。たとえば宮坂が指摘したように、さまざまな配置を見せる石囲炉の石材については、これらをそのまま炉の多様性と看做すのか、縁石の抜去がもたらした遺存状態の異なりと捉えるかに、思考の分岐がある（第2図）。思考実験は後者を選択した。石材の利用は連鎖を示しており、法量の大きな大形石棒という石製品も、この流れから外れるものではない。検出された大形石棒は、第1に廃棄後に生じた現象、第2に廃棄にともなう現象、第3に製作にかかわる現象として、まずは観察されることになる。この順序を逆に辿りながら、大形石棒が埋まるまでを概観してみよう。

3. 大形石棒の製作と流通

　1987・1988年の群馬県恩賀（西野牧小山平）遺跡（福山 1997）の発掘により、縄文時代中期後葉に大形石棒の製作遺跡が確認された。大山の山麓を供給源とする石材を利用して、剥離と敲打による主に成形段階の作業の痕跡が残されている。個々の原石の質に成否が支配される成形段階は、原産地において作業をおこなうのが効率的である。これが河原や沢であったならば、遺跡として検出されることは絶望的であり、恩賀遺跡という稀有な調査が生産と流通を考察するための定点をもたらした。恩賀遺跡では石材が「石英斑岩（分類によっては流紋岩）」と報告されたが、石英粒の含有に多寡もあり、「玢岩」「石英安山岩」「デイサイト」などと同定、記載されることもある。白色から黄色の色調を呈した特徴的な岩石であり、これを「大山石」と呼んで流通の検討に備えることにした。

　内匠上之宿遺跡　恩賀遺跡には欠落する、研磨による調整段階の作業が周

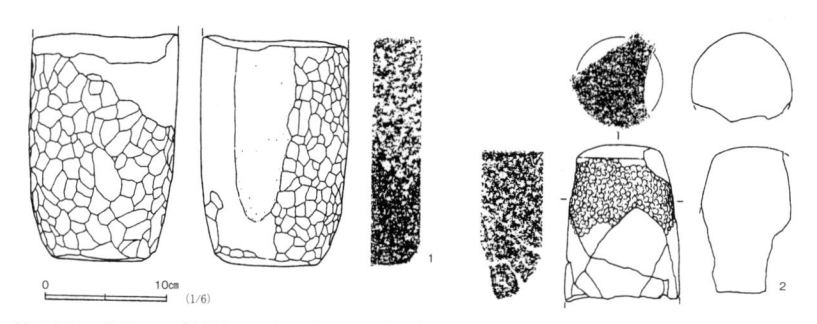

大形石棒が埋まるまで—事例研究による「石棒」(鈴木2007)の改訂—

第3図　成品への敲打加工　(1. 内匠上之宿：新井1993に加筆、2. 金楠台：沼沢1974に加筆)

辺の集落で行われたことを想定し、群馬県内匠上之宿遺跡(新井1993)を、その候補の1つとして掲げていたが、これは訂正しなければならない[1]。「研磨途中　敲打痕を残す」と記載されていた「大山石」の大形石棒(第3図1)を観察したところ、痕跡の前後関係は、研磨が古く、敲打が新しいと捉えられた。研磨により敲打痕の凹凸を消去するには、抉られた凹の底部に到達するまで全体が削られるのに対して、その残存する研磨面は、凸の頂部に位置している。したがって、研磨が完了していた成品に新たな敲打が加えられたことを考えなければならず、恩賀遺跡と連鎖した製作工程と位置付けることはできない。これは、大形石棒を再生するための敲打であり、その未成品であろうか。

　金楠台遺跡　同じような研磨と敲打の痕跡は、千葉県金楠台遺跡(沼沢1974)にも検出されている(第3図2)。これも「大山石」の大形石棒であり、基部付近の研磨面に敲打が加えられた。敲打部分は全周していたと推定され、帯状の窪みを形成して頭部が作出されたと見ることもできる。新たな敲打部分も被熱により変色しており、再生された後の「燃焼」と「破砕」を認めることになる。消費地での再生が、敲打に止まり研磨に至らないことには、やはり生産地周辺において成品化されたことを考えたくなるのである。

　群馬・長野県域への「大山石」の大形石棒の分布は、秋池武が調査を進めた(秋池2001)。茨城・栃木・千葉・神奈川県域および東京都域への分布は、実物の観察により確認してある(鈴木1999・2007)[2]。「茨城県北部にも、「大山石」の大型石棒は分布している」という言及に止めた部分を、ここに補っ

111

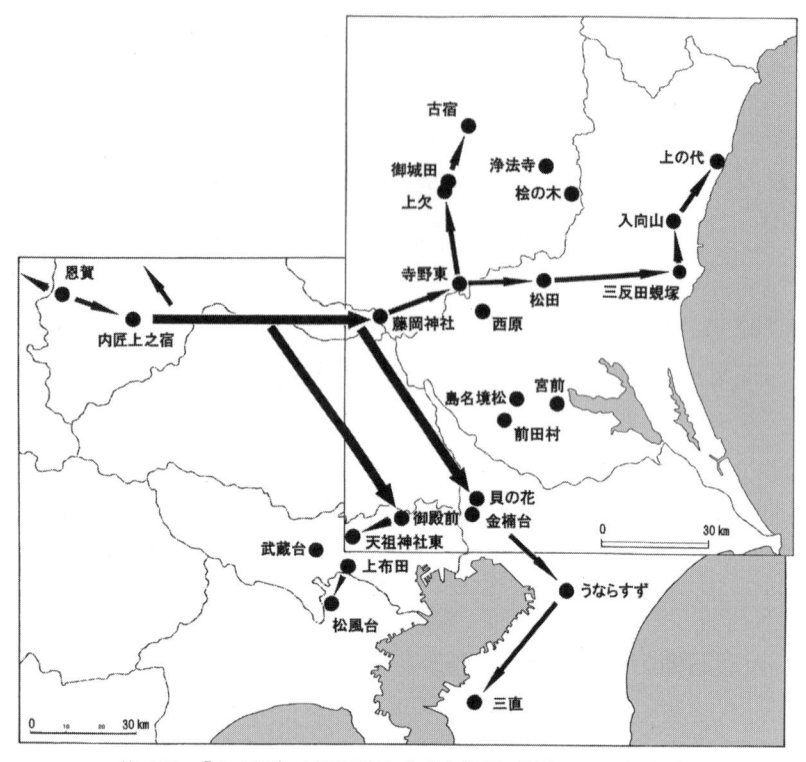

第4図 「大山石」大形石棒の分布と流通 （鈴木 2011 より引用）

ておきたい（第4図）。三反田蜆塚貝塚は、藤本弥城が採集した資料の中に「石杵様磨製石器」として大形石棒の破片が報告されていた（鈴木2011）。藤本は同じ石質のものが、三反田蜆塚貝塚からもう1点、上ノ内貝塚からも1点が出土していることを記述している（藤本1977）。入向山遺跡は那珂市歴史民俗資料館、上の代遺跡は日立市郷土博物館がそれぞれ所蔵する資料であり、ともに未報告。松田遺跡から上の代遺跡までに推定される経路と、千葉県三直貝塚までの経路とに挟まれた茨城県南部にも、宮前遺跡、島名境松遺跡（寺門2002）、前田村遺跡（横堀1997）などで「大山石」の大形石棒の破片が出土している。

　長さ70cm前後の大形石棒であっても重さは10kgを優に超え、これが200kmを超える距離の遺跡にも分布している。限定された産地の素材で製作され、

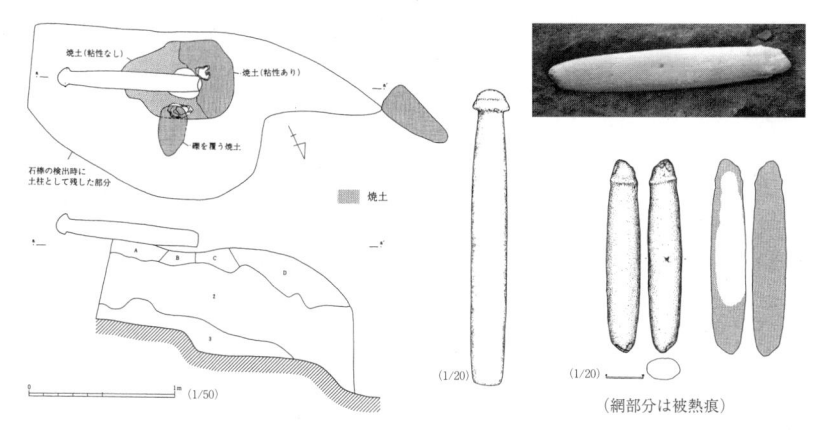

大形石棒が埋まるまで―事例研究による「石棒」(鈴木 2007)の改訂―

第5図　大形石棒の燃焼（1. 岩井：酒巻1992、2. 中田新田：鈴木ほか1986）

精製により優越性を与えた成品があること、それが広範囲に運搬されて流通することに、他の威信財と共通する構造を読み取るならば、大形石棒も威信財の1つであり、示威のために使用されたことが考えられてくる。

4. 大形石棒の「隔離」「燃焼」「破砕」「埋没」

(1) 大形石棒の廃棄にともなう現象

　完形の状態で検出された大形石棒には廃棄後の現象がほとんど付加されておらず、これは、廃棄にともなう現象が最も良く観察できる事例である。

　岩井遺跡　千葉県岩井遺跡（酒巻1992）では、大形石棒の出土状況が詳細に観察されている（第5図1）。大形石棒は石材が「安山岩」、長さ 97.8cm、最大幅 12.8cm、重さ 22.8kg。「出土位置は、調査前の地表面から約 40cm の茶褐色土層内で、先端を南東方向（傾斜面の上方側）に向けて倒れた状態であった。石棒の表面は白く変色し、わずかに煤の付着が認められることから火を受けたことは確実で、剥離や亀裂といった損傷が見られないことから、被熱は1回のみという可能性が高い」[3)]、「下面の焼土は 75cm×52cm の楕円形状に検出された。遺存状態は良好で、上面より長時間、高温の被熱によって生じたもの」と記述されている。これは、住居跡外において大形石棒が横倒しの状態で「燃焼」を受け、その場所と状態で検出されたと考えられる事例で

113

ある。「石棒の基部に近い部分は、焼土粒子を多く含む褐色土に覆われており、さらに北側の礫を覆う状態で、焼土の分布が認められた」という状況からは、埋められたことも推定される。周囲には住居跡が検出されておらず、集落跡は一段高い台地上に形成されていたらしい。つまり、集落からは「隔離」された地点で、「燃焼」された大形石棒を、そのまま「埋没」させたことになる。「隔離」と「埋没」という条件が、大形石棒を完形の状態のまま保存することになったとも考えることができる。

中田新田遺跡 茨城県中田新田遺跡（鈴木ほか1986）でも、住居跡外から完形の大形石棒が検出されている（第5図2）。大形石棒は石材が緑泥片岩、長さ51.5cm、最大幅9.4cm。被熱による変色が一方の面の全体におよぶのに対して、その裏面には変色していない部分が大きく残る。ここを接地させた横倒しの状態で被熱したことが確実な事例である。被熱時の接地面を下に向けた状態で、大形石棒は検出されている。自らが従事した発掘ではあるが、出土状況についてこれ以上の詳細な記録が残されておらず、もはや記憶もない。岩井遺跡のような多量の焼土が分布することはなかったが、「燃焼」の場所と「埋没」を意識しての観察は欠落する。大形石棒に観察される痕跡の前後関係で注意しておきたいのは、胴部片面の中央部の窪みにも変色が及ぶこと[4]。これは、漏斗状の凹穴ではなく、複数回の敲打により形成されている。今後、「燃焼」以前の窪みの位置に秩序が捉えられるならば、彫刻石棒との連絡が検討の課題となる。

群馬県南蛇井増光寺遺跡（飛田野ほか1993）の大形石棒についても、出土位置から「隔離」を、写真図版から被熱痕を読み取り「燃焼」を推定した。「隔離」については、出土位置さえ記録しておけば、集落跡との位置関係の検討は可能となるが、「燃焼」と「埋没」という行為をより具体的に復元するには、発掘時の観察がこれを決定する。観察が欠落すれば、立てられていたという仮説についてもまた検証できないのである。

(2) 弥生時代の砥石の「燃焼」と「破砕」を分析する

ここで、大形石棒の「燃焼」にともなう「破砕」を検討するために、参考として弥生時代後期の住居跡から検出された砥石についての事例研究を挿入

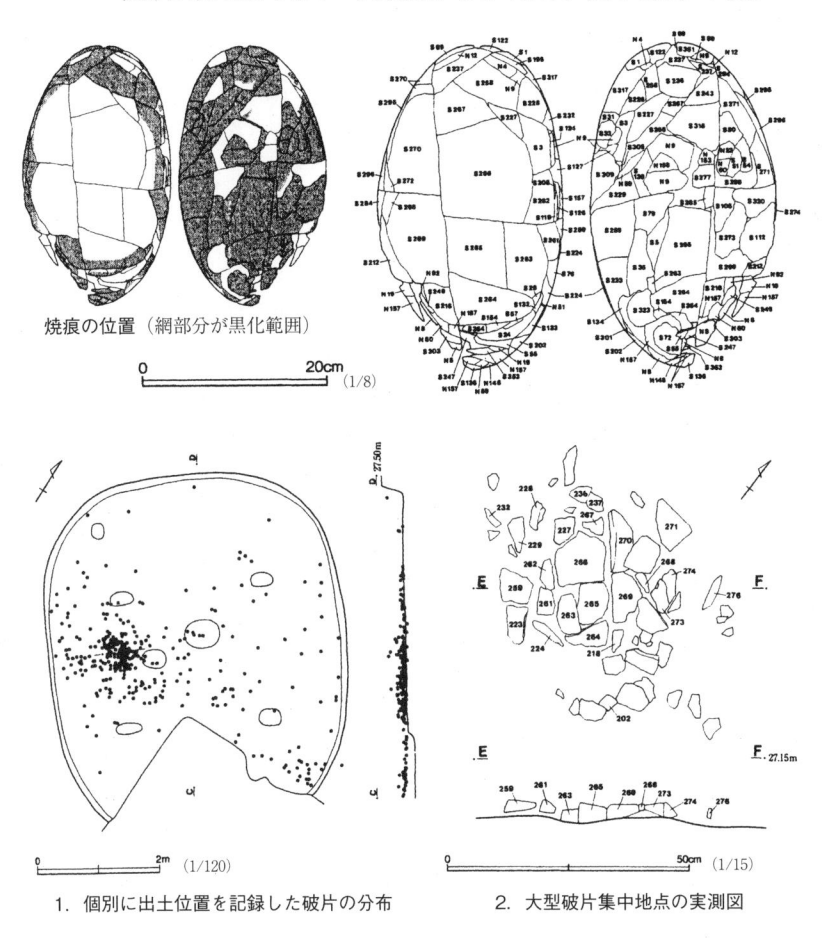

大形石棒が埋まるまで―事例研究による「石棒」(鈴木2007) の改訂―

焼痕の位置（網部分が黒化範囲）

1. 個別に出土位置を記録した破片の分布　　2. 大型破片集中地点の実測図

第6図　弥生時代の砥石に見る破砕と分布（鈴木2008より引用）

する。分析の目的は、1個の石器が多量の破片に分割された破砕の状況と、破片が住居跡内に広がる分布の状況に、行為としての打割と撒布を認め得るのかということにある。

鷹ノ巣遺跡　茨城県鷹ノ巣遺跡（鈴木2008）には、弥生時代後期の第35号住居跡の調査で、覆土から床面にかけて砂岩の破片が多量に検出された。合計して数量3,025点、重量9,512.7gの破片は、すべてが同一個体のものと推定され、礫表面を有する大破片を中心とした接合により、長さ34.3cm、幅

115

20.1cm、厚さ12.0cmの長楕円形の扁平な礫を素材とする砥石に復元された（第6図）。一方の平坦面の中央に、長軸13.0cm、短軸8.0cmほどの範囲で表面が磨滅して光沢を有する部分があり、これが砥石の砥ぎ面と捉えられる。破片は、住居跡内西側で柱穴の中間位置に集中し（第6図1）、床面に接して9点の破片が検出された（第6図2）。これらには、全破片の中で最大形のものを含む。また、砥ぎ面が形成された礫表面を構成する破片であり、いずれも礫表面を下にして床面に接し、離れてはいるものの接合面が互いに向き合う状態にある。つまり、砥石は、砥ぎ面を下にして床面上に置かれていたことが推定された。第35号住居跡には火事の痕跡が残されており、砥石にも被熱により変色した破片が多い。しかし、接地面に相当する礫表面には変色が認められないことから、置かれた状態のまま燃焼を受けたことが確実である。これは、少なくとも砥石の最下部については、行為としての打割と撒布は認められないことを示している。住居跡内から検出された破片は、砥石が置かれていた地点を中心として、数量でも重量でも中心に多く周縁に少ないという等量線が想定できるように分布する。また、大きく重い破片も中心に多く周縁には少ない。さらに、接合関係からは、砥石が分割し破片が生成された過程が復元される。砥石が置かれた状態で下面から上面へと連続することがほぼ確実な分割面の存在から、まずは長軸方向に亀裂が入り次に短軸方向の亀裂が砥石を4つの塊に分割した。分割された塊がさらに分割を繰り返すことで多くの破片が生成されている。4つの塊ごとに破片の分布を検討しても、北側に位置する塊の破片は北方向へ、南側に位置する塊の破片は南方向へ分布する傾向が捉えられる。分割には、敲石などによる打撃の痕跡は認められない。したがって、砥石の破砕と分布には、行為としての打割と撒布は認められず、置かれた状態のまま燃焼されて、被熱により分割され生成された破片がいわゆる「火撥ね」により周囲に飛び散ったと推定されるのである。

(3) 大形石棒の「燃焼」にともなう「破砕」

住居跡という限定された空間内に分布する破片が接合して、完全な状態ではないが、大形石棒が復元された事例がある。このような住居跡のほとんどすべてに火事の痕跡が残されている。

大形石棒が埋まるまで―事例研究による「石棒」(鈴木 2007) の改訂―

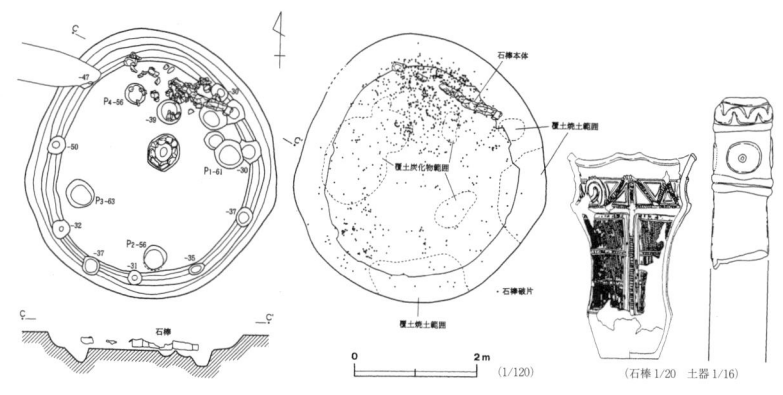

忠生遺跡 A 地区 67 号住居址 (川口ほか 2006・2007・2010 より引用・加筆・構成)
第 7 図　大形石棒の燃焼と破砕 (1)

忠生遺跡　東京都忠生遺跡 (川口 2005、川口ほか 2006・2007・2010) では、A 地区 67 号住居址に中期中葉の事例が調査されている。「焼土の痕跡は南壁際と東壁際に厚く堆積し、西壁近くには炭化物の集中がみられた」という火事の痕跡が残されており、「石棒は被熱大破し主要部分が東西方向に横倒し状態で出土し、細かな破片が住居全体に多数散乱していた」(第 7 図)。「輪

第 8 図　復元された忠生遺跡の大形石棒 (川口 2005 より引用)

切り状に 7 つほどに割れ、そのほか破片がこなごなに飛散した状態で出土」、「床面に密着していた面の文様はひび割れがわずかしかみられず、倒れた状態のまま露出面だけが破砕された可能性が高い」のも、鷹ノ巣遺跡に共通している。完形の大形石棒が横倒しの状態で「燃焼」され、その被熱で「破砕」が生じた。報告中には、これを「執拗な破砕行為」と表現した箇所も見られるが、「破砕」は「燃焼」に付随した現象であったと考えられる。大形石棒は石材が「石英粒の目立つ安山岩」、「破片数は住居内で 928 点、総重量は 55.7kg、全長 184cm」であり、頭部を中心に文様が彫刻されている[5]。

武蔵台遺跡　東京都武蔵台遺跡 (河内ほか 1994) では、J-22 号住居跡に中

117

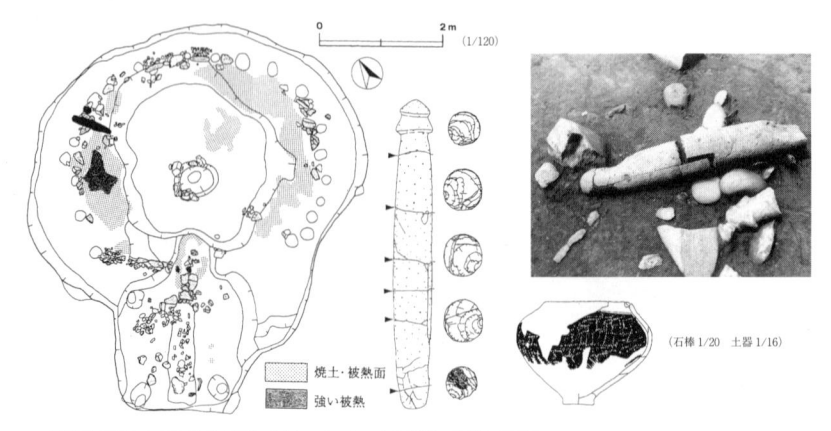

1. 武蔵台遺跡 J-22 号住居跡 （河内ほか 1994 より引用・加筆・構成）

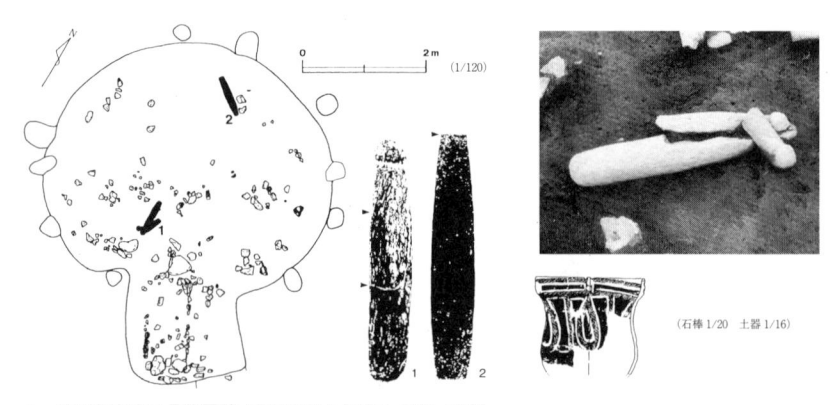

2. 松風台遺跡 3 号住居跡 （渡辺 1990 より引用・加筆・構成）

第 9 図　大形石棒の燃焼と破砕（2）

期後葉の事例が調査されている。「主体部の壁際の一段高い所では、段の縁から礫が配されたところまでの範囲で部分的に床面が被熱していた」、「石棒の南側の床面が最も強く被熱していた」という火事の痕跡が残されており、「北西部の壁際では、被熱した石棒が出土しており、石棒の一部には高熱のために爆ぜたような状態であった」（第 9 図 1）。報告では、「住居内に直立していた可能性」が記述されたが、「破砕」に対向する面の中央部は変色しておらず、横倒しの状態で「燃焼」されたことが考えられる。頭部とそれに

大形石棒が埋まるまで―事例研究による「石棒」(鈴木2007) の改訂―

接合する破片が異なる方向に離れて検出されているのは、「火撥ね」によるのであろう。敲石により打割されたような痕跡は認められない。大形石棒は石材が「安山岩」と記載された「大山石」であり、長さ82.0cm、最大幅10.5cm、重さ14.5kgと報告されている。

松風台遺跡 神奈川県松風台遺跡 (渡辺1990) では、3号住居跡に後期前葉の事例が調査されている。「堆積土は下層がローム・炭化物・焼土粒を多く含む褐色土」、「床は炉の周囲、半径1mが3〜4cmの段差をもって低くなり、…。この段差のめぐる部分は焼けて赤色に変色していた」という火事の痕跡が残されており、大形石棒1は「熱を受けたためか変色して大きく3つに剥離していた」(第9図2)。大形石棒1は、写真図版にも床面上から検出されているように記録されている。これに対して、「北壁近くの床面上」と記述された大形石棒2は、写真図版では床面との間に土層が堆積しているように見える。大形石棒2は頭部を欠き、その破断面には調整による磨滅がある。被熱による変色も、大形石棒1とは異なる時間と空間に由来することを考えておかなければならない。大形石棒1は石材が「結晶片岩」であり、長さ64cm、重さ11.3kg。胴部片面の中央部に「燃焼」以前の凹穴があり、これが中田新田遺跡に共通する。大形石棒2は石材が「安山岩」と記載された「大山石」であり、頭部を欠いた長さ65cm、重さ11.75kg。この住居跡内からは、はかにも大形石棒の破片が4点出土している。大形石棒2は住居跡の廃絶から埋没までに残された現象、大形石棒1は住居の廃絶に伴う現象、4点の破片は敷石住居の構築に関わる現象としてそれぞれ区別され、時間を異にする3つの現象が住居跡という同一の空間に複合して残されたことが考えられる。

茨城県南三島遺跡 (斉藤1987) の第47号住居跡にも火事の痕跡は残されているが、出土した大形石棒に「破砕」は観察されていない。「燃焼」に付随して「破砕」が生じるのには、石材の性質や火力、水分などの条件が関与したのであろうか。忠生遺跡のA地区67号住居址には「他の勝坂期住居址覆土には加曽利E期の土器が混在するものが多いが、本址にはこうした傾向はまったくみられず、加曽利E期には完全に埋没して」いたことは、住居跡が埋められた、即ち「燃焼」の後に大形石棒を「埋没」させたことを想

119

定させる。大形石棒の廃棄に関わる現象は、住居跡の内外で区別されることはなく、基本的には共通している。

5. 大形石棒の転用

(1) 抜去された大形石棒の破片

　大形石棒の廃棄後に生じた現象には、一部が施設の構築材あるいは石器の素材として転用されていることを認める。「燃焼」や「破砕」という廃棄にともなう現象とともに、この転用を目的とした破片の抜去が観察される事例もある。

　うならすず遺跡　千葉県うならすず遺跡(田中ほか2004)の住居跡A-058は、中期後葉の事例である。床面には炉址の範囲を越えて広く焼土と灰の堆積が記録されており、火事の痕跡が認められる。大形石棒は、「燃焼」と「破砕」の状態で検出され、破片の接合により大きく2つの塊に復元された(第10図1)。胴上部に相当する大形石棒11と、胴下〜基部に相当する大形石棒12は、石材の特徴と胴部中央の法量がほぼ一致することから同一個体と考えられる。石材は「安山岩」と記載された「大山石」。大形石棒11の長さが58.5cm、大形石棒12の長さが45.0cmであり、これだけでも長さは100cmを超える。2つを合せた重さは12.96kg。長さに対して軽いのは、胴央部付近が片面に薄片だけを残すことによる。薄片は「火撥ね」により生成されたものであるから、「燃焼」の前から胴央部が欠落していたわけではない。「燃焼」と「破砕」の後に、長さ30cm、幅10cmほどの破片が抜去されたことが考えられるのである。破片の分布が大きく乱れているのも、「火撥ね」のみによるのではなく、抜去のために攪乱されたことを想定して良いのかもしれない。ただし、この事例は、完形の大形石棒の廃棄に伴うものではない。頭部を欠く破断面には、磨滅があり、被熱による黒化も見られる。つまり、「燃焼」の前には、既に頭部が欠落しており、松風台遺跡3号住居跡の大形石棒2のような状態にあった。

　天祖神社東遺跡　東京都天祖神社東遺跡(本橋ほか1986)も、中期後葉の事例である。住居跡SI5の覆土中から大形石棒の胴部の破片が出土している。

大形石棒が埋まるまで―事例研究による「石棒」(鈴木 2007) の改訂―

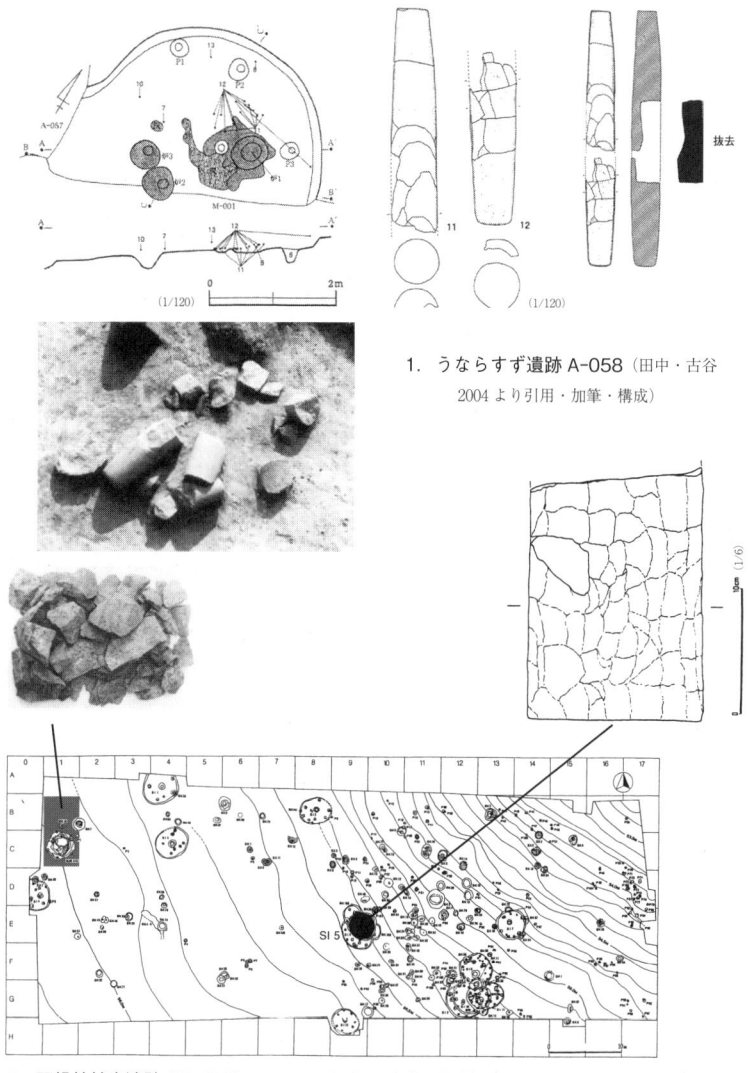

1. うならすず遺跡 A-058 (田中・古谷 2004 より引用・加筆・構成)

2. 天祖神社東遺跡 SI5 (本橋ほか 1986 より引用・加筆・構成)

第 10 図　大形石棒の破片の抜去 (1)

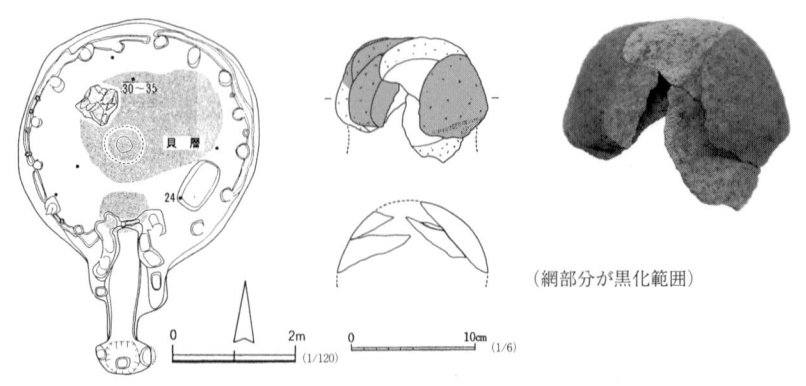

（網部分が黒化範囲）

金楠台遺跡第２号住居址（沢沼1974より引用・加筆・構成）

第11図　大形石棒の破片の抜去（2）

　石材は「琉紋岩」と記載された「大山石」であり、計測値は長さ20.0cm、最大幅13.0cm、重さ6.4kg。「表面部分のみ赤化」、片面は「火撥ね」により表面が剥離している。上下の破断面に磨滅や調整は見られず、これも「燃焼」にともなう「破砕」によるものであろう。しかし、住居跡内には、「燃焼」と「破砕」の痕跡は残されていない。一方、これと同一個体であったと推定される大形石棒の破片が、45mほど離れた「B1グリッド、C1グリッドに集中して」検出された（第10図2）。C1グリッドには風倒木痕があり、倒木により形成された穴に落ち込むことで多量の破片が保存されることになったらしい。数量では127点、重量では6.7kg余り検出されており、器表面の破片が多いが、すべてが破断面の破片も含まれている。B1・C1グリッドの地点で「燃焼」され、「破砕」した大形石棒の一部が抜去され、最終的に住居跡SI5に廃棄されたと考えることができる。器表面を有する破片の数量は、抜去された破片が1点のみであったとは限らないことも示している。ただし、B1・C1グリッドの破片の中に頭部の破片は含まれておらず、大形石棒が完形であったのかは明らかにし得ない。

　金楠台遺跡　金楠台遺跡の報告において、「人為的に剥離されたと考えるべきだろう」（沼沢1974）と記載され、剥離工程が復元されていた大形石棒の頭部について、「破片は、頭部の突出部を除去するための調整剥片であり、

大形石棒が埋まるまで—事例研究による「石棒」(鈴木2007)の改訂—

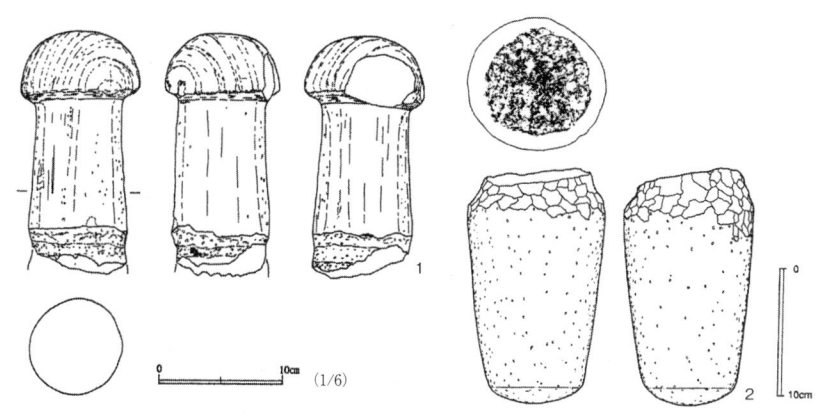

第12図　大形石棒の切断（1. 寺野東：江原2001、2. 三反田蜆塚：鈴木2011）

加工された本体を再利用したこと」(鈴木2007) を想定していたが、これは訂正しなければならない。実見してみると、破片の中には被熱で黒化したものがあり、全く色調の異なる破片どうしが接合している（第11図）。また、剥離のための敲打の痕跡も認められなかった。石材は「大山石」。武蔵台遺跡やうならすず遺跡と全く同じ状態を示しており、これも、やはり「火撥ね」により表面が剥離したものと考えられるのである。出土した第2号住居址の床面上には、焼土や炭化物といった「燃焼」の痕跡は報告されておらず、他処で「燃焼」され「破砕」した大形石棒の破片の一部が、第2号住居址に廃棄されたことが考えられる。転用以外にも破片が抜去されることを考慮しなければならない事例ということになろう。

(2) 切断された大形石棒の破片

「破砕」した破片をそのまま転用することもあれば、転用を目的とした切断の痕跡が大形石棒に観察される事例もある。

寺野東遺跡　栃木県寺野東遺跡（江原2001）のSK546から出土した大形石棒の頭～胴部の破片には、「破片端部付近に敲打により溝状の窪みを一周させる」と記述された加工の痕跡が認められる（第12図1）。大形石棒は石材が緑泥片岩、残存する長さ19.3cm、最大幅9.8cm、重さ2.4kg。「溝状の窪み」は、この部分で切断するための加工であり、破断面が調整されていないこと

から、転用されたのは胴～基部の破片の方であったと考えられる。

　三反田蜆塚貝塚　三反田蜆塚貝塚（藤本1977）から採集された大形石棒の胴下～基部の破片にも、破断面の周囲に敲打による加工の痕跡が認められる（第12図2）。大形石棒は石材が「大山石」、残存する長さ18.7cm、最大幅11.1cm、重さ2.892kg。敲打を繰り返して形成された溝状の窪みは、樹木を斧で伐採するように、この部分で切断するための加工と考えられる。破断面が粗く研磨されており、この胴下～基部は砥石に転用されている（鈴木2011）。

第13図　石棒素材の石柱
（川口ほか2007より引用）

（3）石柱に転用された大形石棒の破片

　忠生遺跡のA地区には119号住居址から、「立位で壁に寄りかかるように傾いた状態」という大形石棒の破片も検出されている（第13図）。埋甕に隣接した位置にあり、「長さは48cmを測り、下部18cmが埋設されている」。細長い礫がそのまま、あるいは調整のために剥離や敲打を付加した加工礫が立てられた施設は「立石」、礫は「石柱」と呼ばれてきている。大形石棒が素材であっても破片の転用であるならば、それが立てられた施設はやはり「立石」であり、大形石棒の破片は「石棒素材石柱」として括られるべきと考える。「石柱」には下部を埋めて立てられた状態のまま廃棄されたものがあり、これが大形石棒とは大きく異なっている。また、「石棒素材石柱」に転用される大形石棒の破片は、胴～基部に限られ、大形石棒の象徴である頭部が付属した破片は利用されない傾向が窺える。「石柱」は抜去されて廃棄されることもあり、その廃棄に伴う現象が大形石棒に相似することから、詳細な観察が欠落すると区別が難しい事例もある。

　原口遺跡　神奈川県原口遺跡（長岡2002）では、J4号竪穴住居址に後期前葉の事例が調査されている。「住居址の覆土からは焼土塊と炭化材が出土」、「床面が激しく焼けている」という火事の痕跡が残されており、大形石棒は「片面が幾重にも爆ぜており、その破片は住居址床面から覆土中層、J2号敷石

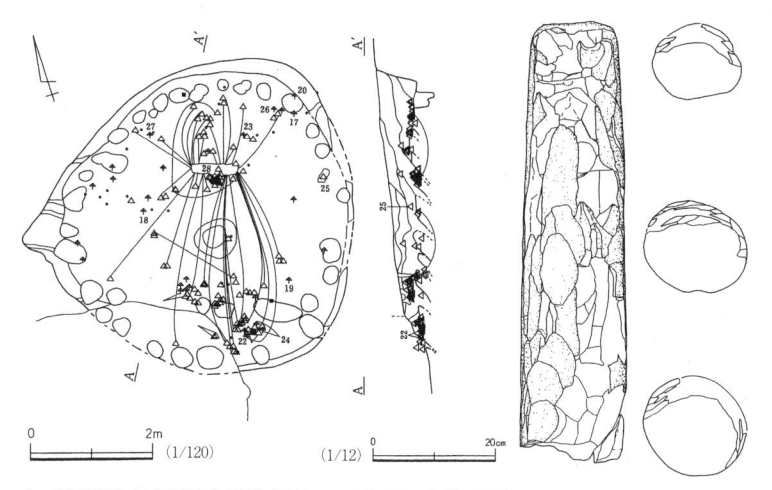

大形石棒が埋まるまで―事例研究による「石棒」（鈴木2007）の改訂―

1. 原口遺跡 J4 号竪穴住居址（長岡 2002 より引用・加筆・構成）

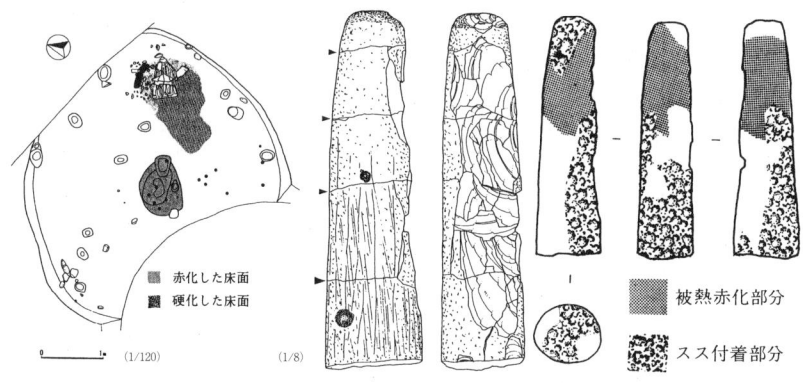

2. 御殿前遺跡 SI303（陣内ほか 1988 より引用・加筆・構成）

第14図　「石棒素材石柱」の燃焼と破砕

住居址覆土まで広がっている」（第14図1）。「爆ぜているのが片面だけであることから、少なくとも熱を受けているときは、倒れた状態だった」と捉えられている。「破片は薄く削いだようなものが多く、取り上げた数はJ2号敷石住居址覆土に混入したものを合わせると387点である。石棒本体残存部の重さは24kg、剝片の9割5分は40g以下、7割は10g以下の小片で、総重量は28.3kgになる」。石材は「石英安山岩」。破断面は調整されていないが、

125

胴部表面と同じ色調であることから被熱を受けたと見られる。また、中央の破断は、これを跨いで薄片が接合することから表面の「火撥ね」後に生起しているのに対し、端部に接合する薄片は自らが破断面を構成する。うならず遺跡とは異なり、「燃焼」後に頭〜胴部が抜去されたのではなく、胴〜基部の破片の状態で、これが「燃焼」されたと考えられる。

　御殿前遺跡　東京都御殿前遺跡（陣内ほか1988）でも、住居跡SI303に後期前葉の事例が調査されている。床面に「二次的加熱によると思われる赤化した面が認められた」という火事の痕跡が残されており、その地点から「石棒が床面に密着する形で出土し」、「破砕された石棒の破片が周辺に散乱するように検出された」（第14図2）。「石棒には一部変色、脆弱化した箇所が認められ、明らかに二次的加熱を受け」、「炉址、炉址の南側においても石棒の破片で検出されている」という広がりを見せている。石材は「花崗岩」と記載されたが、これは「大山石」である。胴〜基部の破片であり、残存する長さ39.0cm、最大幅11.0cm、重さ5.19kg。端部の破断面には摩耗が認められることから、胴〜基部の破片の状態で「燃焼」されたと考えられる。「剥離面を観察した際の所見では石棒は横位よりまず数回の打撃を加えて形状を変え、その後に中央部付近で半分に切断している。切断後にも剥離をおこなっているが、全体的に被熱を受けており、その回数を知ることは難しい」という記述は、「燃焼」とは別に割打があったことを主張する報告であるが、この「破砕」も「燃焼」に付随して生起した現象と考えを改めるに至った。「片面には煤が斑点状となって認められる」のは横倒しの状態に置かれていたことを推定させる。ただし、「全体的に被熱」を認めることには、胴〜基部という破片の状態での「燃焼」より前に、完形の状態で大形石棒の廃棄にともなう現象の「燃焼」があったことも想定したくなるのである。

(4) 石囲炉の縁石に転用された大形石棒の破片

　大形石棒の破片の転用には、石囲炉の縁石に利用された事例も見られる。側石には胴〜基部の破片、隅石には頭部の破片が利用されることが多いようである。

　用田鳥居前遺跡　神奈川県用田鳥居前遺跡（栗原ほか2002）のJ1号竪穴住

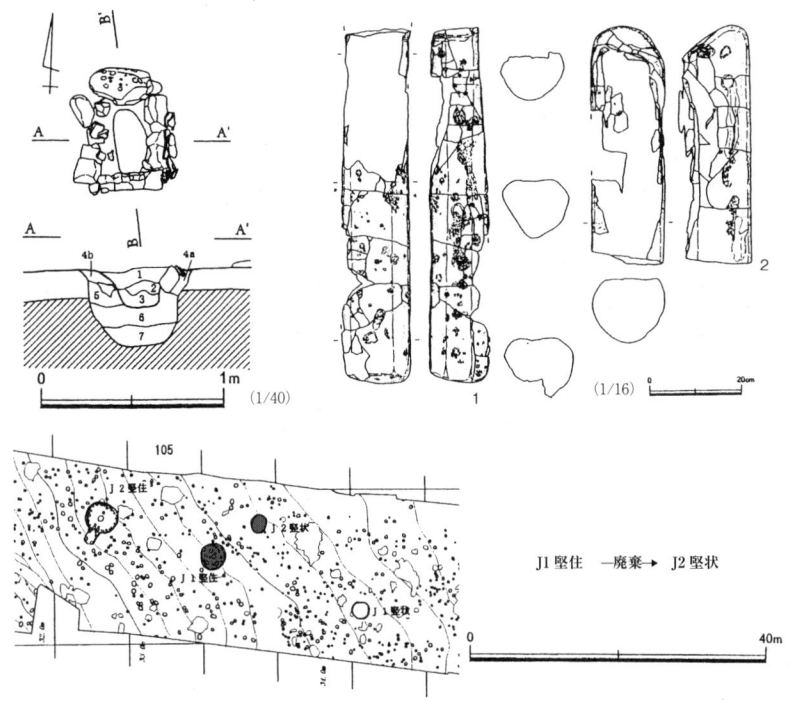

大形石棒が埋まるまで—事例研究による「石棒」(鈴木2007)の改訂—

用田鳥居前遺跡 J1 号竪穴住居址炉址 （栗原ほか 2002 より引用・加筆・構成）

第15図　石囲炉の石材への転用と砕片の廃棄

居跡は、後期前葉の事例であり、北側を除く3方向の縁石に大形石棒の破片が転用されている（第15図）。いずれも胴～基部の破片であり、東側と南側の縁石が接合した大形石棒1、西側の縁石が大形石棒2。表面には「火撥ね」による剥落があり、この直接的な原因は炉の縁石としての被熱であったと考えられる。大形石棒1は、上半部と下半部とでは対向する面に剥落が見られ、これらは、それぞれ炉の内側を向けて設置された面に相当している。大形石棒2は、剥落面の裏面にも被熱による黒化が見られた。これには、大形石棒としての廃棄に伴う現象であったことも考えられる。大形石棒1・2の一部、3点の破片については、「J2号竪穴状遺構出土資料との間に接合関係が認められる」という。「火撥ね」により生成された小さな砕片であり、これが5m余り離れた別の遺構の覆土から検出されることには、炉において剥落し

た砕片が炭や灰などの掻き出しにともない廃棄されたことが推定される。したがって、J2号竪穴状遺構の廃絶は、J1号竪穴住居址より以前であったとも考えられることになる。

　大形石棒の破片が転用された石囲炉にも縁石が抜去された痕跡は見られる。埼玉県岩の上遺跡（栗原ほか1973）の第16号住居址、東京都船田遺跡（城近1969）のB地区15号住居址などの炉址に見られる大形石棒の破片は、炉址が半壊状態を示しており、縁石の抜去に伴い攪乱された、あるいは取り残されたものと推定される。敷石住居跡や配石遺構の構築材に転用されることもあり、それぞれの転用の場所に遺構の一部として埋まることもあれば、抜去と転用が繰り返され、さらに破片が移動することもあった。

（5）石器の素材に転用された大形石棒の破片

　大形石棒の破片の転用には、利器である石器の素材として利用された事例も少なくない。

　用田鳥居前遺跡　用田鳥居前遺跡のJ1号竪穴住居跡からは、大形石棒の胴部破片を利用した敲石（第13図1）も出土している。石材は緑泥片岩であり、長さ14.0cm、最大幅8.4cm、重さ840.0g。表面には多数の敲打痕が形成されている。側面には、器表面方向からの打撃による剝離の痕跡があり、この部分を除去することで敲石としての大きさが調整されたものと推定される。この剝離痕と敲打痕を除き、他の面には被熱による変色と磨滅が認められる。被熱の痕跡には、大形石棒の廃棄に伴う現象を考えたいが、石囲炉の縁石として転用された破片であった可能性もまた否定できない。

　金楠台遺跡　金楠台遺跡の第2号住居址からは、大形石棒の胴部破片を利用した砥石（第13図2）も出土している（鈴木2011）。石材は「大山石」

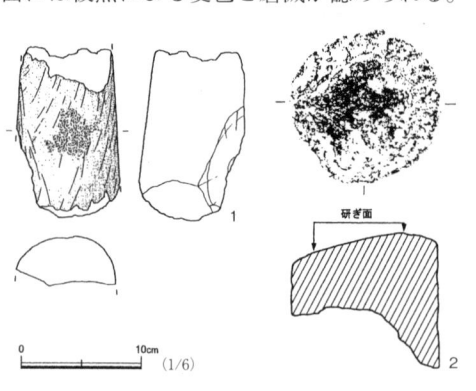

第16図　石棒素材の石器（1.用田鳥居前：栗原ほか2002に加筆、2.金楠台：鈴木2011）

であり、長さ7.8cm、最大幅12.6cm。一方の破断面に研磨痕が形成されている。もう一方の破断面は据え置くには不安定な形状をしており、これが地面に埋設されて使用されたものであったと想定するのは難しくない。砥石に再利用された破片が埋設されたまま検出されたとしても、それは大形石棒の「樹立」ではあり得ないのである[6]。

　石材の性状から緑泥片岩が敲打具などにも転用されるのに対して、「大山石」はもっぱら、凹石か砥石に転用される。このような石器への転用にともなう調整のために、大形石棒からは小さな破片が作り出されることもある。転用された石器も調整のための剥片も、素材の履歴によって区別されることなく、廃棄されて埋まることになるのである。

6. おわりに

　大形石棒の廃棄にかかわる現象には「隔離」「燃焼」「破砕」「埋没」を指摘したが、「燃焼」が最も普遍的な現象であり、これに「隔離」「破砕」「埋没」が付随することもある。「燃焼」を最後に、大形石棒はその役割を終えており、これらは祭儀に使用された大形石棒の象徴的な記号を否定するための行為の結果として捉えている。「燃焼」の情景は、祭儀の最終場面に組み込まれていたかもしれない。「樹立される石棒」には根拠が認められず、「燃焼」以前の祭儀を具体的に復元することは難しい。前稿の「石棒」(鈴木2007)では、静的な「樹立される石棒」という先入観を払拭するために、より動的な祭儀も成立することを示しておきたかった。

　前稿への大きな修正は、「破砕」の見直しにある。「破砕」は、「燃焼」に付随して生起した現象であり、行為としての打割ではない。但し、「燃焼」が「破砕」を生起させるのであるから、結果としての現象の意味に変わりはない。もちろん後知恵によるのではあるが、「石棒を破砕する風」(村田1975)、「石棒の破砕行為」(山本1996)、「破壊の行為」(澁谷2003)等の表現で想定されてきた、祭儀の一部としての「行為」ではないと考えるようになった。「燃焼」後は、大形石棒として再生されたような痕跡を稀に認めはするが[7]、施設の構築材あるいは石器の素材に、破片が転用されている。目的に

応じた法量・形状・石材の破片が選択され、調整のために加工も施された。それこそ「埋まるまで」の転用を繰り返すことで、大形石棒の破片は、大きさを変えながら数を増やして廃棄され、広い範囲に分布することになると考えるのである。

　資料の観察にお世話をいただいた石坂茂（群馬県埋蔵文化財調査事業団）、折原繁（千葉県教育振興財団房総のむら）、川口正幸（町田市教育委員会）、宍戸信悟（神奈川県埋蔵文化財センター）、立石尚之（古河歴史博物館）、田中英世（財団法人千葉市教育振興財団埋蔵文化財調査センター）、都築恵美子（練馬区教育委員会）、橋本昌幸（財団法人横浜市ふるさと歴史財団埋蔵文化財センター）、深澤靖幸（府中市郷土の森博物館）に心より感謝申し上げる。第１図１には群馬県埋蔵文化財調査センター所蔵の内匠上之宿遺跡出土石棒、第３図２及び第11図には千葉県立房総のむら所蔵の金楠台遺跡出土石棒、第５図１には古河歴史博物館所蔵の中田新田遺跡出土石棒について、それぞれ新たな拓本あるいは写真の掲載を許可していただいている。

　註
1) 2010年10月9日の公開シンポジウム「縄文人の石神」における大工原豊の指摘を受けて、同年11月1日に実物を観察し、訂正に至った。
2) 「「石英斑岩」という記載、写真に見る質感などから「大山石」」（鈴木2007）と推定した用田鳥居遺跡のJ1号竪穴住居跡の大形石棒1（第15図1）については、実物を観察した結果、「大山石」と断定することを保留したい。恩賀遺跡の出土遺物を観察した記憶や手元にある石材の標本とは異なる石質の大形石棒であった。「大山石」の大形石棒と確実に同定された資料と比較して、基部が調整されていないなど製作も異なっている。神奈川県域における「大山石」の大形石棒は、実物の観察により、松風台遺跡の大形石棒2（第9図2）を確実な事例として提示しておきたい。
3) 「被熱は1回のみ」という観察は、水野正好の「石棒祭式」を念頭に置いた記述であろうか。水野は、「まつり終えたのちもその整美な形をとどめる場合には、いま一度、次のまつりでもまたまつるといったことがあったようである」と記述しており、大形石棒に「石棒祭式」の「羅火」が繰り返されたことを考えていた（水野1986）。

大形石棒が埋まるまで―事例研究による「石棒」(鈴木 2007) の改訂―

4) 千葉県高谷津遺跡(渡辺 1986)の 11 号住居跡から出土した大形石棒の破片について、渡辺新は「被熱→破壊→破壊面研磨→くぼみ穴」という痕跡の前後関係を推定している。渡辺はこれらも「石棒祭祀」の一部と考えているが、「燃焼」後の加工については転用と捉えられるものであろう。
5) 現在のところ、忠生遺跡 A 地区の縄文時代の石器については、本報告書が刊行されていない。
6) 埋設された砥石については、茨城県武田西塙遺跡において平安時代の第 66 号住居跡を調査した(鈴木 1993)。鷹ノ巣遺跡の第 35 号住居跡にも、砥石が出土した西側の床面に、これを埋設していたと推定される痕跡が検出されている。
7) 全周する凹線状の溝が加工されて頭部を陰刻により形成したように見える大形石棒がいくつかある(鈴木 2007)。そのうち神奈川県馬場遺跡(鈴木ほか 1995)の大形石棒については、実物を観察した結果、胴部の剥落部分を調整した痕跡であり、頭部の作出は認められなかった。他の事例については、未だ実物の観察ができていない。

参考文献

秋池　武　2001　「大山産石材(大山産石英安山岩)の石棒分布について」『考古聚英』梅澤重昭先生退官記念論文集、47-60 頁

新井　仁　1993　『内匠上之宿遺跡　関越自動車道(上越線)地域埋蔵文化財発掘調査報告書第 15 集』(財)群馬県埋蔵文化財調査事業団調査報告書第 143 集、財団法人群馬県埋蔵文化財調査事業団

江原　英　2001　『寺野東遺跡Ⅲ　小山市小山東部地区工業用地造成に伴う埋蔵文化財発掘調査』栃木県埋蔵文化財調査報告第 250 集、栃木県教育委員会・財団法人とちぎ生涯学習文化財団埋蔵文化財センター

川口正幸　2005　「忠生遺跡 A 地区」『発掘された日本列島 2005　新発見考古速報』朝日新聞社、20 頁

川口正幸ほか　2006　『忠生遺跡群　発掘調査概要報告書』忠生遺跡調査会

川口正幸ほか　2007　『忠生遺跡 A 地区(Ⅰ)―A1 地点　旧石器・縄文時代遺構編―』忠生遺跡調査会

川口正幸ほか　2010　『忠生遺跡 A 地区(Ⅱ)―A1 地点　縄文時代遺物編(1)―』忠生遺跡調査会

川崎義雄ほか　1980　『調布市下布田遺跡』調布市教育委員会

河内公夫ほか　1994　『武蔵国分寺跡西方地区　武蔵台遺跡Ⅱ　資料編2』都立府中病院内遺跡調査会

栗原伸好ほか　2002　『用田鳥居前遺跡　県道22号（横浜伊勢原）線道路改良事業（用田バイパス建設）に伴う発掘調査』かながわ考古学財団調査報告128、財団法人かながわ考古学財団

栗原文蔵ほか　1973　『岩の上・雉子山』埼玉県遺跡発掘調査報告書第1集、埼玉県教育委員会

斉藤弘道　1987　『竜ヶ崎ニュータウン内埋蔵文化財調査報告書16　南三島遺跡3・4区』茨城県教育財団文化財調査報告第44集、財団法人茨城県教育財団

酒巻忠史　1992　『岩井遺跡　―千葉県富津市―』財団法人君津郡市文化財センター発掘調査報告書第65集、君津興産株式会社・財団法人君津郡市文化財センター

佐藤次男ほか　1993　『茨城町史　地誌編』茨城町

澁谷昌彦　2003　「釣手土器・石棒・石柱などの出土状況」『史峰』第30号、17-29頁

城近憲市　1969　『船田　東京都八王子市船田遺跡における集落址の調査』八王子市船田遺跡調査会

陣内康光ほか　1988　『御殿前遺跡』北区埋蔵文化財調査報告書第4集、北区教育委員会

鈴木次郎ほか　1995　『宮ヶ瀬遺跡群Ⅴ　馬場（No.6）遺跡　宮ヶ瀬ダム建設に伴う発掘調査』かながわ考古学財団調査報告4、財団法人かながわ考古学財団

鈴木素行ほか　1986　『古河市史　資料　原始・古代編』古河市

鈴木素行　1993　「第66号住居跡」『武田Ⅵ―1992年度武田遺跡群発掘調査の成果―』（財）勝田市文化・スポーツ振興公社文化財調査報告第8集、財団法人勝田市文化・スポーツ振興公社文化振興課文化財調査係、16-277頁

鈴木素行　1999　「越の旅人　放浪篇―西方貝塚B地区第1号住居跡の彫刻石棒について―」『婆良岐考古』第21号、29-66頁

鈴木素行　2004　「節のある石棒―石棒研究史を学ぶ（前編）―」『婆良岐考古』第26号、87-118頁

鈴木素行ほか　2005　「茨城県における縄文時代中期後葉の屋内炉」『日本考古学協会2005年度福島大会シンポジウム資料集』日本考古学協会2005年度福島大会実行委員会、181-194頁

鈴木素行　2007　「樹立される石棒（上）―石棒研究史を学ぶ（中編）―」『茨城県

考古学協会誌』第 19 号、23-53 頁
鈴木素行　2007　「石棒」『縄文時代の考古学』第 11 巻、株式会社同成社、78-95 頁
鈴木素行　2008　「樹立される石棒（中）―石棒研究史を学ぶ（中編）―」『茨城県考古学協会誌』第 20 号、15-44 頁
鈴木素行　2008　「鷹ノ巣遺跡第 35 号住居跡における砥石の破砕と分布について」『鷹ノ巣―第 2 次調査の成果―』（財）ひたちなか市文化・スポーツ振興公社文化財調査報告第 37 集、財団法人ひたちなか市文化・スポーツ振興公社、63-67 頁
鈴木素行　2009　「樹立される石棒（下）―石棒研究史を学ぶ（中編）―」『茨城県考古学協会誌』第 21 号、55-91 頁
鈴木素行　2011　「三反田蜆塚貝塚の大型石棒」『ひたちなか埋文だより』第 34 号、15-16 頁
田中英世ほか　2004　『千葉市平和公園遺跡群Ⅱ　うならすず遺跡』千葉市教育委員会・財団法人千葉市教育振興財団
寺門千勝　2002　『島名境松遺跡　島名・福田坪一体型特定土地区画整理事業地内埋蔵文化財調査報告書Ⅷ』茨城県教育財団文化財調査報告第 191 集、財団法人茨城県教育財団
長岡文紀　2002　『原口遺跡Ⅲ　縄文時代　農業総合研究所建設に伴う発掘調査』かながわ考古学財団調査報告 134、財団法人かながわ考古学財団
沼沢　豊　1974　『松戸市金楠台遺跡―国鉄小金線建設工事に伴う埋蔵文化財調査報告書―』房総考古資料刊行会
飛田野正佳ほか　1993　『南蛇井増光寺遺跡Ⅱ　関越自動車道（上越線）地域埋蔵文化財発掘調査報告書第 19 集』（財）群馬県埋蔵文化財調査事業団調査報告書第 155 集、財団法人群馬県埋蔵文化財調査事業団
福山俊彰　1997　『横川大林遺跡（上ノ平遺跡）　横川萩の反遺跡（萩の反遺跡）　原遺跡（坂本遺跡）　西野牧小山平遺跡（恩賀遺跡）　関越自動車道（上越線）地域埋蔵文化財発掘調査報告書』群馬県教育委員会
藤本弥城　1977　『那珂川下流の石器時代研究Ⅰ』（私家版）
藤森栄一　1950　「日本原始陸耕の諸問題―日本中期縄文時代の一生産形態について―」『歴史評論』第 4 巻第 4 号、41-46 頁
水野正好　1963　「縄文式文化期における集落構造と宗教構造」『日本考古学協会第 29 回総会研究発表要旨』日本考古学協会、11-12 頁
水野正好　1986　「生者と死者の織りなす古代　ストーンサークルから太朝臣安万

侶墓に至る道」『古代人の心を読む　宇宙への祈り』日本古代史③、株式会社集英社　49-100頁

宮坂英弌　1950　「八ヶ岳西山麓與助尾根先史聚落の形成についての一考察（上・下）」『考古学雑誌』第36巻第3号・第4号、27-38頁・47-51頁

宮坂英弌　1968　『尖石』株式会社学生社　（1998年新装版による）

村田文夫　1975　「柄鏡形住居址考」『古代文化』第27巻第11号、1-33頁

本橋恵美子ほか　1986　『天祖神社東遺跡』練馬区教育委員会・練馬区遺跡発掘調査会

山本暉久　1996　「柄鏡形（敷石）住居と石棒祭祀」『縄文時代』第7号、33-73頁

横堀孝徳　1997　『伊奈・谷和原丘陵部特定土地区画整理事業地内埋蔵文化財調査報告書2　前田村遺跡C・D・E区』茨城県教育財団文化財調査報告第116集、財団法人茨城県教育財団

和島誠一　1948　「原始聚落の構成」『日本歴史学講座』東京大学歴史学研究会、1-32頁

和島誠一　1955　「集落址」『日本考古学講座』第1巻　株式会社河出書房、46-74頁

和島誠一　1958　「南堀貝塚と原始集落」『横浜市史』第1巻、横浜市、29-46頁

渡辺　新　1986　「考察」『昭和60年度市川東部遺跡群発掘調査報告』市川市教育委員会、54-55頁

渡辺　務　1990　『横浜市緑区松風台遺跡』日本窯業史研究所報告第38冊、日本窯業史研究所

住居跡出土の大形石棒について
―とくに廃屋儀礼とのかかわりにおいて―

山 本 暉 久

1. はじめに

　石棒は、いわゆる第二の道具の中で、特徴的な出土状態を示すことで知られている。中期、とくにその後葉以降、大形石棒が竪穴住居跡や柄鏡形（敷石）住居跡内から出土する傾向が顕著となる。なぜ住居との結びつきが強くなるのか、破損品や不要となった石棒が住居跡内へ廃棄されたと考えられる事例を除くと、その住居内で執りおこなわれたと考えられる石棒祭祀とはどのようなものであったのかが問題となろう。

　筆者はこれまで、石棒の出土状態に着目して、いくつかの研究を試みてきた（山本 1979・83・91・96・2002・06・09）。その詳しい点は拙稿を参照願うとして、ここでは、とくに、大形石棒が住居の廃絶と深く関わっていたとの認識から、廃屋儀礼との関わりを示す大形石棒祭祀の事例を取り上げながら、あらためて石棒祭祀の一端を明らかにさせてみたいと思う

　これまで筆者の研究とは別に、石棒を含む宗教的遺物が屋内・屋外に出土することに着目して検討を試みた論攷が数多く発表されてきたことは周知のとおりである（宮坂 1965、藤森 1965、桐原 1969、水野 1969、長崎 1973・76・77、神村 1975・95、戸田 1995・97、澁谷 2003、谷口 2005・06・09、三上 2007 など）。

　それらの諸論攷について、ここで詳しく検討を加えることは、本論の趣旨とはずれるので省略するが、石棒を含めて、縄文人たちがわれわれに遺してくれた、特異な遺物のもつ意味を、今後ともその出土状態の厳密な観察を続けて明らかにさせてゆかねばならないことはいうまでもないことであろう。

2. 石棒の住居跡内出土状態の変遷

　中期大形石棒の出現は中期前葉・五領ヶ台式併行期にさかのぼるが、住居

跡内からの出土は、確実な事例からすると、中期中葉・勝坂式期併行期に入ってから認められ始める。しかし、いまだ中葉段階の住居跡内出土事例は少なく、石棒祭祀の主体はこの時期は屋外で執りおこなわれていたものと思われる。ところが、中期の大規模環状集落の形成がそのピークに達する中期後葉段階に入ると、住居跡内出土事例が急増するようになる。石棒の住居跡内出土位置をみると、奥壁部から炉辺部・出入口部といった竪穴住居の主軸空間に置かれた事例が多い特徴がとらえられる。とくに石囲炉跡とのかかわりは顕著で、石囲炉内部出土のほかに、炉石材への転用や石囲炉の一角に樹立状態で設置されたものが多数検出されるようになる。こうした事例は、石棒が二次的に転用されたものであるが、たまたま炉石材として使用するに都合が良かったという機能的側面だけの理由から用いられたのではないことは、樹立状態で出土する事例の多いことからも十分考えられる。すなわち、火との深い関わりにおいて石棒が設置されたことは間違いないのであり、それは住居が使用されている時点における居住者の意識の反映にほかならないといえよう。たえず、火を受けながら、浄められる石棒という住居内石棒祭祀の姿が浮き彫りされてくる（山本 2006）。

　このように、中期後葉を中心とした住居跡内出土石棒事例をみると、住居使用時になんらかの理由により石棒が住居内に取り込まれ始めたことを示しているものといえよう。この時期、石棒に限らず、個別の竪穴住居にはいくつかの室内祭祀をうかがわせる現象がとらえられるようになる。その代表的な存在は、出入口部に埋設された埋甕であるが、ほかにも出入口部にこだわらず竪穴住居空間に逆位に埋設された伏甕（倒置埋設土器）が、しばしば底部が穿孔された状態で検出されている（山本 2007）。これらの用途は、出入口部埋甕は幼児埋葬、伏甕（倒置埋設土器）のうち大形のものは、再葬棺墓として用いられた可能性も考えられる。このほか、床面上には、その多くが胴下半部をすり切って倒置状態で置かれた土器（倒置深鉢形土器）もしばしば認められる。廃屋墓にかかわる甕被葬の可能性も考えられる（山本 1976）が、廃屋墓葬を含めた住居廃絶にともなう儀礼的な行為の結果であったものと解釈すべきではないかと思われる（山本 2008）。また、住居跡内の奥壁部を中

心として認められる、いわゆる「石柱・石壇」施設も中期後葉期の住居内に設置された特徴的な施設である（山本1994）。このように、中期後葉期は石棒をはじめとする各種祭祀遺物や施設が住居内に取り込まれるという特徴を有するのである。

つづく中期終末段階に入ると、関東・中部地方を中心として多数構築され続けた大規模な環状集落は、突如その終焉を迎える。そうした時期に出現をみたのが、柄鏡形（敷石）住居である。柄鏡形を呈する特異な構造をもち、しばしば床面に敷石が敷設された住居構造がそれまでの竪穴住居構造にとって変わるのである。石棒はこの柄鏡形（敷石）住居との結びつきを強めながら変遷を遂げていくが、後期前葉から中葉期へと移行する過程で、徐々に住居跡内での出土事例が少なくなり、住居外の配石遺構や配石墓などとかかわり合いを強めていく。また、石棒の形状も小形化・扁平化し、石剣・石刀へと分化を遂げ、大形の石棒祭祀は終焉を迎えるに至るのである。

3. 廃屋儀礼と石棒祭祀

住居跡から出土する石棒の中で、特異な出土状態を示す事例が認められる。それは住居の主として主軸空間に設置したり、炉石材への転用や石囲炉の一角に樹立させたような居住時に住居内に取り込まれたものではなく、住居廃絶にともなう儀礼行為として石棒が検出される事例である。このような行為が石棒祭祀として、どのような意味をもつものなのか、いまだ明確な見解は出されていない。そこで、そうした事例を示す代表的な住居跡例を時期別に取り上げて、どのような特徴を示すものなのか明らかにさせてみよう。

中期中葉期

前述したように、この時期の住居跡内出土石棒事例は少ないが、この時期の廃屋儀礼と石棒との関係を知るうえで重要な事例が知られている。それは、東京都町田市忠生遺跡A1地点67号住（川口他2006・07）と長野県諏訪市穴場遺跡18号住（高見1983）である。

忠生遺跡A1地点からは大規模な中期環状集落跡が検出されている。このうち、中央広場の南側に展開する住居跡群から検出された67号住（第1図1）

は、「勝坂3式」期（時期は報告書の記載による）に相当する住居跡である。概要報告（川口他2006）によれば、「焼土の痕跡は南壁際と東壁際に厚く堆積し、西壁近くには炭化物の集中がみられ」、「住居の奥壁と思われる壁際から大形石棒」が検出されている。この大形石棒は「被熱大破し主体部分が東西方向に横倒し状態で出土し、細かな破片が住居全体に多数散乱していた」とされる。ほかに、小形深鉢・無文浅鉢や大形の深鉢形土器、小形石皿、打製石斧などが出土している。この石棒は全長184cmの「超大形品」で頭部に「陽刻による波状文、円文、鍔状直線文からなる幾何学文」をもつ彫刻石棒であり、奥壁の周溝内ピットにかかるようにほぼ床面に接して出土している。被熱によりこの石棒は7分割し、さらに、はじけて破片は「住居内で928点」が出土している。

　本住居跡の出土資料については、べつに2005年7月に江戸東京博物館で開催された『発掘された日本列島2005　新発見考古速報』展においても展示されたが、その展示解説には、「壁際近くに倒れて輪切り状に七つほどに割れ、そのほか破片がこなごなになって飛散した状態で出土した」ことや、石棒を出土した「竪穴住居には焼土と炭化物が大量に残り、石棒にも焼け焦げが顕著なことから、約4,500年前、火にかけられた石棒祭祀の状況を示すもの」とする調査所見（川口2005）が記載されており、住居廃絶にともない、石棒を用いて火入れ行為をおこなった廃屋儀礼の結果とみなすべきであろう。前述したように、中期大形石棒は、とくに勝坂式期の段階では屋外に出土する事例が多いこと考えると、時期的にみてきわめて珍しいものといえるが、中期終末期以降に顕在化する石棒をともなう廃屋儀礼の先駆的な様相として注目しておく必要があろう。

　穴場遺跡18号住（第1図2）は、石棒祭祀のありかたについて触れた論文で、たびたび引用されることで著名な事例である。北側の壁際に無頭石棒が横位に出土し、その上に蛇体文をもつ釣手土器が伏せられて出土しているほか、近接して石碗、石皿、凹石や小形の完形深鉢形土器が2個体出土している。中期中葉・井戸尻式期に相当する。男性の象徴である石棒と女性の象徴とみなせる石皿が対となって出土していることや、炭化材・焼土の存在、石棒・

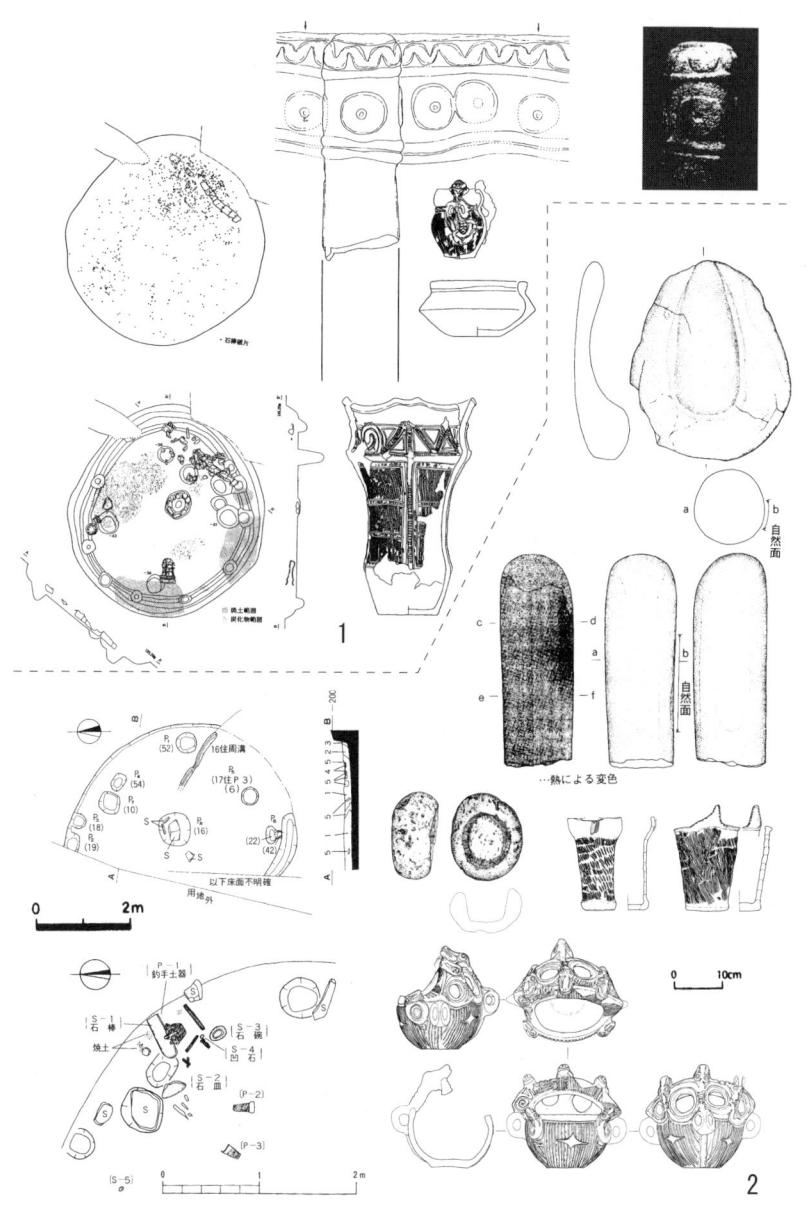

住居跡出土の大形石棒について―とくに廃屋儀礼とのかかわりにおいて―

第1図　住居跡内出土石棒事例①　1：忠生A1地点67号住（川口ほか2006・07）、2：穴場18号住（高見1983）、縮尺　遺構：1/150、遺構：1/15（以下同じ）

石皿等が顕著な被熱を帯びていることなどから、石棒や石皿などを用いて火入れ行為をともなう廃屋儀礼がおこなわれた結果とみなせる事例といえよう。石棒だけではなく石皿や石碗、釣手土器なども出土していることから、石棒はそうした廃屋儀礼行為の過程で重要な役割を果たしていたことをうかがわせている。なお、この儀礼行為については、最近、調査者の高見俊樹により、その復元的考察がなされているのが参考となろう（高見2007）。

中期後葉期

この時期には廃屋儀礼とのかかわりを示す確実な石棒の住居跡内出土事例は乏しい。前述したように、この時期は住居の主軸空間から出土する事例や炉石材に転用された例、石囲炉の一角に樹立状態で検出される事例が多く、居住時もしくは、住居構築時に取り込まれたものが主体を占める。ただ、この時期、石棒祭祀との結びつきは弱いが、廃屋儀礼をうかがわせる現象を指摘できる。それは、中期中葉から後葉期にかけて盛行するいわゆる「吹上パターン現象」や廃屋墓の存在である（山本1978・85）。また、廃屋墓とのかかわりで注目されるのが、床面上に倒置された深鉢形土器の存在がある。前述したように、この倒置土器のすべてを廃屋墓にかかわる甕被葬と断定はできないが、中期後葉期の竪穴住居の床面上にはしばしばこの倒置土器が検出される傾向がみられる。たとえば、長野県小諸市郷土遺跡24号住（桜井他2000）は、石囲炉北東・南西・南東隅に石棒を樹立し、南炉石中央部にも石棒が転用された炉辺部に石棒をもつこの時期の典型例であるが、炉の北側、奥壁部に相当する部分に倒置深鉢形土器6個体と大形浅鉢、その両側に丸石1個ずつ配するという特殊なあり方を示している（第2図1）。倒置土器の存在は石棒祭祀とは直接結びつかないものの、居住時のありかたというより廃絶にともなう儀礼行為の可能性が指摘できよう。

中期終末・後期初頭期

中期終末期に出現をみた柄鏡形（敷石）住居と石棒が強い関連性を示すことは、これまでしばしば指摘されてきたし、筆者もその関連性の強さを、事例の集成を通じてあらためて確認することができた（山本1996）。とくに、中期後葉期にみられた石囲炉との結びつきは、この時期以降薄れ、それに替

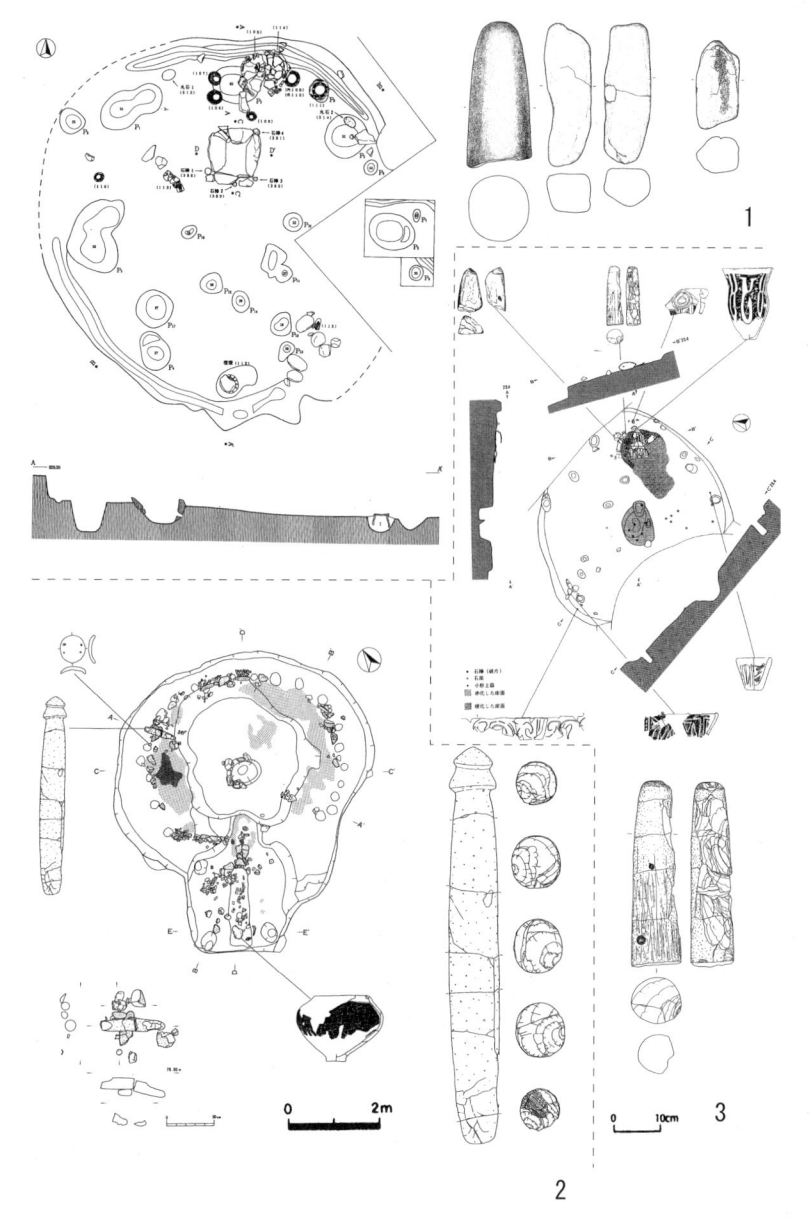

住居跡出土の大形石棒について―とくに廃屋儀礼とのかかわりにおいて―

第2図　住居跡内出土石棒事例②　1：郷土24号住（桜井ほか2000）、2：武蔵台J-22号住（河合ほか1994）、3：御殿前SI-303号住（小林ほか1998）

わって、廃屋儀礼にともなう火入れ行為と石棒の結びつきが強くなる。そこでは、石棒が儀礼行為の中で重要な役割を果たしているが、石棒だけにとどまらず、土器や石皿・磨石・凹石・丸石などや倒置深鉢形土器なども用いられて廃屋儀礼がおこなわれていることから、その背景には、住居を棄てるにあたって、家を火により浄める意識があったものと考えられよう。そうした石棒祭祀と廃屋儀礼との関わりを示す代表的な事例をあげ、その特徴についてみてみたい。

東京都府中市武蔵台遺跡J-22号住（河内他1994）は、壁柱穴に沿って焼土層・面の広がりをもつ中期終末期の柄鏡形敷石住居跡である（第2図2）。この住居跡からは北西奥壁部の壁柱穴に沿って配された周礫上に段をもつ完形の有頭石棒が横位に、被熱して爆ぜた状態で分割して出土している。火入れ行為をともなう廃屋儀礼の一つとして石棒が用いられたものと理解できよう。

東京都北区御殿前遺跡SI-303号住（小林他1988）は、攪乱と弥生時代住居跡の重複の関係でプランの全体は不明であるが、称名寺Ⅰ式期の柄鏡形住居跡の可能性も考えられる住居跡である（第2図3）。奥壁寄りの床面上に、横位状態で完形の大形深鉢形土器とともに、大きく二つに切断された無頭石棒が出土している。また、この石棒の上面には礫器がたてかけられた状態で出土し、周辺の床面は火を受けて赤化しており、石棒の破片が周囲に爆ぜた状態で散乱していた。このように本例は住居内の奥壁部を中心とした場で土器や礫器とともに石棒を火にくべる祭祀的な行為がおこなわれていたことを示している。その時点は、火とのかかわりからするなら住居が使用されていた時点とは考えがたく、廃絶時点にこのような祭祀行為が執行された可能性が高い。

東京都東久留米市新山遺跡20号住（山崎他1981）はプラン壁際を中心に焼土層・面の広がりが顕著で、火入れ行為をともなう廃屋儀礼がおこなわれたと考えられる中期終末期の柄鏡形敷石住居跡である（第3図1）が、石棒は石囲炉に接して横位、他に東側と北側の床上に破砕状態で2点出土し、東側の破砕石棒は炉際の石棒と同一個体の可能性が指摘されている。敷石材には石皿・凹石などの転用が顕著なことも特色としてあげられる。

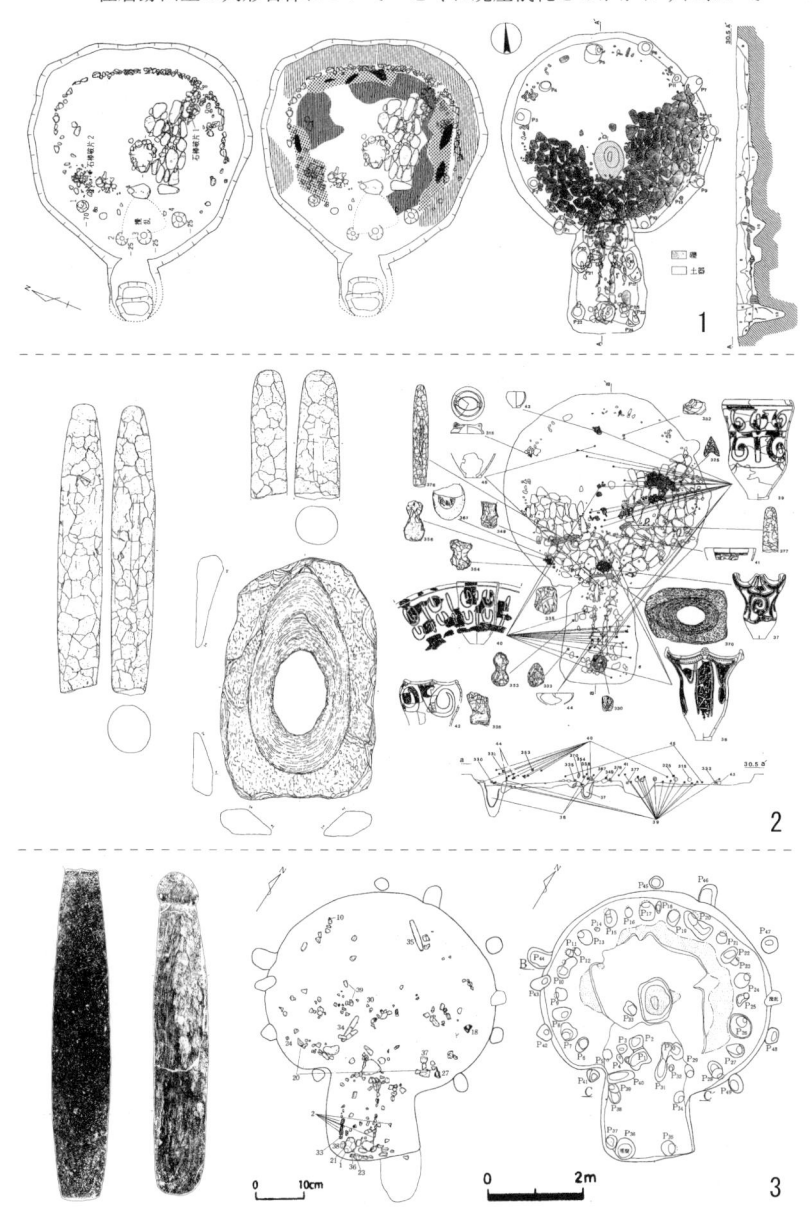

住居跡出土の大形石棒について―とくに廃屋儀礼とのかかわりにおいて―

第3図 住居跡内出土石棒事例③ 1：新山20号住（山崎ほか1981）、2：上布田第2地点SI-104号住（赤城1992）、3：松風台JT-3号住（渡辺1990）

東京都調布市上布田遺跡第2地点SI-104号住（赤城1992）は、奥壁部に敷石の敷設の希薄な後期初頭期の柄鏡形敷石住居である。被熱した2本の無頭の石棒が出土している（第3図2）。1点は敷石材の転用、他の1点は炉南西側の敷石面上から横位に出土している。報告では、本来は南西壁際に樹立していた可能性が指摘されている。奥壁空間に敷石を欠く住居跡であるが、敷石面に被熱が目立つ。また、接続部埋甕に接して、穴のあいた完形の石皿が横に立てた状態で出土しているのも注意される。

　神奈川県横浜市松風台遺跡JT-3号住（渡辺1990）は、後期初頭の柄鏡形敷石住居跡で敷石の敷設は希薄である（第3図3）。壁柱穴内側に沿って多量の焼土の分布がみられ、床面上に被熱して壊れた完形の石棒と頭部を欠くほぼ完形の石棒の他に、主体部の周礫ほかに混じって2点、張出部の配礫中に2点の破片が出土している。石棒出土量の多さや被熱状況、焼土の堆積のありかたは、先に挙げた新山遺跡20号住や武蔵台遺跡J-22号住例に酷似し、住居廃絶にともなう火入れ行為による石棒祭祀を示す好例といえよう。

　神奈川県大和市下鶴間長堀遺跡第2地点1号住（相田他1993）は、炉辺部に部分的な敷石をもつ中期末・後期初頭期の住居跡であるが張出部の存在は顕著でない（第4図1）。大形有頭石棒が被熱を帯びて住居内に破砕状態で出土しており、炉辺部を構成する敷石も被熱が顕著であり、炉を中心に石棒を用いた火入れ行為をともなう祭祀がおこなわれていたことを示している。

　神奈川県平塚市原口遺跡J4号住（長岡他2002）は、火入れ行為をともなう石棒祭祀の典型的な後期初頭期の事例とみなされる。住居跡は不整形な楕円形を呈するが、西に張出部をもつ柄鏡形（敷石）住居跡の可能性も強い（第4図2）。プランは、地割れ痕が著しく東西に何条も走っている。石棒は炉跡の北側に横位に検出されているが、被熱著しく、その破片がプラン全体に爆ぜて散らばっていた。この住居は覆土中に焼土塊・炭化材が顕著に含まれ、かつ床面が被熱著しいことから、報告でも、「焼土の形成と焼土塊の埋没、石棒の破砕と破片の散乱、第4～6層（覆土下層・・筆者注）の堆積は、住居廃絶時の火入れ行為によってほぼ同時期に一連の流れの中で形成されたものと考えることができよう」とされ、「火入れ行為」を含む住居跡の埋没過程

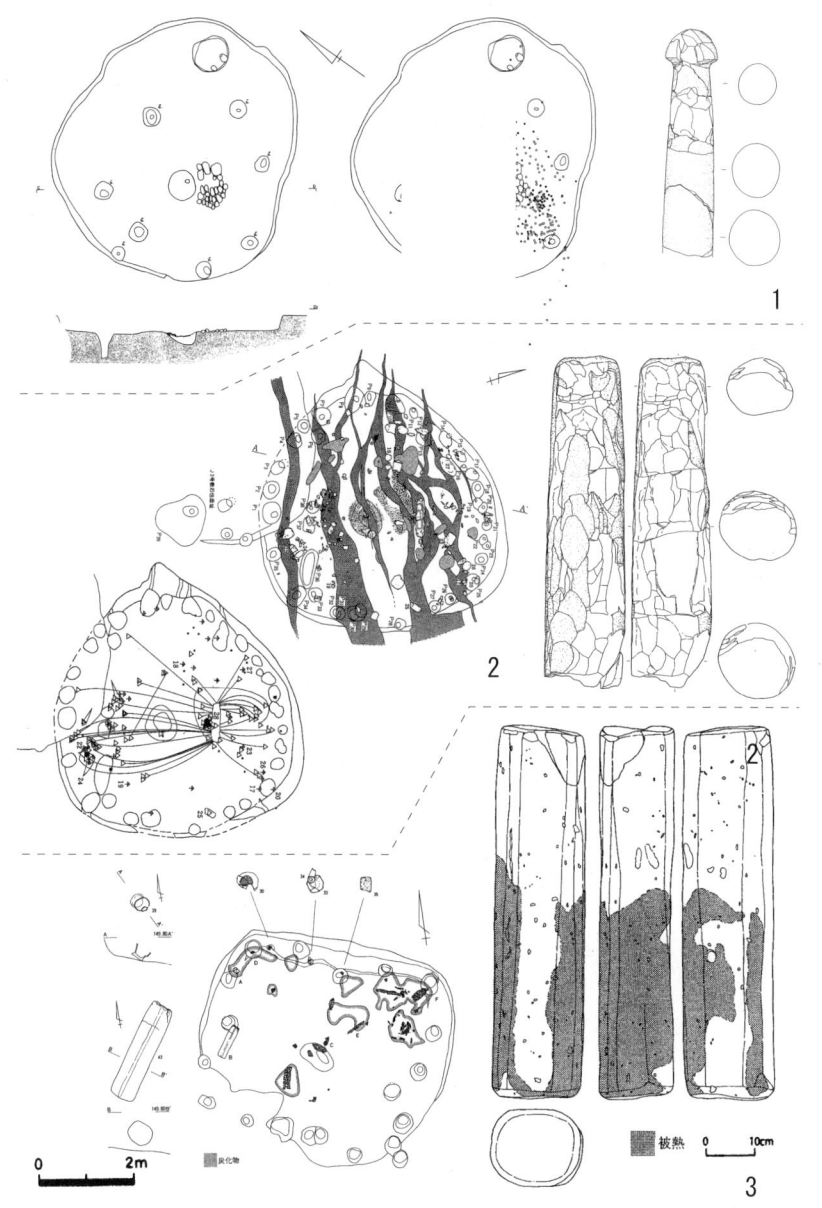

住居跡出土の大形石棒について―とくに廃屋儀礼とのかかわりにおいて―

第4図　住居跡内出土石棒事例④　1：下鶴間長堀2地点1号住（相田ほか1993）、2：原口J-4号住（長岡ほか2002）、3：多摩ニュータウン．245-52号住（山本孝ほか1998）

145

の復元が試みられている。

後期前葉期

事例は少ないが、後期前葉期の事例として注意されるのが、東京都町田市多摩ニュータウンNo.245遺跡52号住（山本孝他1998）である。隅円方形のプランをもち、砂利状の小礫を敷き詰めた特異な敷石住居跡であるが、その西壁よりに方柱状の無頭石棒が横たわって出土し、下半部に被熱痕が顕著に残している（第4図3）。住居内に炭化材が多数残ることから、火入れ行為も想定でき、前段階にあげた諸事例とも共通するとみなされる。

後期中葉期以降

後期中葉以降、住居跡内出土の石棒は少なくなる。しかも、大形石棒は小形化・扁平化し、石刀・石剣を生み出すに至る。ただ、この時期、住居と石棒祭祀とのかかわりは薄れるが、逆に柄鏡形（敷石）住居に廃屋儀礼が顕著となることが指摘できる。いわゆる環礫方形配石遺構とされる遺構や周堤礫をもつ柄鏡形（敷石）住居も廃屋儀礼にともない、配石や火入れ行為がほどこされたものと考えるべきであろう（山本1998）。環礫方形配石遺構内から石棒が出土している事例としては、神奈川県鎌倉市東正院遺跡第2号環礫方形配石遺構（鈴木1972）がある。焼けた周礫中に2点の小形無頭石棒が出土した事例である。報告では、周礫のどの位置から出土したかは明確ではないが、プラン内に焼土が堆積し、周礫は全体に被熱が顕著である特徴は、前述した中期末から後期初頭期における火入れ行為にともなう石棒祭祀との共通性・伝統性がうかがえるのである。

このように、住居跡内に出土する石棒の多くが特殊な出土状態を示すことが以上の事例からも明らかであるが、共通していえることは、原口遺跡J4号住例に代表されるように、廃屋儀礼にともない、石棒を火にくべる祭祀的な行為がおこなわれているという事実である。なぜこのような行為がおこなわれるようになったのか、前述したように、その初源段階は町田市忠生遺跡の中期中葉期に遡るとしても、その事例が急増するのが、中期末・後期初頭期という時代の転換点にあることと関連づけて、そのもつ意味を明らかにさせる必要があろう。

4. 住居跡内石棒祭祀のもつ意味—廃屋儀礼とのかかわりにおいて—

　住居跡から出土する石棒のありかたを通じて、石棒祭祀の実態がどのようなものであったのか、その時期的変化に沿って概観してみた。これまでみてきたように、住居跡内に検出される石棒は、中期中葉から後葉期にかけては、石囲炉とのかかわりが強いのに対して、中期末以降は、住居の廃絶にともなう儀礼行為の一環として、石棒を火にくべるという祭祀行為が盛んにおこなわれるようになり、それが発展して後期前葉以降に廃屋儀礼が活発化するという、大まかな変化が指摘されるのである。

　中期後葉期に活発化した石囲炉と石棒の結びつきの強さは、その住居が構築され使用されていた時点に石棒が石囲炉に取り込まれて、炉内で焚かれて被熱したことを意味している。一方、中期末以降の廃屋儀礼との関わりの強さは、住居の廃絶時点に石棒が火入れ行為に関連して用いられたことを意味しており、両者間には、石棒祭祀行為時点の差にとどまらない石棒祭祀の質的差異があったことがうかがえるのである。なぜそのような変化が生じるようになったのかは、いまだ明快な答えを用意できないが、石棒や石皿などを用いて、中期以降、住居の廃絶にともない、なんらかの理由により家を火により浄火させる意識があったものと理解される。男女それぞれの象徴としての石棒と石皿やその他の特殊な遺物をともなっていることから、その住居を忌避する行為として石棒などが重要な役割を果たしていたものとみるべきであろう。

　ところで、大形石棒祭祀をめぐっては、近年谷口康浩により祖先・祖霊祭祀とのかかわりとしてとらえる考えかたが示されている（谷口2005）。また、これと関連して、別には、石棒と石皿の出土状態からみた結びつきの強さをあらためて事例から示したうえで、「石棒と石皿による象徴的生殖行為」を読み取ろうとしている（谷口2006）。大形石棒が住居との結びつきを強めることの背景には、谷口が指摘するような観念があった可能性が強いと思われるが、住居跡内に出土する大形石棒の変化のありかたをみると、その性格、祭祀の実態を、不変的なものとしてとらえるのは困難であり、石棒祭祀は時

期的に変化を遂げているものとみなさねばなるまい。

　筆者はそうした石棒祭祀の変遷のありかたを通じて、その変化のもつ歴史的な意味を明らかにさせてきた（山本1979）が、石棒祭祀の変遷のありかたを、あらためて図式的に示すと、次のような変化として理解すべきと考えている。
　　中期中葉期：大規模環状集落の形成開始→屋外石棒祭祀の発達＝集落共同
　　　　　　　　体成員祭祀中心
　　中期後葉期：石棒・石柱・石壇の住居内取り込み＝個別竪穴成員祭祀中心
　　中期終末期：中期環状集落の崩壊＝柄鏡形（敷石）住居の出現、石棒を用
　　　　　　　　いた廃屋儀礼の活発化
　　後 期 以 降：後期集落の成立＝共同体成員の再編・強化→廃屋儀礼の発達、
　　　　　　　　配石記念物・配石墓構築の活発化＝石棒の小型化と石棒祭祀
　　　　　　　　の屋外への転化
　このように、石棒祭祀の変化のありかたは、中期から後期へと移る、関東・中部地方を中心とした縄文社会の変化と密接なかかわりを有していたことが想定されるのである。

5. おわりに

　以上、住居跡内に出土する石棒のありかたについて、とくに廃屋儀礼との関わりにおいて、あらためて論じてみた。石棒という特異な形状をもつ用具は、縄文時代社会のとくに後半期に盛んに用いられた祭祀用具であったといえよう。しかしながら、その祭祀の実態は、きわめて精神的な側面が強いこともあって、いまだ不明な点が多い。ここでふれたような、住居廃絶にともなう火入れ行為と石棒祭祀がどのような意味をもっていたのかについても今後の解明にまかされた点が多い。事例を通じた問題提起として受け止めていただければ幸いである。今後とも、石棒祭祀の実態解明に向けた研究を重ねてゆきたいと思う。

住居跡出土の大形石棒について―とくに廃屋儀礼とのかかわりにおいて―

引用・参考文献

相田　薫他　1993　『下鶴間長堀遺跡第2地点』大和市文化財調査報告書第57集、大和市教育委員会

赤城高志　1992　『調布市上布田遺跡―第2地点の調査―』調布市埋蔵文化財報告23、調布市教育委員会・調布市遺跡調査会

鵜飼幸雄　2010　『国宝「縄文ビーナス」の誕生　棚畑遺跡』シリーズ「遺跡を学ぶ」071、新泉社

長田友也　2008　「大型石棒にみる儀礼行為」『月刊考古学ジャーナル』No. 578、10-13頁

神村　透　1975　「フィールドノート　縄文中期後半の室内祭祀遺跡　長野県・瑠璃寺前遺跡」『どるめん』第6号、121-126頁

神村　透　1995　「炉縁石棒樹立住居について」『王朝の考古学』大川清博士古稀記念論文集、大川清博士古稀記念会・雄山閣、20-31頁

河内公夫他　1994　『武蔵国分寺跡西方地区　武蔵台遺跡Ⅱ―資料編2―』都立府中病院内遺跡調査会

川口正幸　2005　「忠生遺跡A地区」『発掘された日本列島2005　新発見考古速報』、文化庁編・朝日新聞社

川口正幸他　2006　『東京都町田市忠生遺跡群発掘調査概要報告書』忠生遺跡調査会

川口正幸他　2007　『東京都町田市忠生遺跡A地区（Ⅰ）―A1地点旧石器・縄文時代遺構編―』忠生遺跡調査会

桐原　健　1969　「縄文中期にみられる室内祭祀の一姿相」『古代文化』第21巻3・4号、47-54頁

小林三郎他　1988　『御殿前遺跡』北区埋蔵文化財調査報告書第4集、北区教育委員会

桜井秀雄他　2000　「郷土遺跡」『上信越自動車道埋蔵文化財発掘調査報告書19―小諸市内その3―』長野県埋蔵文化財センター発掘調査報告書52、日本道路公団・長野県教育委員会・長野県埋蔵文化財センター

澁谷昌彦　2003　「釣手土器・石棒・石柱などの出土状況」『史峰』第30号、17-30頁

鈴木保彦　1972『東正院遺跡調査報告―神奈川県鎌倉市関谷所在の縄文時代遺跡について―』神奈川県教育委員会・東正院遺跡調査団

高見俊樹　1983　『穴場Ⅰ―長野県諏訪市穴場遺跡第5次発掘調査報告書―』諏訪市教育委員会・穴場遺跡発掘調査団

高見俊樹　2007　「再検証・穴場遺跡第18号住居跡に遺された『モノ』と『コト』」『山麓考古』第20号、165-198頁

谷口康浩　2005　「石棒の象徴的意味―縄文時代の親族社会と祖先祭祀―」『國學院大學考古学資料館紀要』第21輯、27-53頁

谷口康浩　2006　「石棒と石皿―象徴的生殖行為のコンテクスト―」『考古学』Ⅳ、77-102頁

谷口康浩　2009　「縄文時代竪穴住居にみる屋内空間のシンボリズム」『環状列石をめぐるマツリと景観』國學院大學伝統文化リサーチセンター、41-49頁

戸田哲也　1995　「石棒出土の具体例」『飛騨みやがわシンポジウム　石棒の謎をさぐる』岐阜県宮川村・同教育委員会、58-85頁

戸田哲也　1997　「石棒研究の基礎的課題」『堅田直先生古希記念論文集』堅田直先生古希記念論文集刊行会・真陽社、91-108頁

長岡文紀他　2002　『原口遺跡Ⅲ　縄文時代　農業総合研究所建設に伴う発掘調査』かながわ考古学財団調査報告134、財団法人かながわ考古学財団

長崎元廣　1973　「八ケ岳西南麓の縄文中期集落における共同体祭式のありかたとその意義」『信濃』第25巻4号・5号、14-35頁・72-89頁

長崎元廣　1976　「石棒祭祀と集団構成」『どるめん』第8号、43-57頁

長崎元廣　1977　「屋外における石棒祭式」『信濃』第29巻4号、61-67頁

藤森栄一　1965　「縄文中期の信仰的要素―立石・石棒と特殊遺構―」『井戸尻』中央公論美術出版、123-155頁

水野正好　1969　「縄文集落復元への基礎的操作」『古代文化』第21巻2号、1-21頁

宮坂光昭　1965　「縄文中期における宗教的遺物の推移―八ケ岳山麓の住居跡内を中心として―」『信濃』第17巻5号、46-56頁

三上徹也　2007　「縄文時代屋内祭祀研究に関する覚書―石皿と石棒・立石祭祀の考古学的所見―」『山麓考古』20、103-122頁

山崎丈他　1981　『新山遺跡』東久留米市埋蔵文化財調査報告第8集、新山遺跡調査会・東久留米市教育委員会

山本孝司他　1998　『多摩ニュータウン遺跡―No.245・341遺跡―』東京都埋蔵文化財センター調査報告第57集、東京都埋蔵文化財センター

住居跡出土の大形石棒について—とくに廃屋儀礼とのかかわりにおいて—

山本暉久　1976　「住居跡内に倒置された深鉢形土器について」『神奈川考古』第1号、47-64頁

山本暉久　1978　「縄文中期における住居跡内一括遺存土器群の性格」『神奈川考古』第3号、49-93頁

山本暉久　1979　「石棒祭祀の変遷(上)・(下)」『古代文化』第31巻11号・12号、1-41頁・1-24頁

山本暉久　1983　「石棒」『縄文文化の研究』9、雄山閣出版、170-180頁

山本暉久　1985　「縄文時代の廃屋葬」『古代』第80号、39-71頁

山本暉久　1991　「まつりの石器」『季刊考古学』第35号、78-80頁

山本暉久　1994　「石柱・石壇をもつ住居跡の性格」『日本考古学』第1号、1-26頁

山本暉久　1996　「柄鏡形(敷石)住居と石棒祭祀」『縄文時代』第7号、33-73頁

山本暉久　1998　「柄鏡形(敷石)住居と廃屋儀礼—環礫方形配石遺構と周堤礫—」『列島の考古学』渡辺誠先生還暦記念論集、渡辺誠先生還暦記念論集刊行会、335-352頁

山本暉久　2002　『敷石住居址の研究』六一書房

山本暉久　2006　「浄火された石棒」『神奈川考古』第42号、37-65頁

山本暉久　2007　「住居跡内底部穿孔倒置埋設土器の一様相—神奈川の事例を中心として—」『列島の考古学Ⅱ』渡辺誠先生古稀記念論集、渡辺誠先生古稀記念論集刊行会、371-382頁

山本暉久　2008　「倒置深鉢」『小林達雄先生古稀記念企画　総覧縄文土器』小林達雄監修・総覧縄文土器刊行委員会編・アムプロモーション、1128-1133頁

山本暉久　2009　「屋内祭祀の性格」『縄文時代の考古学11　心と信仰　宗教的観念と社会秩序』同成社、221-232頁

渡辺　努　1990　『横浜市緑区松風台遺跡』日本窯業史研究所

> コラム2

東京都町田市忠生遺跡A地区出土の大形石棒

川口正幸

1. はじめに

　忠生遺跡A地区の大形石棒（以下、本石棒）は縄文時代中期の環状集落跡から出土した。集落跡は神奈川県相模原市との境を流れる境川左岸の段丘上にあり、町田市施行の土地区画整理事業にともない、約12,000㎡が発掘調査され、竪穴住居址151軒、掘立柱建物址8棟、土坑243基、集石42基などが明らかにされた(第1図)。竪穴住居址の時期的内訳は中期中葉勝坂期57軒、中期後葉加曽利E期89軒、中期細分不明5軒である。本石棒はこのうち勝坂3式期の67号住居址から出土したものである。全体復元後の規模は長さ184cm、最大幅17.5cm、重さ55.7kgである。重さは未接合破片を含み、充填材を除く。

2. 勝坂期の住居址分布 (第2図)

　勝坂期の住居址分布は1式期（合計4軒）では南東側のかなり離れた位置にあるが、2式期（合計12軒）から最終的な環状部分の南東側（7軒）と北西側（5軒）の2群に分かれた配置となる。ピークになるのは3式期（合計35軒）で南東側に23軒、北西側に9軒、その他に3軒である。なお、2～3式期とされた合計6軒は図の凡例「未細分」に含まれ、3式期住居群の密集状況は同一式期内での時間差は表現されてはいない。これらは加曽利E期の住居址群の円環状の分布と異なり、勝坂期では弧状に分布する2つの住居址群が向き合うような状況で検出された。ただし、南西側は広範囲に削平されていたため、全体の分布は不明である。発掘された範囲では67号住居址

東京都町田市忠生遺跡 A 地区出土の大形石棒

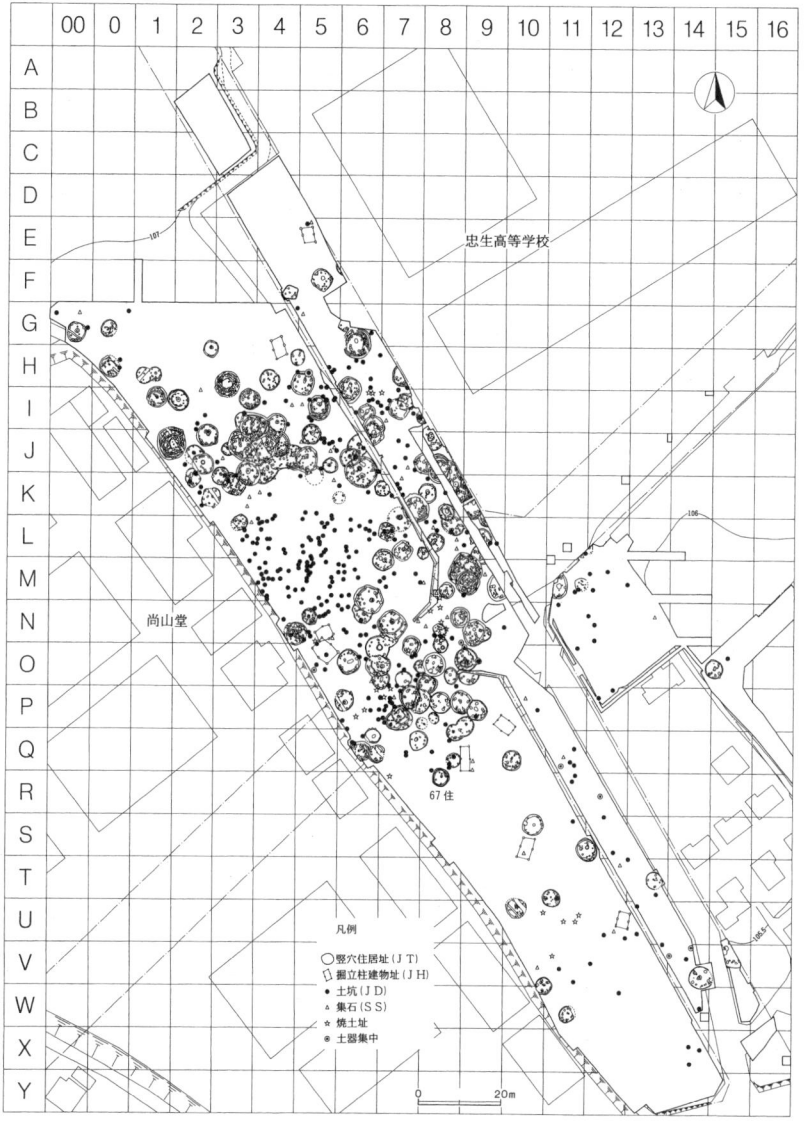

第1図　忠生遺跡 A1 地点　縄文時代中期環状集落跡（忠生遺跡調査団 2006 を改変）
※　A 地区は最終的に 2 地点からなる（忠生遺跡調査団 2011b）

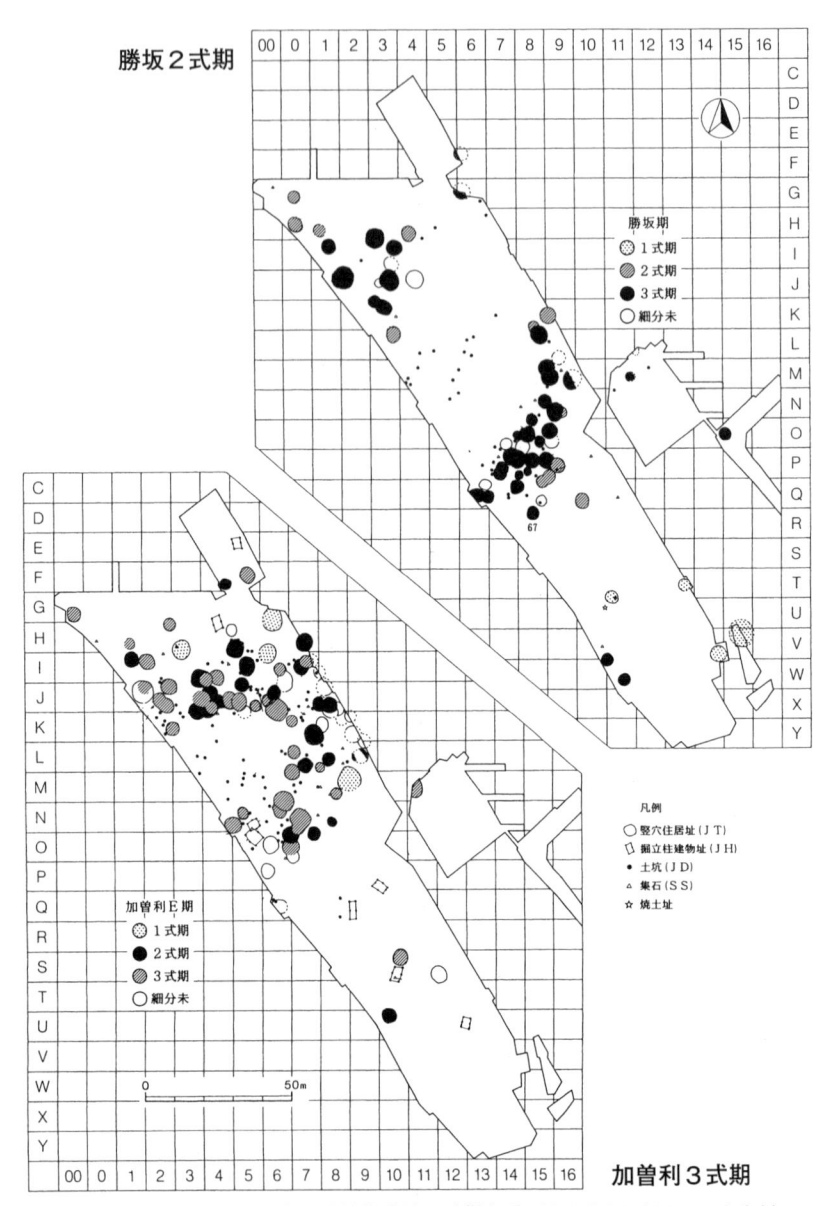

第 2 図　忠生遺跡 A1 地点　環状集落跡の時期細分（忠生遺跡調査団 2006 を改変）

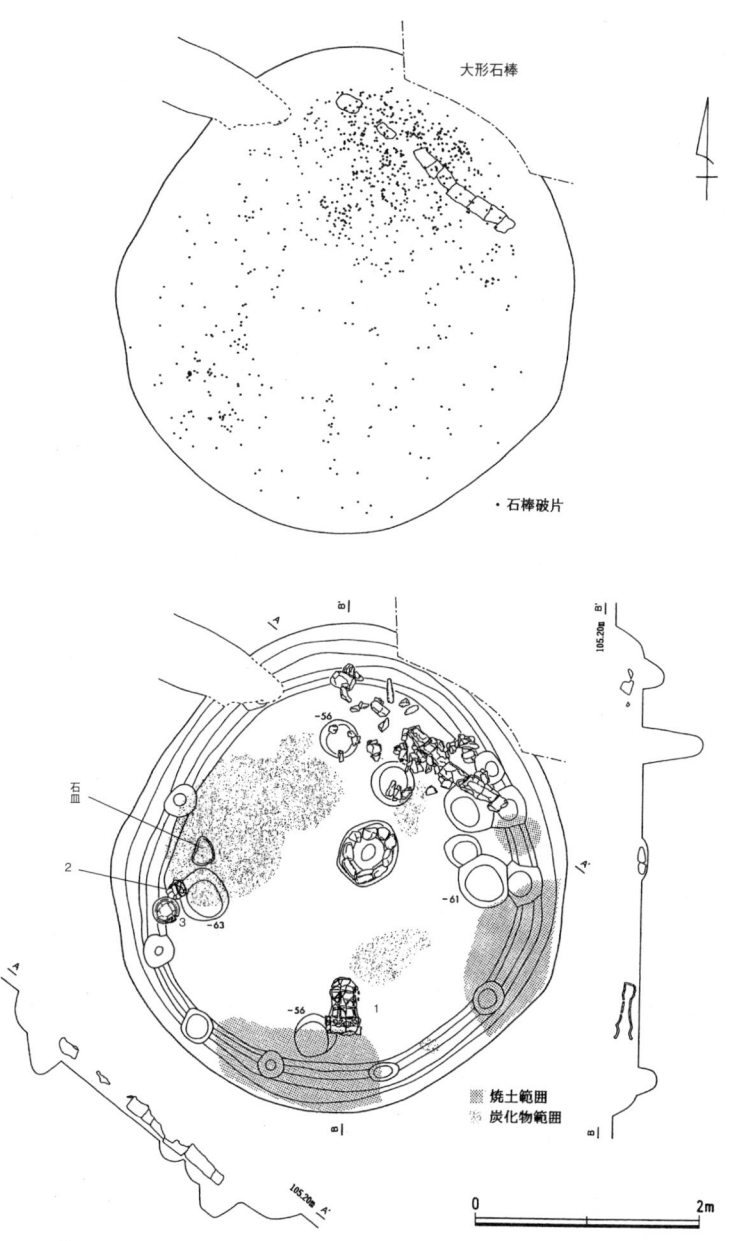

東京都町田市忠生遺跡 A 地区出土の大形石棒

大形石棒

・石棒破片

石皿

焼土範囲
炭化物範囲

0　　　　　　　　　2m

第3図　67号住居址・遺物出土状態（忠生遺跡調査団 2006 を改変）

写真1　67号住居址遺物出土状態（忠生遺跡調査団 2010）

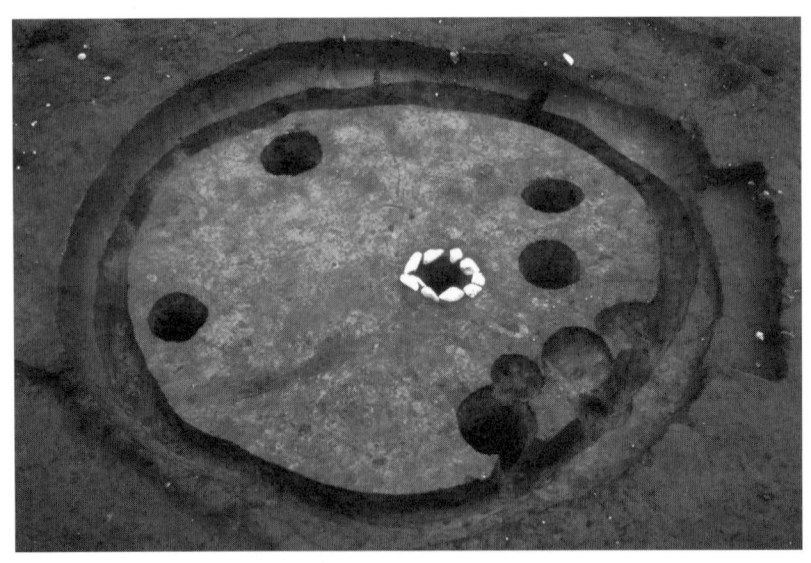

写真2　67号住居址完掘状態（忠生遺跡調査団 2007）

東京都町田市忠生遺跡 A 地区出土の大形石棒

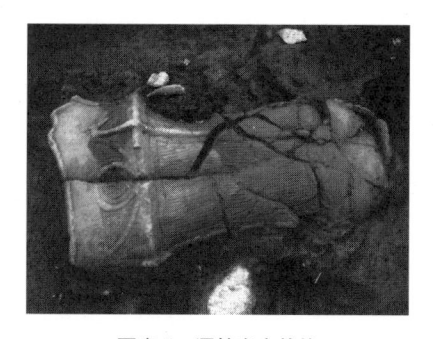

写真3　深鉢出土状態
（忠生遺跡調査団 2010）

写真4　小形深鉢・浅鉢出土状態
（忠生遺跡調査団 2010）

写真5　大形石棒主要部の出土状態（忠生遺跡調査団 2007）

は南東群の最南端に位置し、広場側ではなく外縁にあたる。

3. 67号住居址と遺物出土状況 <small>（第3図・写真1〜5）</small>

　住居址の規模は長径4.2m×短径4.0mのほぼ円形で深さ約26cm、周溝が全周する。ピットは17口で、この内、主柱穴は4口と思われ、深さは56〜63cm、周溝内に小径ながら深さ30〜50cmのピットが10口、これ以外に大形石棒の主要部分近くに深さ40cm未満のピットが3口である。住居址中央より若干北東側に偏在して炉体を抜かれたような石囲炉がある。覆土には大量の焼土粒と炭化物粒が含まれ、プラン確認もこれらが指標になったが、とくに分厚く堆積したこれらの集中が、第3図下に示すような平面分布を示した。

　本石棒の主要部分は、住居址北東側の奥壁と思われる床面に近いレベル（断面図では、一部は床面直上を示している）から横倒しで出土した。住居内の北東側、周溝内ピットの直上に頭部が、北側の周溝上に尾部がある。途切れた尾部が主要部分よりも床面から若干高く浮いていたが、ほぼ水平に近い格好で出土した。主要部分は約1.1mがつながって原形の一部を保ち、輪切り状に7分割されたような割れ目が入り、この端部の床面側に彫刻文様がある。床面側を除き、外側面の剥落は激しく、ここを中心に被熱で爆ぜたように大量の細片が散乱し、住居址全体におよぶ。

4. 大形石棒復元の状況 <small>（第4図）</small>

　大形石棒は一括上げした細片も含め、破片数は合計約1300点となった。このうち約560点、約50kgが接合し、約740点、約6kgが未接合として残された。長さ約1.8m、厚さ20cm近い立体物の接合は途中から困難を極めたものの、重量比でみれば総重量約56kgに対し9割近くが接合されたことになり、未接合分は細片やある程度の大きさでも薄片が主体で1割強であった。復元後の観察では、頭部の二重鍔の直下の成形が最も顕著で、断面形は角がとれているが、胴部の中ほどには六角柱状の稜線が残る。文様は鍔状の隆帯区画内に一周4つの円文と、先端部分は全周する波状文が陽刻される。出土状況からみると図のBが床面側で、AとCが左右の立ち上がり面となるが、黒

東京都町田市忠生遺跡 A 地区出土の大形石棒

□ 剥落・欠損部分
D'⎯ 割れ目微細図

第 4 図　67 号住居址出土石器（1）（忠生遺跡調査団 2011a を改変）

159

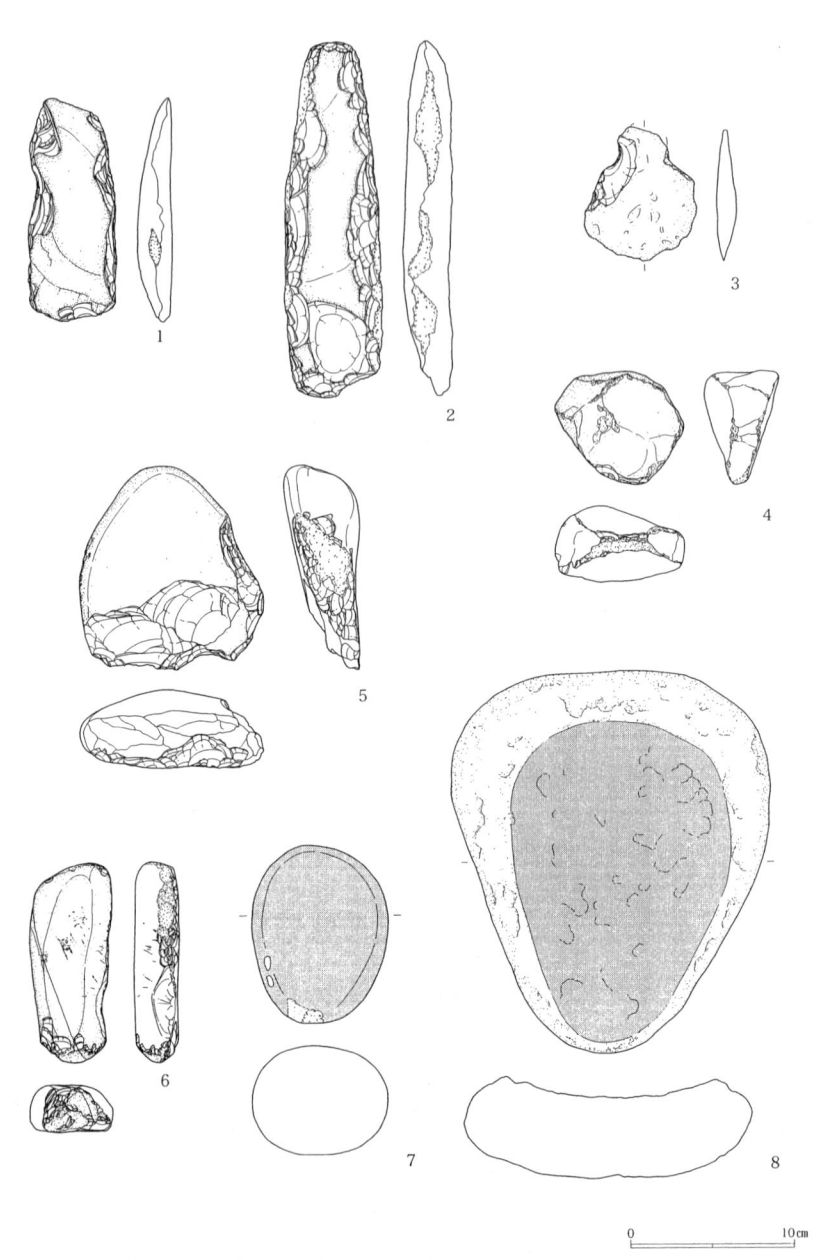

第5図　67号住居址出土石器（2）（忠生遺跡調査団 2011a を改変）

変が顕著にみられたのはA、Cの両面であり、横倒しの状態で燻られながら被熱した可能性が高い。なお、図のD´だけが細かい接合破片の全てのラインを表現し、他は全体形状、文様、欠落部分の表現にとどめているが、二次的な穴状の凹みや、砥石としての顕著な使用痕跡は認められなかった。

5. 伴出した遺物（第5図、第6図）

本石棒の伴出遺物には土器、石器類がある。主要な土器は4個体（第6図）で、1～3の3個体が床面近くで出土した。波状口縁の深鉢1、蛇体文様がみられる小形の深鉢2、無文の浅鉢3である。これらは完形、又はほぼ完形であるが、2の片面（蛇体文側）は灰色に変色し、3は細かいひび割れが多数貫入しているなど激しい被熱痕跡がみられる。これらの出土位置は住居址南西側の出入口両側の柱穴脇であり、1が東側の柱穴脇から、対応する西側の柱穴の周りからは横転した2と正位の3、同一レベルから裏返しの石皿（第5図-8）が出土した。石皿以外の7点（第5図）は、覆土中から磨石類7、打製石斧1・2、石匙3、敲石類4～6である。このうち4～7については断定こそできないが、石棒の成形、施文、あるいは破砕にも関連が想定される。

6. ま　と　め

中期の石棒については初頭から散見され、後葉や末葉が中葉に比べ圧倒的に多い（中村2011）。資料が少ない中葉の本石棒は、全体の大きさ、形状ともにほぼ原形に復元がなされ、しかも伴出した土器3個体から、少なくとも廃絶時の時期は勝坂3式期で確定している破格の事例である。北陸地方の中期には鍔のあるタイプ（小島1986）が目立つが、加曽利E期の所産と思われ、比較的小ぶりで、文様の意匠も異なる。勝坂期の類例には茨城県西方貝塚や神奈川県恩名沖原遺跡の石棒があげられる。前者の事例では鍔を持ち、後者は円文を多用する点では本石棒と共通しているが、ほかの共通点は少ない。

本石棒の素材は断面が六角形の柱状節理と思われ、管見では伊豆半島下田市の爪木崎などの柱状節理がイメージされる。しかし、調査報告書（忠生遺跡調査団2011a）では石質が「石英斑岩」とされた。この岩石の分布は群馬県

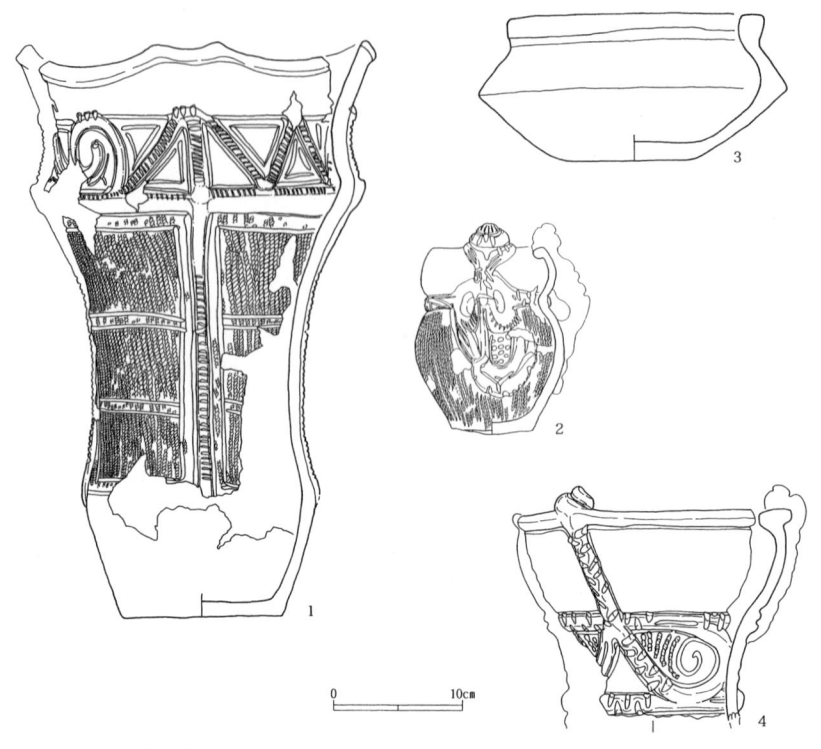

第 6 図　67 号住居址出土土器（忠生遺跡調査団 2010 を改変）

あたりを中心とした北関東にあるらしい（鈴木 1999）。現時点では、本石棒の素材の産地特定、産地での加工状況、本遺跡内での加工の有無などの分析については課題を残す。しかし、本遺跡の勝坂期のピーク時におこなわれた燃焼によるこの廃屋儀礼は、奥壁側の大形石棒を中心に大小深浅、異なる器種の土器と大形石棒の対応物としては小ぶりな石皿をともなう。これらの 4 点には出入口側の柱穴を中心とした意図的な配置がうかがわれ、すべてがセットとなっていた祭祀行為の可能性が高い。しかも、後続の加曽利 E 期の土器破片を覆土に含まないことから、祭祀行為の仕上げとして竪穴が埋め戻されたことも想定される事例である。

東京都町田市忠生遺跡 A 地区出土の大形石棒

参考文献

恩名沖原遺跡発掘調査団　2000　『神奈川県厚木市恩名沖原遺跡発掘調査報告書』

小島俊彰　1868　「鍔をもつ縄文中期の大型石棒」『大境』第 10 号、25-40 頁

鈴木素行　1999　「越の旅人放浪編―西方貝塚 B 地区第 1 号住居跡の彫刻石棒について―」『婆良岐考古』第 21 号、59 頁

忠生遺跡調査団　2006　『東京都町田市忠生遺跡群発掘調査概要報告書』

忠生遺跡調査団　2007　『東京都町田市忠生遺跡 A 地区（Ⅰ）』

忠生遺跡調査団　2010　『東京都町田市忠生遺跡 A 地区（Ⅱ）』

忠生遺跡調査団　2011a　『東京都町田市忠生遺跡 A 地区（Ⅲ）』

忠生遺跡調査団　2011b　『東京都町田市忠生遺跡 A 地区（Ⅳ）』

中村耕作　2011　「集成作業と事例の集計」『縄文時代の大形石棒―東日本の資料集成と基礎研究―』國學院大學研究開発推進機構学術資料館、41 頁

大形石棒と縄文土器
―異質な二者の対置と象徴操作―

中 村 耕 作

1. はじめに

　石棒の出土状況を分析した戸田哲也（1996・1997）は3大別22細別の分類を提示し、「男性の力」を根元とする多様な場面で用いられる万能の儀礼具と位置づけている。確かに、多様な形態・遺存状況・出土位置を持つ石棒に単一の用途を想定することはきわめて困難である。したがって、行為・性格・思考の復元をおこなっていくには、多様性の中から特定のパターンを抽出・分析して、それぞれのパターンごとに検討する必要がある。谷口康浩（2005・2006）は石皿や磨石とのセット関係を生殖行為の隠喩とみて、それが屋内外の葬送の場に散見されることから社会組織原理としての系統意識にかかわる儀礼行為として位置づけた。これより先、渡辺誠は顔面把手付土器や浅鉢と石棒との関係性に注目したほか（吉本・渡辺1991）、栃木県宇都宮市御城田遺跡70号住居の舟形口縁付注口土器が石棒に対峙する形で出土している事例を男女の交合を示すものと解釈している（渡辺1998）。

　本稿ではこうした先行研究に導かれながら、住居床面における石棒と土器とのセット関係を分析し、背景にある思考・志向に迫るとともに、歴史的脈絡への位置づけを図りたい。

2. 住居床面出土における大形石棒と縄文土器

住居床面出土例の意義

　一般に、縄文時代の住居床面から復元可能な土器が出土することは少ない。小林達雄（1987）は、そうした中で浅鉢や異形台付土器などの特殊な土器形式（Form）が目立つことから、屋内ではそうした土器のみが用いられていたと想定した。一方、東京都内の床面出土土器を集成した桐生直彦（1989）は、

特殊土器形式ばかりではなく深鉢も一定数出土していることを明らかにしているが、他の時代と比べても日常使用のものが置き去りにされたと解釈するには数が少ない。筆者も改めて東日本の事例を概観し、前期から後期まで地域的・時期的な断続性をもって認められること、そこで用いられる土器は前期関東周辺の浅鉢類、中期中部における釣手土器や壺、後期関東における注口土器のように、特徴的な形式が用いられる場合があること、しばしば2個セットで出土することなどを確認した（中村2010）。

なお、床面出土品の性格については、埋甕・床面倒置埋設土器・炉など、住居構築時からの施設との関係性があまり認められないことから小林の想定とは異なり、住居廃絶時に置かれたものと解釈し、しばしば焼失していることや、土器被覆葬用と考えられる床面倒置土器（山本1976）を伴出する例（中期後葉：山梨県北杜市郷蔵地遺跡1号住居、東京都八王子市鍛冶屋敷・池の下遺跡2号住居跡、長野県小諸市郷土遺跡24号竪穴住居跡、群馬県高崎市白川傘松遺跡Ⅱ区17号住居、長野県富士見町曽利遺跡第28号址、佐久市吹付遺跡第9号住居跡、後期前葉：長野県茅野市聖石遺跡3区13号住居など）の存在から、一部については特別な死者の発生に際しての住居廃絶儀礼における供献品と位置づけられる可能性を指摘しておくに留める。なお、これらの倒置土器の中には石棒と近接して出土しているものもあるが、遺体被覆という目的の存在から、以下に列挙する対置例とは区別しておく。

中期中葉

井戸尻式期の土器と石棒との関係について第一に挙げなければならないのは、長野県諏訪市穴場遺跡第18号住居跡（焼失住居）の事例である（第1図1）。壁際に立てられた石皿に向って置かれた無頭石棒に接する形で釣手土器が出土しているもので、周囲からは石椀・磨石類も出土している。石皿と石棒は直接対峙しているのではなく、間には柱が立っていたとされている（高見1997）。なお、この住居の中央部には小形の深鉢2点が口縁の向きを違えて出土しており、石棒・石皿・釣手土器の一群とは別の対峙関係を見ることができる。また、山梨県北杜市下平遺跡では住居床面から井戸尻式期の釣手土器のほか石棒・土偶脚部破片・磨製石斧が各1点出土している。

凹石石椀
石皿

1. 穴場遺跡第18号住居

倒置土器

底部穿孔倒置埋設

2. 野塩外山遺跡

3. 仲道A遺跡第2号住居跡

4. 市ノ沢団地遺跡第11号竪穴住居址

5. 大畑貝塚C区第2号住居址

6. 御所野遺跡 DF22 竪穴住居

7. 御所野遺跡 HE126 竪穴住居

遺物　S=1:16
遺構　S=1:200

第1図　大形石棒と縄文土器の共伴事例（1）

166

大形石棒と縄文土器―異質な二者の対置と象徴操作―

東京都清瀬市野塩外山遺跡3号住居跡では住居床面から覆土下層にかかる形で大形浅鉢と頭部に彫刻を持った石棒が近接して出土している（第1図2）。浅鉢は黒漆の上に赤色塗彩されたものである。

中期後半

曽利Ⅱ式期の静岡県伊豆の国市仲道A遺跡2号住居では炉奥から釣手土器、石棒、石皿が並列して出土しているほか、入口部でも石棒と石皿が並列して出土している（第1図3）。神奈川県横浜市市ノ沢団地遺跡第11号竪穴住居址では入口部に石棒、奥壁部に曽利Ⅱ式の小形深鉢が位置する（第1図4）。また、福島県いわき市大畑貝塚C2号住居跡では住居入口部で大木8b式の浅鉢に隣接して石棒が出土している（第1図5）。

中期末葉～後期初頭

東北北部では、岩手県一戸町御所野遺跡DF22で、大木9式期の焼失住居の奥壁部から小形の徳利形壺2点とその間からの小形鉢の計3点がまとまって出土しているが、その左側の壁際から石棒胴部が出土している（第1図6）。同じく御所野遺跡のHE126では、奥壁部のテラス状遺構に深鉢と隣接して出土する例がある（第1図7）。盛岡市上八木田Ⅰ遺跡Ⅳ D8b住居跡では大木10式の壺と石棒が近接して出土している（第2図8）。同遺跡では5軒の住居が検出されているが、いずれも焼失住居で、4軒の床面から石棒が出土しているものの、復元可能土器は上記の壺のみであることは注意したい。東北南部では、福島県楢葉町馬場前遺跡86号住居で奥壁部左右に壺と石棒の出土例がある（第2図9）。

また、こうした明瞭な関係性ではないが、床面から少量の遺物が出土した住居のうち、青森県階上町野場(5)遺跡第15号住居跡では石棒2点、大木9式の壺2点、石皿などが出土している。岩手県一戸町田中遺跡SI124床面（焼失住居）から深鉢の大形破片2点、小形深鉢1点、石皿破片、磨製石斧、「石剣」が出土している。この「石剣」は最大幅4.5cmの扁平なものであるが、関連資料として挙げておく。

関東地方では千葉県成田市長田雉子ヶ原遺跡100号住居址で北東壁に瓢箪形注口土器と小形深鉢、南東壁に石棒と丸石、南西側に注口土器、北西壁で

167

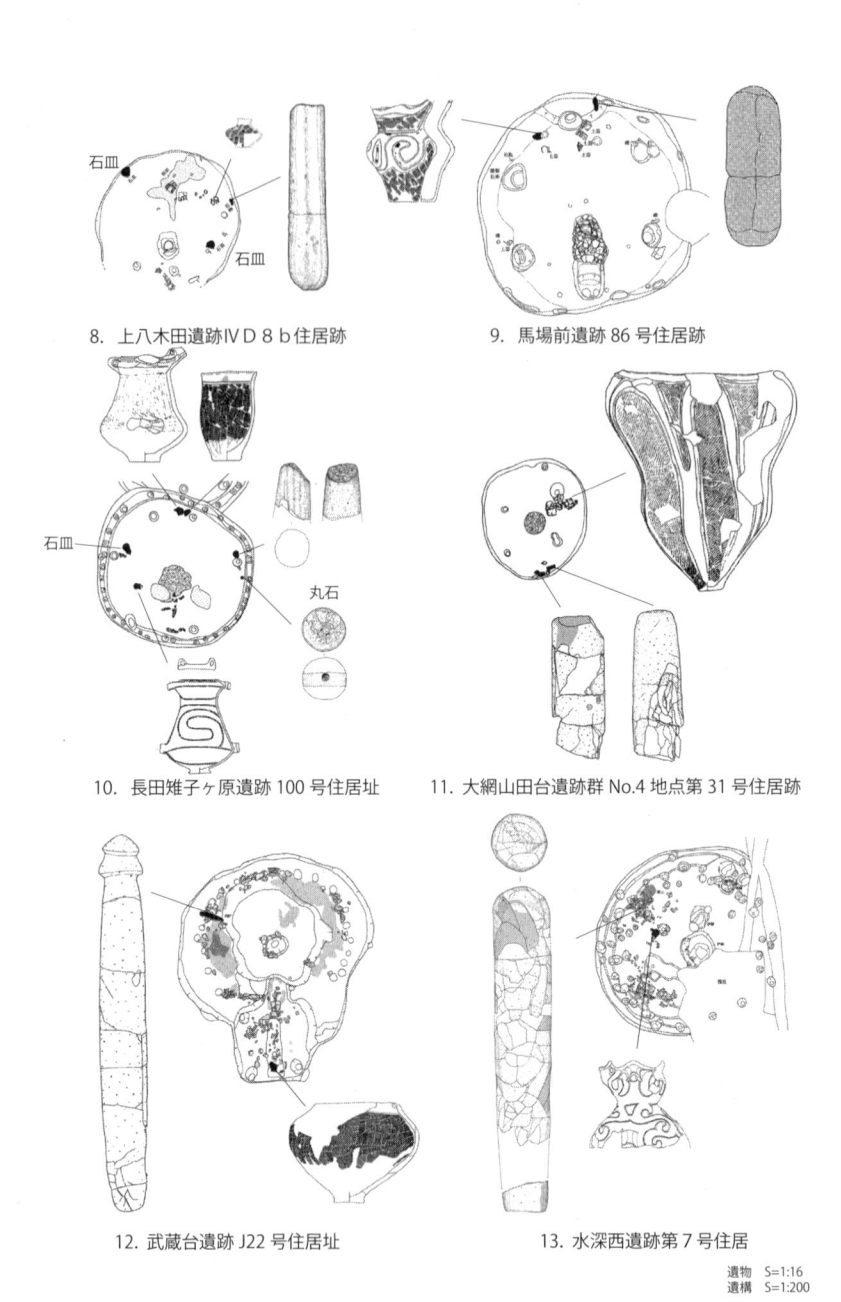

8. 上八木田遺跡ⅣD8b住居跡
9. 馬場前遺跡86号住居跡
石皿
石皿
石皿
丸石
10. 長田雉子ヶ原遺跡100号住居址
11. 大網山田台遺跡群 No.4地点第31号住居跡
12. 武蔵台遺跡J22号住居址
13. 水深西遺跡第7号住居

遺物　S=1:16
遺構　S=1:200

第2図　大形石棒と縄文土器の共伴事例（2）

石皿が出土している例が興味深い（第2図10）。後述するように4つの対比関係が重層的に表現されている。同県大網白里町の大網山田台遺跡群 No. 4 地点第31号住居跡では、住居床面からほとんど遺物が出土していないが、入口部やや右側から石棒、炉奥右側から加曽利E4式の深鉢がそれぞれ破砕状態で出土している（第2図11）。東京都国分寺市武蔵台遺跡 J22号住居址（第2図12）では、柄鏡形住居の柄部から加曽利E4式の広口壺、主体部左側から被熱し、破砕された二段笠形の完形石棒の出土例がある。同じく被熱・破砕例としてさいたま市水深西遺跡第7号住居が知られるが、ここでは石棒・台石と近接して瓢箪形注口土器が出土している（第2図13）。

中部高地では、屋内祭祀の事例としてしばしば取り上げられる長野県高森町瑠璃寺前中島遺跡3号住居址（称名寺式期）の事例が著名である（第3図14）。ここでは、奥壁部の埋設土器内から緑泥片岩製の有頭石棒が出土しており、直立していたと想定されている。同様の事例として同県茅野市聖石遺跡 SB04では炉奥に石棒が樹立しており、そのさらに背後から曽利Ⅳ式の深鉢が出土している例がある（第3図15）。ただし、これは曽利遺跡28号住居跡のように、炉辺の石棒と、奥壁部の倒置土器の組み合わせの類例とも考えられる。

　後　期

後期においては完形土器と大形石棒の共伴例は注口土器を用いるものを除きほとんど認められない。東北地方では大形石棒そのものが認められなくなるので、当然の結果であるが、関東・中部地方においても、覆土出土例が増加するなど、床面出土石棒の減少の結果と思われる。後期の注口土器は墓坑出土例も顕著であるが、床面出土例についても一定数が存在する。須原拓（2003）の集成では38軒が集成され、少なくともほかに10軒を追加することができる。このうち、石棒との関係性が明瞭な事例として、冒頭で紹介した栃木県御城田遺跡70号住居例（第3図16）や、東京都町田市多摩ニュータウン No. 245遺跡の例がある。後者では径15cm以上の大形石棒の先に逆位の底部破片、および底部破片上に注口部破片を載せた状態で出土している（第3図17）。群馬県長野原町欄Ⅱ遺跡1号住居跡では、それぞれの位置

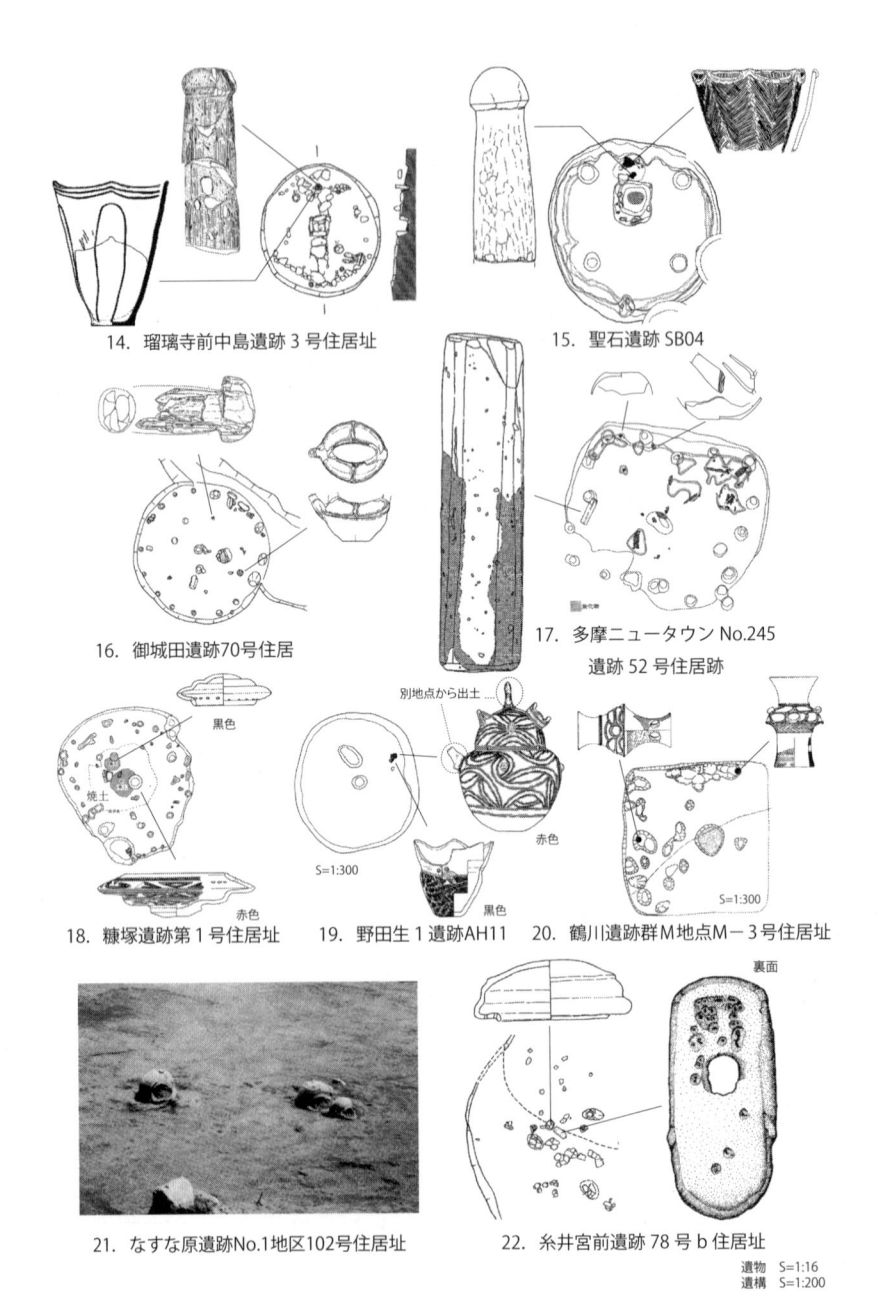

14. 瑠璃寺前中島遺跡 3 号住居址
15. 聖石遺跡 SB04
16. 御城田遺跡70号住居
17. 多摩ニュータウン No.245
遺跡 52 号住居跡
18. 糠塚遺跡第 1 号住居址
19. 野田生 1 遺跡AH11
20. 鶴川遺跡群M地点M－3号住居址
21. なすな原遺跡No.1地区102号住居址
22. 糸井宮前遺跡 78 号 b 住居址

遺物　S=1:16
遺構　S=1:200

第3図　大形石棒と縄文土器の共伴事例（3）・参考事例

関係は不詳であるが、壁面から注口土器、多孔石破片、石棒、石皿が出土している。このほかにも神奈川県横浜市原出口遺跡 20 号住居、山梨県甲州市中久堰遺跡などで注口土器と石棒の共伴例がある。

3.〈異質な二者の対置〉の諸表現

　以上、住居廃絶儀礼の所産と考えられる、住居床面における石棒と土器が対置される事例を概観してきた。石棒集成のうち出土状況が明らかである石棒の中ではかなり少ない事例であるものの、両者を対置させるという意図を読み取れる事例が中期中葉から後期前葉にかけて存在してきたことが明らかになった。石棒と土器は、古くから指摘される男性象徴／女性象徴という対比のほか、石／土、中実／中空という物質属性によっても対比される。では、こうした住居床面における対比関係はほかにどのような面に見られるのであろうか。

土器 2 個体出土例

　床面に器物を対比的に置くという事例については、すでに小林達雄が住居からの土器出土パターンを論じる中で、床面出土遺物が少ない中で前期の浅鉢や後期の異形台付土器などの特殊な土器形式がしばしば一対で出土することを問題とし（小林 1965・1974）、後に、縄文世界に普遍的に見られる二項対立の一表現として位置づけている（小林 1993）。

　こうした例は、前期後半の諸磯式期に遡る。岐阜県高山市糠塚遺跡第 1 号住居址では大／小、赤／黒、有文／無文、正位／逆位という 4 点での対比関係をもった浅鉢が出土している（第 3 図 18）。こうした関係は群馬県みなかみ町小仁田遺跡 D 区 7 号住居跡でも確認できる。

　中期では、たとえば山梨県上野原市南大浜遺跡 20 号住居跡釣手土器における異なった型式（Type）の共伴例や、東京都八王子市滑坂遺跡 SI42 での有孔鍔付土器と屈曲鉢の共伴例がある。後期では北海道八雲町野田生 1 遺跡 AH11 で赤色の注口土器と黒色の深鉢の共伴例（第 3 図 19）、千葉市加曽利貝塚東傾斜面の大形竪穴や東京都町田市鶴川遺跡群 M 地点 M－3 号住居址での正位と横位の異形台付土器の出土例がある（第 3 図 20）。これらは、型式・

装飾・サイズ・色彩・姿勢の差や、土器形式の差として二者が対比されている（Nakamura2009、中村2010）。また、東京都町田市なすな原遺跡 No.1 地区 102 号住居跡では、住居中央部から注口土器が 1 点と 2 点に分かれて出土しており、1 個／2 個という意図を持った対置例とみられる（第3図 21）。

石棒／石皿の対置、土器／石皿の対置

こうした土器同士の対比関係のほか、谷口が指摘した石棒／石皿の対比関係は数多い。しかし、石棒や石皿にはこのセット関係以外にも対比関係が認められる。たとえば、土器と石皿の対比関係として、諸磯 b 式期の群馬県昭和村糸井宮前遺跡第 78 号 b 住居址跡での、浅鉢と穴のあいた石皿がそれぞれ逆位で出土している例がある（第3図 22）。

石棒 2 個体の対置、石棒と自然石棒の対置

ここで石棒の 2 個体出土例をみておこう。埼玉県狭山市宮地遺跡（第 4 図 23）や東京都八王子市山王台遺跡 B 地点（第 4 図 24）の 2 点（有頭／無頭）は隣接しての出土である。また、称名寺 I 式期の横浜市松風台遺跡 JT-3 号住居（第 4 図 25）における完形に近い有頭／無頭の 2 点や東京都調布市上布田遺跡第 2 地点敷石住居 SI04（第 4 図 26）のほぼ同工の完形／半存の 2 点は炉を挟んで対称的な位置から出土している。後期前葉の長野県松本市林山腰遺跡第 4 号住居跡では、柄鏡基部の左右に石棒が立てられていた。

また、石棒と棒状礫（いわゆる「自然石棒」）が対置される例がある。たとえば山梨県北杜市古林第 4 遺跡 11 号住居（中期中葉）では、炉石に有頭で円柱形の石棒、近接する石柱？に無頭で角柱の自然石を用いている（第 4 図 27）。同じく北杜市の郷蔵地遺跡 1 号住居（中期末葉）では、奥壁部左に無頭の石棒と棒状礫が並置している。なお、奥壁部右側からは倒置深鉢・三角柱土製品・丸石が出土している（第 4 図 28）。

4. 異質な二者の中性化志向・象徴操作と大形石棒

中性化志向と象徴操作

縄文世界における「異なる二者」も上記の異個体の対置例にとどまらない。小林達雄（1993）は、集落内の施設配置、住居内の炉のあり方、抜歯型式、

大形石棒と縄文土器―異質な二者の対置と象徴操作―

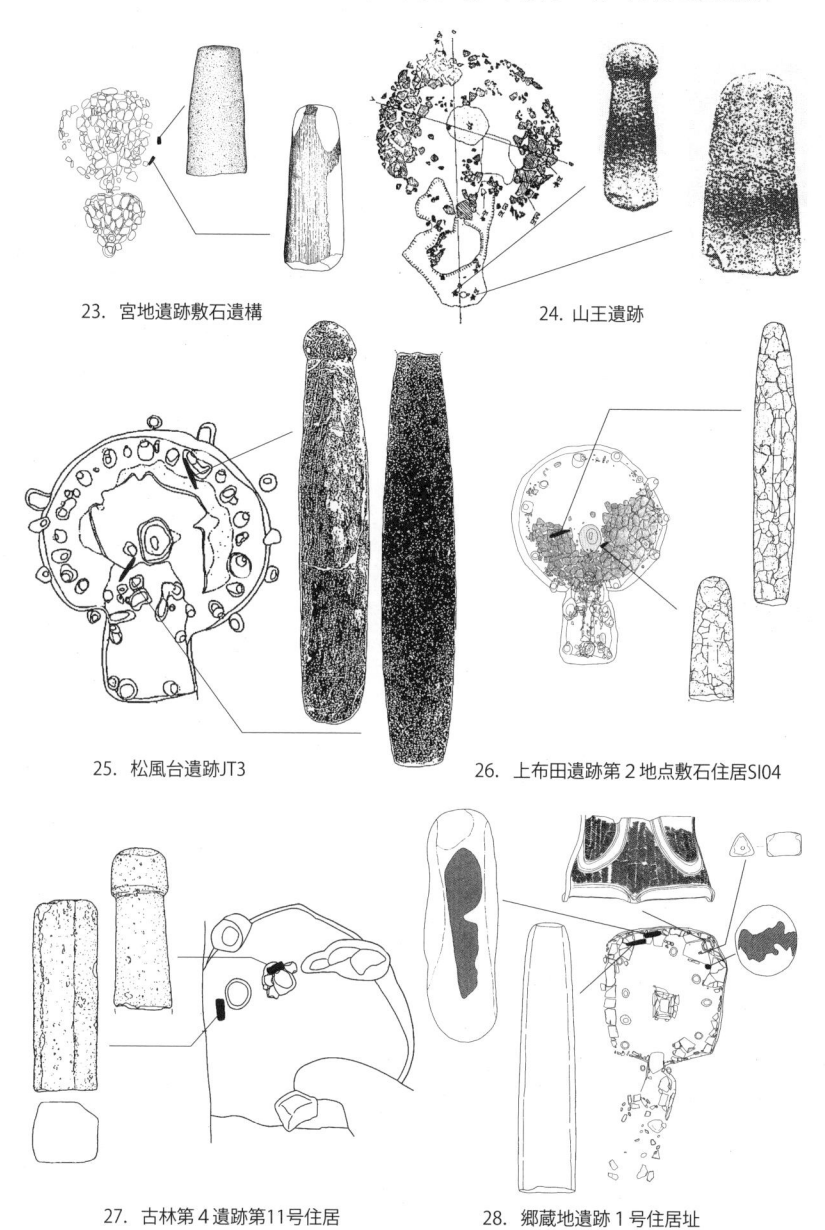

23. 宮地遺跡敷石遺構
24. 山王遺跡
25. 松風台遺跡JT3
26. 上布田遺跡第2地点敷石住居SI04
27. 古林第4遺跡第11号住居
28. 郷蔵地遺跡1号住居址

遺物 S=1:16
遺構 S=1:200

第4図 大形石棒・石柱の2個体共伴例

173

土器の文様構成や出土状況その他に二項対立を指摘している。筆者（2010）はこのうち、縄文土器の分析を通じて、異なる二者の表現として、①共存：製作段階で両者を同一個体内に作りこむもの、②結合：遺棄段階で異個体を対置させるものを見出し、これに③除去：使用段階に象徴的部位を打ち欠くものを加えた3パターンに整理した（Nakamura 2009）。そして、これらを単に二者の対置とみるだけでなく、対極にある二者を中性化（融和）し、新たな力を引き出すための操作のバリエーションとして読み取る見方を提起した。異なる二者間の曖昧な存在に聖性ないし穢性といった特別な力を認める考え方は、すでに象徴人類学（ターナー1975、リーチ1981）において「境界性liminality」として概念化されている。ただし、これらの考え方はヘネップ（1977）の「移行段階」と同様、時間的なプロセスとしての意味合いが強いことから、本稿では「中性志向」と呼び変え、先の3パターンのような行為を「象徴操作」と呼称しておく。

　「共存」には、土偶同様の「女神の顔」を持った顔面把手の背面や、顔面把手付土器の胴部に男性象徴と想定される蛇体装飾をほどこすもの（第5図1：中村2009）、陰嚢表現を持った注口部と女性器表現を持った注口土器（第5図2：梅原・渡辺1989）、男女と思われる2体の人体装飾を持つ土器などの例があり、「除去」の例としてはそうした顔面（第5図3）、蛇体装飾、注口部（第5図4）などの打ち欠きが分かりやすい。「結合」は前述した浅鉢（第5図5）や釣手土器、異形台付土器の異型式対置例や、北海道函館市八木B遺跡HP-4で黒色の注口土器と赤彩痕のある下部単孔土器などの異形式が対角線上から出土した例などが該当する。下部単孔土器は孔の位置から女性象徴とみられ、男性象徴である注口土器と対比されている（渡辺1999）。

　このように見てくると、本稿で取り上げた石棒と土器の対置例もまたこうした象徴操作の1つである「結合」の事例として位置づけられよう。そうした観点からは石棒にも「共存」や「除去」という表現が認められる。石製品の場合、製作段階と使用段階の区分が土器よりも不明瞭だが、中期北陸の三叉文を施す例（第5図7：小島1986）や、石棒形を呈する石皿（第5図8）あるいは石皿背面に石棒状表現をもつ例（第5図9：鳥居1924）などが「共存」の

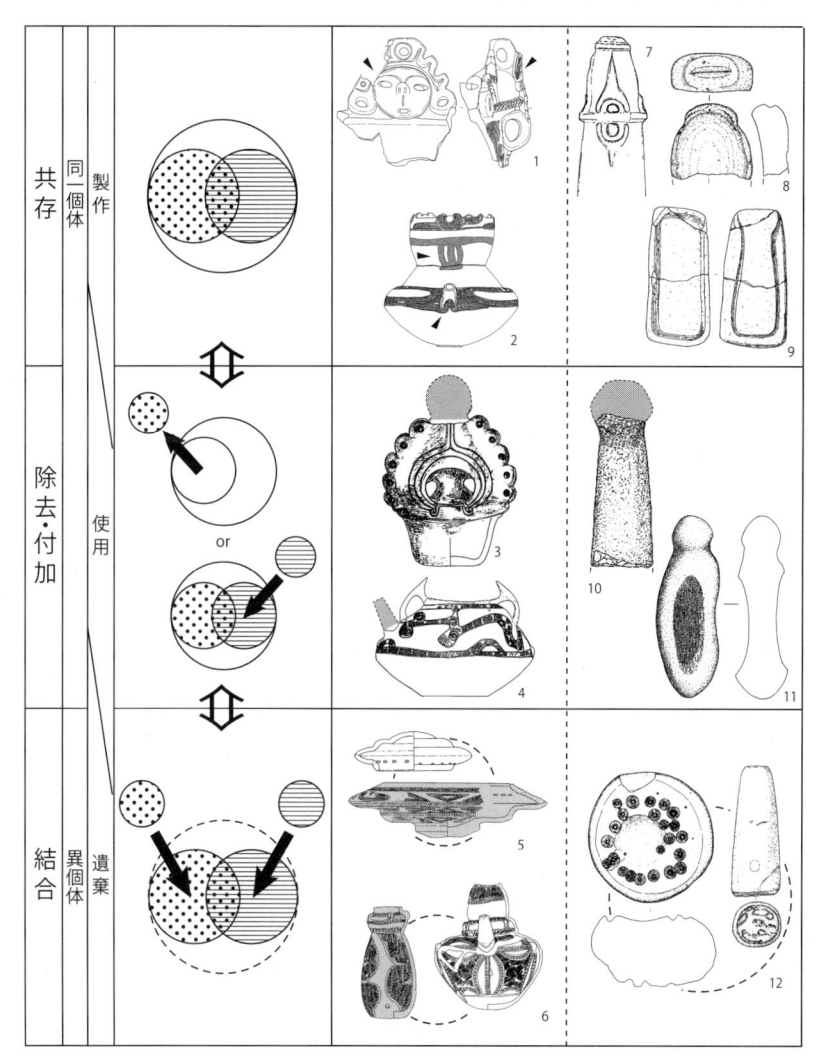

大形石棒と縄文土器—異質な二者の対置と象徴操作—

第5図　象徴操作の3表現

1：顔面把手における女神頭部と背面蛇体装飾（中期：神奈川県三ノ宮宮ノ上）、2：注口土器における口縁部下の女性器描画と注口部の男性器表現（晩期：青森県玉清水）、3：釣手土器の頭部打ち欠き（中期：長野県曽利）、4：注口土器の注口部打ち欠き（後期：埼玉県神明）、5：有文・大・赤・正位と無文・小・黒・逆位の対置（前期：岐阜県糠塚）、6：注口土器・黒と下部単孔土器・赤の対置（後期：北海道八木B）、7：石棒頂部の三叉文（中期：富山県大境）、8：石棒形状の石皿（群馬県瀧澤）9：石皿背面の石棒表現（長野県山口）、10：石棒頂部打ち欠き（中期：長野県川原田）、11：石棒胴部の摩擦（中期：新潟県馬高）、12：石棒と石皿の対置（中期：千葉県長田稚子ヶ原）

175

例、頭部の打ち欠き（第5図10）は「除去」の例となる。ただし、石棒への研磨行為（第5図11）や穿孔行為は象徴的部位の除去というよりは、別の象徴表現の付与とみることができることから、今後は「除去・付加」と呼び変える。

異質な二者の表現の多様性と象徴操作の複合・連鎖

象徴操作の1つである「結合」の表現方法は先に見たように土器型式A／土器型式B、土器形式A／土器形式B、石棒／土器、石棒／石皿・磨石、石棒A／石棒Bのように多様であり、対置される属性は状況に応じて変換され得るものであった可能性が提起できる。

そしてこうした対置関係は時に、さらに複雑な様相を見せる。前述した穴場遺跡18号住居では、〈石棒／釣手土器〉／石皿・磨石・凹石と、対置関係が重層的に複合するほか、住居中央部では1対の小形深鉢が出土している（第1図1）。また、長田雉子ヶ原遺跡では〈石棒／丸玉〉／石皿、〈注口土器A／小形深鉢〉／注口土器Bという2つの重層的対置関係に加えて、前後・左右においても石器＋土器／石器＋土器という複合的な対置関係がうかがえる（第2図10）。

これらは異個体の対置の事例であるが、その各個体にすでに象徴操作が施されている場合がある。たとえば、御城田遺跡の注口土器は製作段階で舟形口縁で女性象徴を「共存」させているのに加え、男性象徴部位である注口部の先端が欠損しており、「除去」の象徴操作が施された可能性がある（第3図16）。また、野田生1遺跡の赤彩された注口土器の注口部と、頂部のV字状装飾は遺跡内の離れた場所から出土して接合したものである。なお、このV字状装飾は土偶や香炉形土器の頂部とも共通する。小林青樹（2011）は、先の筆者の考え方をもとに、3表現の連鎖パターンをモデル化し、男女の相克と融和を繰り返す儀礼過程を構想したが、これらの資料は、そうした複合的な儀礼プロセスの存在を強く示唆するものである。

異質な二者としての「男・女」の顕現

中期の土器や、石棒のあり方からは、「異なる二者」を具体的に男／女の隠喩として解釈することができる。一方、前期の浅鉢や後期の異形台付土器

の対置、あるいは石棒同士の2個体共伴例は、単純に男／女の象徴表現とみることは困難である。ただし、二項対立的な思考は多くの社会で知られており、男／女は左／右などと共にその重要な一要素として位置づけられているほか、各要素が互いに結びついていることも多い（ニーダム 1993）。さまざまなモノで表現された異質な二者が、さまざまな概念を経由して男／女の対比とも関わる可能性は強いであろう。しかし、ここでは境界性や両義性の概念を踏まえ、広い意味での異質な二者の中間領域の力を目的とした具体的表現の一部として男女の性的結合が表現される場合があった、と理解しておくに留めたい。

5.〈石棒と土器の対置〉の歴史性

　最後に石棒と土器の対置に話を戻そう。2で扱った諸事例から提起される問題として時間的・空間的な分布のかたよりがある。すなわち、中期末葉～後期初頭に多く、それ以外は少ないのである。この点は、前述のような抽象的解釈とは別に、歴史的脈絡の中で説明していかなければならない。

　土器形式の動態をみると、中期末葉は有孔鍔付土器や釣手土器が終焉を迎える一方、両耳壺をはじめとする各種の壺など形式が多様化し、後期の浅鉢・注口土器などに収斂していく過程にある（阿部 2006・2008）。形式としての安定性に欠ける時期であるとみることもできよう。ただし、東北地方では比較的スムースな変化が追えるようであり、こうした点が、この地域での壺との共伴例の多さと関わる可能性がある。一方で、変遷過程の不明瞭な関東・中部においては石棒と対比されるのは深鉢が多い。

　〈異質な二者の対置〉表現に、従来の土器同士に変わって石棒が多く用いられるのは、こうした土器文化の再編と、新たな儀礼具としての石棒の導入という両側面によるものではあるまいか。関東地方において、再び土器形式が安定する後期前葉以降は、葬送儀礼や住居廃絶儀礼においても再び注口土器や異形台付土器などの土器が主体的な役割を果すようになる。本稿で見てきた〈異質な二者の対置〉の中で、男女の性的結合と解釈可能な資料がとくに中期～後期に目立つという点もこうした歴史的脈絡の中に位置づけられる。

一方、空間的分布をみると、東北・関東・中部に散見された一方、東海・北陸では事例が認められない。北陸・新潟では遺構出土例自体が少ない。地域間で石棒を用いた具体的な儀礼行為に差異があったのである。

6. 要　約

1：本稿では、石棒を相対的に捉えるために縄文土器とのセット関係を有する出土状況を整理した。
2：とくに、住居床面出土例を検討した結果、事例は中期中葉～後期前葉の関東および中期後半の東北地方で認められた。
3：これらの事例は、遺棄段階に〈異質な二者を対置〉する行為として位置づけられるが、その表現は石棒と土器に限らず、土器同士、土器と石皿、石棒と石皿、石棒同士などのさまざまな形式をとる。
4：〈異質な二者の対置〉には、製作段階での「共存」、使用段階での「除去・付加」、遺棄段階での「結合」という表現のバリエーションがあり、2つの力を融和・中性化して新たな力を求めるための象徴操作と理解され、石棒を用いた事例にも各表現が見出される。
5：一方、石棒と土器のセット関係は中期末～後期初頭という、従来から指摘されている社会・文化の変動期に最も多く認められる。このことは、上記で指摘した普遍性とは別の、歴史的な位置づけを要する問題である。同様に、今回はあまり言及できなかった地域間の儀礼の共有・差異の問題も重要な課題である。

　本稿は國學院大學学術資料館における大形石棒プロジェクトの石棒集成のほか、平成20年度加藤建設学術奨励助成金「釣手土器の展開にみる特殊器種の社会的役割」による釣手土器集成、平成21年度高梨学術奨励基金「縄文時代における住居廃絶儀礼に関わる土器の様相」による住居床面土器集成、平成22年度御所野縄文博物館嘱託学芸員研究「大木式土器様式における器種の派生と儀礼・社会－土器を利用する儀礼行為－」による土器の儀礼的出土状況集成の成果を含む。

引用文献

阿部昭典　2006　「縄文時代中期末葉の器種の多様化―東北地方における壺と注口付浅鉢の顕在化―」『考古学』Ⅳ、103-126頁

阿部昭典　2008　『縄文時代の社会変動論』アム・プロモーション

阿部昭典　2010　「東北地方北部における石刀の顕在化」『國學院大學考古学資料館紀要』第26輯、47-69頁

梅原猛・渡辺誠　1989　『人間の美術1　縄文の神秘』学習研究社

神村　透　1995　「炉縁石棒樹立住居について」『王朝の考古学』雄山閣出版、20-31頁

桐生直彦　1989　「床面出土遺物の検討（Ⅰ）―東京都における縄文時代住居址の事例分析を通じて―」『物質文化』第52号、39-59頁

小島俊彰　1986　「鍔をもつ縄文中期の大型石棒」『大境』第10号、25-40頁

小林青樹　2011　「東日本の縄文祭祀」『第22回中四国縄文研究会岡山大会　中四国地方縄文時代の精神文化』1-9頁

小林達雄　1965　「遺物埋没状態及びそれに派生する問題（土器廃絶処分の問題）」『米島貝塚』庄和町教育委員会、14-15頁

小林達雄　1974　「縄文世界における土器の廃棄について」『国史学』第93号、1-14頁

小林達雄　1993　「縄文集団における二者の対立と合一性」『論苑考古学』天山舎、121-144頁

須原　拓　2003　「住居址内出土の注口土器―出土状態からみた注口土器の機能・用途について―」『史叢』第68号、21-44頁

関根愼二　2009　「縄文時代前期の石皿状土製品について」『群馬県埋蔵文化財調査事業団研究紀要』27、33-42頁

ターナー.V.W（冨倉光雄訳）　1975　『儀礼の過程』思索社（原著1969年）

高見俊樹　2007　「再検証・穴場遺跡第18号住居跡に遺された「モノ」と「コト」」『山麓考古』第20号、165-198頁

谷口康浩　2005　「石棒の象徴的意味―縄文時代の親族社会と祖先祭祀―」『國學院大學考古学資料館紀要』第21輯、27-53頁

谷口康浩　2006　「石棒と石皿―象徴的生殖行為のコンテクスト」『考古学』Ⅳ、77-102頁

戸田哲也　1995　「石棒出土の具体例」『飛騨みやがわシンポジウム　石棒の謎をさ

ぐる』宮川村、58-85頁
戸田哲也　1996　「石棒研究の基礎的課題」『堅田直先生古希記念論文集』真陽社、91-108頁
鳥居龍蔵　1924　「石皿」『諏訪史』第1巻、信濃教育会諏訪部会、172-180頁
中村耕作　2008　「葬送儀礼における土器形式の選択と社会的カテゴリ―縄文時代後期関東・中部地方の土器副葬と土器被覆葬―」『物質文化』第85号、1-31頁
中村耕作　2009　「顔面把手と釣手土器―伊勢原市三之宮比々多神社所蔵の蛇体装飾付顔面把手を基点として―」『考古論叢神奈河』第17集、1-18頁
中村耕作　2010　「住居廃絶儀礼における縄文土器」『椙山林継古稀記念　日本基層文化論叢』雄山閣、17-26頁
ニーダム．R（吉田禎吾・白川琢磨訳）　1993　『象徴的分類』みすず書房（原著1979年）
新津　健　2008　「山梨の石棒―出土状態の整理と課題」『山梨県立考古博物館・山梨県埋蔵文化財センター研究紀要』24、1-19頁
ヘネップ．A．V　1977　『通過儀礼』弘文堂
山本暉久　1976　「住居跡内に倒置された深鉢形土器について」『神奈川考古』第1号、47-64頁
山本暉久　1996　「柄鏡形（敷石）住居と石棒祭祀」『縄文時代』第7号、33-73頁
山本暉久　2007　「住居址内底部穿孔倒置埋設土器の一様相―神奈川の事例を中心として―」『列島の考古学Ⅱ』渡辺誠先生古稀記念論文集刊行会、371-182頁
吉本洋子・渡辺誠　1991　「人面・土偶装飾付土器の基礎的研究」『日本考古学』第1号、27-85頁
リーチ．E（青木保・宮坂敬造訳）　1981　『文化とコミュニケーション』紀伊国屋書店（原著1976年）
渡辺　誠　1998　「舟形口縁付注口土器の研究」『名古屋大学古川総合研究資料館報告』14、37-54頁
渡辺　誠　1999　「下部単孔土器の研究」『名古屋大学文学部研究論集』134、9-35頁
Nakamura, K 2009 Jomon pottery as liminality. In Taniguchi (Ed.) The archaeology of Jomon ritual and religion. Kokugakuin University pp.29-42

大形石棒と縄文土器—異質な二者の対置と象徴操作—

図版出典（いずれも加除筆を行っている）

第1図　1：穴場遺跡調査団編1983『穴場Ⅰ』諏訪市文化財報告1982／2：清瀬市内遺跡発掘調査会編1995『野塩外山遺跡』／3：大仁町教育委員会編1986『仲道A遺跡』大仁町埋蔵文化財調査報告第9集／4：市ノ沢団地遺跡調査団編1997『市ノ沢団地遺跡』／5：いわき市教育委員会編1975『大畑貝塚調査報告』／6・7：一戸町教育委員会編2004『御所野遺跡Ⅱ』一戸町文化財調査報告書第48集

第2図　8：岩手県文化振興事業団埋蔵文化財センター編1992『上八木田Ⅲ・Ⅳ・Ⅴ遺跡発掘調査報告書』岩手県埋蔵文化財センター文化財調査報告第177集／9：福島県文化振興事業団編2003『馬場前遺跡2・3次調査』福島県文化財調査報告書第398集／10：印旛郡市文化財センター編1989『長田雉子ケ原遺跡・長田香花田遺跡』印旛郡市文化財センター発掘調査報告書第31集／11：山武郡市文化財センター編1994『大網山田台遺跡群Ⅰ』山武郡市文化財センター発掘調査報告書第16集／12：都立府中病院内遺跡調査会編1994『武蔵国分寺跡西方地区　武蔵台遺跡Ⅱ―資料編2―』／13：さいたま市遺跡調査会編2002『水深北遺跡（第6次調査）・水深西遺跡（第3次調査）・水深遺跡（第6・7次調査）』さいたま市遺跡調査会報告書第3集

第3図　14：長野県教育委員会編1972『長野県中央道埋蔵文化財包蔵地発掘調査報告書　昭和46年度　下伊那郡高森町地内その1』／15：長野県埋蔵文化財センター編2005『聖石遺跡・長峯遺跡（別田沢遺跡）』長野県埋蔵文化財センター発掘調査報告書69／16：栃木県文化振興事業団編1987『御城田』栃木県埋蔵文化財発掘調査報告第68集／17：東京都埋蔵文化財センター編1998『多摩ニュータウン遺跡』東京都埋蔵文化財センター調査報告第57集／18：高山市教育委員会編1983『糠塚遺跡発掘調査報告書』高山市埋蔵文化財調査報告書第5号／19：北海道埋蔵文化財センター編2003『野田生1遺跡』北海道埋蔵文化財センター調査報告書第183集／20：大場磐雄編1972『鶴川遺跡群』町田市埋蔵文化財調査報告第3冊／21：なすな原遺跡調査団編1984『なすな原遺跡　No.1地区調査』／22：群馬県埋蔵文化財調査事業団編1987『糸井宮前遺跡Ⅱ』関越自動車道（新潟線）地域埋蔵文化財発掘調査報告書第14集

第4図　23：狭山市教育委員会編1972『宮地遺跡』狭山市文化財調査報告1／24：中村威1960「八王子市小比企町山王台敷石式住居址発掘報告」『多摩考古』1／25：日本窯業史研究所編1990『松風台遺跡』日本窯業史研究所報告第38冊／26：調布市遺跡調査会編1992『調布市上布田遺跡―第2地点の調査―』調布市埋

蔵文化財報告 23／27：大泉村教育委員会編 1999・2002『古林第4遺跡Ⅰ・Ⅱ』大泉村文化財調査報告書第 12 集・第 16 集／28：山梨県埋蔵文化財センター編 1987『郷蔵地遺跡』山梨県埋蔵文化財センター調査報告第 31 集

第5図　1：中村 2007／2：鈴木克彦 2002「風韻堂コレクションの縄文土器（1)）『青森県立郷土館調査研究年報』26／3：富士見町教育委員会編 1978『曽利』／4：埼玉県埋蔵文化財調査事業団編 1987『神明・矢垂』埼玉県埋蔵文化財調査事業団報告書第 65 集／5：高山市教育委員会編 1983『糠塚遺跡発掘調査報告書』高山市埋蔵文化財調査報告書第 5 号／6：南茅部町埋蔵文化財調査団編『八木B遺跡』南茅部町埋蔵文化財調査団報告第 3 号／7：小島 1986／8：渋川市教育委員会編 2008『史跡瀧沢石器時代遺跡Ⅱ』／9：春成秀爾 1996「性象徴の考古学」『国立歴史民俗博物館研究報告』第 66 集（原図：鳥居 1924）／10：御代田町教育委員会編 1997『川原田遺跡』御代田町埋蔵文化財発掘調査報告書第 23 集／11：中村孝三郎 1978『越後の石器』学生社／12：印旛郡市文化財センター編 1989『長田雉子ヶ原遺跡・長田香花田遺跡』印旛郡市文化財センター発掘調査報告書第 31 集

東北北部の大形石棒にみる地域間交流

阿 部 昭 典

1. はじめに

　東北地方北部[1]は、國學院大學オープンリサーチセンター事業である伝統文化リサーチセンターの「祭祀遺跡に見るモノと心」プロジェクトの研究対象地域の一つになっており、各地域の研究者の協力を得て約5年間にわたって調査研究を進めてきた。特に、環状列石が造営される後期前葉（十腰内Ⅰ式期）を中心として、環状列石や「第二の道具」などの研究を展開してきている（阿部2008・2009a・2009b・2010a・2010b・2010c、加藤2009a・2009bなど）。そのなかで、東北地方北部では後期前葉には大形石棒[2]が消滅することが分かってきた（阿部2010b）。当地域における石棒研究は、後期以降に出現する小形・中形の石棒や石刀・石剣の研究が盛んである（阿部2010b、稲野1980、小笠原1997、後藤1986・1987・2007、西脇1998、野村1983など）のに対して、中期の大形石棒に関しては、鈴木克彦（1987）による風韻堂コレクションに関する論考や、関東地方を中心とする全国的な石棒研究のなかで対象とされる程度であり（澁谷2007bほか）、その実態はほとんど分かっていないのが現状であろう。周辺地域では、東北地方南部の福島県内出土石棒を対象とした、鈴木源（1999）や澁谷昌彦（2007a）による論考がある。鈴木は石棒の出土状況を中心に検討をおこない、澁谷は集成資料をもとに県内の石棒形態の様相を明らかにしている。また北海道の大形石棒に関しては、報告書のなかで類例の集成をもとにした考察がある。たとえば、土屋千恵子（1992）は、泊村堀株1・2遺跡の報告書のなかで「柱状石器」として、37遺跡のデータを集成している。さらに、村田大（2004）は、函館市石倉2遺跡の報告書のなかで道南地域出土の中期後葉の無頭石棒の特色をまとめている。しかし、同様

な無頭石棒がある東北北部の大形石棒との関係性にまでは言及されていないようである。

このように、東北地方北部とその周辺地域の大形石棒の研究は、これまでの発掘調査によって良好な資料が蓄積されているものの、関東や中部地方に比べて活発とは言い難い状況にある。本論では本プロジェクトの大形石棒集成データ（東北6県1道：180遺跡620点）をもとに、東北地方北部を中心とする大形石棒の様相を明らかにするとともに、石棒に見られる周辺地域との影響関係、とくに日本海ルートを通じた地域間交流について検討したい。

2. 東北地方北部の大形石棒の分類

東北地方北部の大形石棒は、従来の石棒研究における分類を踏襲して、「無頭」と「有頭」に2大別する。有頭は単頭のみで、明確な両頭の大形石棒は確認できなかった（第1図）。このほかにも、棒状の自然礫や柱状節理のままの角柱状礫などの出土例が目立つ。これらを石棒と認識するか否かは、大形石棒の本質的議論において非常に重要であるが、今回は分類対象から除外した。くわえて、石棒の分類に関しては、系統関係が不明な段階で形態のみですべてを分類することも、あまり建設的ではないと考えられることから、ここでは特徴的な石棒型式を抽出して分類したい。

最初に、無頭石棒（Ⅰ類）は、加工の度合い（精粗）の差が見られ、大きくは有文（彫刻）と無文の二つに分けられる。これらの無頭石棒は澁谷昌彦の分類の無頭Ⅰb類（澁谷2007a・b）に相当し、「東北型無頭石棒」（澁谷2007a）と呼称されるものである。しかし、これらは時期幅や地域差などがあり、一つの型式で捉えられるかどうかは疑問である。当地域では、無文の無頭石棒が多く、単に柱状礫の角を敲打整形したものや部分的に研磨したものが目立つ。一方、有文の石棒は、端部に同心円状の文様を彫刻するものが特徴的に認められ（1・2）、これらの彫刻は両端にほどこすもの（Ⅰa1類）と、一端が無文や中心部に窪みのみを有するものがある（Ⅰa2類）。さらに、まれに端部に十字状の彫刻をほどこすものがあり（Ⅰa3類）、これは青森県五戸町泉山遺跡（成田・中島他1995ほか）や岩手県九戸村田代遺跡（遠藤・高橋

東北北部の大形石棒にみる地域間交流

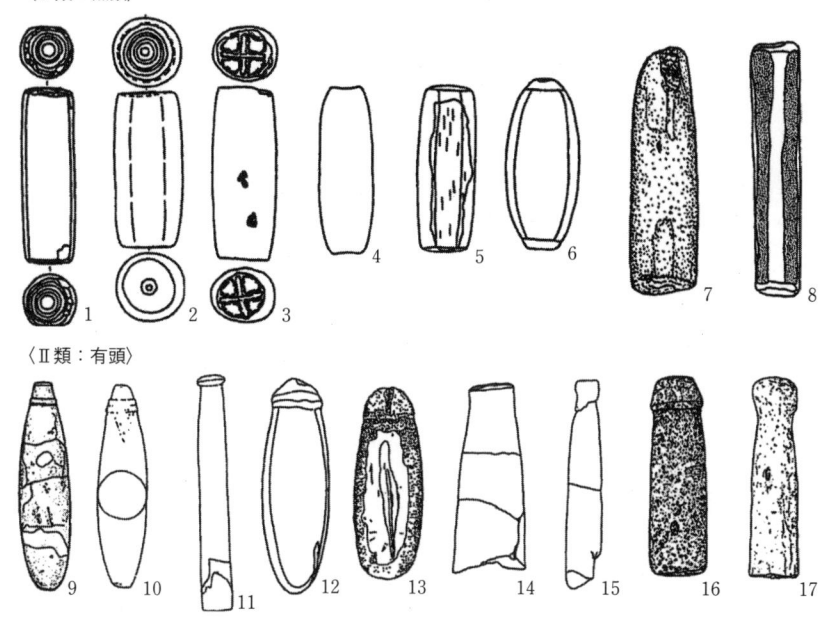

〈Ⅰ類：無頭〉

〈Ⅱ類：有頭〉

第1図　東北北部における大形石棒の諸型式

1982）などで確認され、Ⅰa1類とⅠa2類に比べて極めて類例が少ない（3）。これらは無文になるものも多く（Ⅰb類）、端部が平坦なものに加えて、窪むものと突出するものもある（4～6）。地域的には東北地方北部を中心に北海道西南部～山形県の広範囲に認められ、とくに泉山遺跡でまとまって出土している。帰属時期は中期後葉（大木8b式期）を中心とし、地域的な特徴を持つ石棒型式であると認識される。これらの無頭石棒のなかで、端部に彫刻をほどこすものを、「端部彫刻石棒」（泉山タイプ）と呼称したい。この他に、棒状もしくは柱状節理の自然礫に多少の加工を加えただけのものも多い（7・8）。

　つぎに、有頭石棒（Ⅱ類）は、ほぼすべて単頭であり（端部が折損していて不明のものも多いが）、頭部形態から8つに分類される。Ⅱa類は鍔を持つ大形石棒で、一段から多段の鍔を持つもの（Ⅱa1類）とV字状などの彫刻が加わるもの（Ⅱa2類）がある（9・10）。これらは小島俊彰（1986・1995）が「彫刻石棒」や「鍔をもつ石棒」と呼称する北陸や岐阜に分布する大形石棒であ

185

り、東北地方では在地の石棒型式というよりも異系統の石棒として理解されるであろう。また、Ⅱb類は平坦な笠を持つもので、類例はほとんどない(11)。Ⅱc類は丸い山形の笠を有し、丸い頭部に沈刻をほどこすものなどがあり、岩手県沿岸部の宮古市などで局地的に出土例が見られる(12・13)。Ⅱd類は頭部が明確に作出されないものの緩い括れによって頭部を表現し、端部に窪みを持つものが多い。これらは中期末葉に帰属すると考えられる(14)。Ⅱe類は、台形状などの頭部を持つもので、端部に窪みを有するものもある(15)。このほかにも、Ⅱf類のように頭部との境を加工して作出するものである(16・17)。これらは中期末葉～後期初頭に帰属すると考えられるものである。これらの分類を踏まえて、東北北部の大形石棒の動態について概観したい。

3. 東北地方北部における大形石棒の出現と展開

(1) 大形石棒の出現期

　東北地方北部における大形石棒は、すでに前期後葉に出現することが指摘されており(長田2009・戸田2009)、岩手県清水ヶ野遺跡や大中田遺跡で出土例が確認されている(第4図2)。しかし、広く普及するのは中期以降と考えられる。その時期は明確ではないが、円筒上層d式期から榎林式期頃と考えられる。一方、中部地方や北陸地方では、中期初頭に石棒が出現することが明らかにされ(島田1995、戸田1997)、さらに縄文前期後葉にまで遡ることが指摘されている(澁谷2007b)。東北地方北部において、大形石棒が普及するのは中期中葉から後葉であり、他地域と似たような動態を示していると考えられる。

　本地域の中期中葉～後葉は、無頭石棒が主流であり、石棒端部に同心円状の彫刻をほどこす「端部彫刻石棒」が特徴的に認められる(第2図7・8・11～15、第3図1～7)。くわえて、第2図5・6・9のように端部が窪むだけのものや、第3図7・8のように端部に十字状の文様をほどこすものがある。全体形状は、断面円形を呈し、胴部が膨らむものもあるが、多くは同じ太さの円筒状を呈する。大きさは長さ30cm～55cm、最大径8cm～17cmほどに

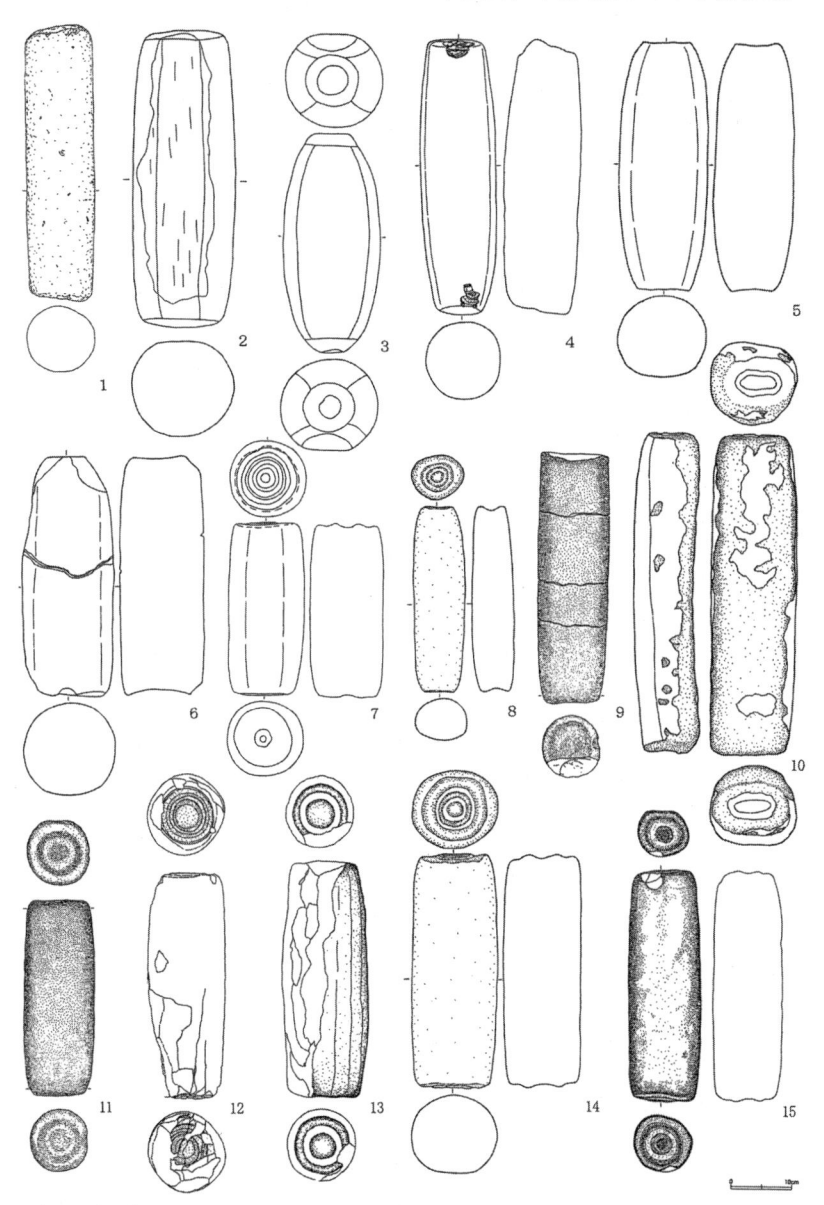

東北北部の大形石棒にみる地域間交流

1：御所野（岩手）、2：近野（青森）、3：ヲフキ（秋田）、4：大橋（岩手）、5：三内丸山（6）（青森）、6・8・14：富ノ沢（2）（青森）、7：泉山（青森）、9・11：馬場平2（岩手）、10：大館町（岩手）、12：繋Ⅳ（岩手）、13：菖蒲沢（2）（青森）、15：本内Ⅱ（岩手）

第2図　東北地方北部の大形石棒（1）

1：江原嶋Ⅰ（秋田）、2：寒沢Ⅱ（秋田）、3：繋Ⅳ（岩手）、4・5：古館堤Ⅱ（秋田）、6：坂ノ上E（秋田）、7：田代（岩手）、8・17・18：泉山（青森）、9・10：大畑台（秋田）、11：坂ノ上（秋田）、12：下堤A（秋田）、13：松ヶ崎（青森）、14：樺山（岩手）、15：笹ノ沢（3）（青森）、16：天戸森（秋田）、19：野場（5）（青森）、20：富ノ沢（2）（青森）、21：坂ノ上F（秋田）

第3図　東北地方北部の大形石棒（2）

まとまり、有頭のⅡa類やⅡb類に比べて短胴の傾向がある。側面や端部など全体的に研磨がほどこされるが、端部彫刻の窪む部分にはほとんど研磨が加えられないものが目立つ。これらの端部彫刻石棒の帰属時期は、明確な遺構出土例を見る限り、大木8b式土器や榎林式土器と共伴する例が多い。したがって、大半は中期後葉の榎林式期に帰属すると考えられ、その上限に関しては検討の余地があるものの、下限は中期末葉まで下ることはないと言える。これらの石材は、多孔質の安山岩や流紋岩などが多く使用され、柱状節理の露頭周辺の河原石を用いている可能性が高い。

　また、東北地方北部でも鍔を持つ石棒や彫刻石棒（第3図9・10）が出土するが、秋田県男鹿市大畑台遺跡（児玉ほか1979）など日本海側の男鹿半島周辺に事例がまとまる（第8図）。さらに、秋田市坂ノ上F遺跡（菅原・安田ほか1985）や下堤A遺跡（菅原ほか1988）などから平坦な頭部を持つ石棒や鍔を持つ石棒が出土している（第3図11・12・21）。これらは、新潟県や北陸地方・飛騨地方などに分布する石棒型式（小島1986・1995ほか、吉朝1995）であり、日本海沿岸を経由してもたらされたものと考えられる。小島俊彰(1986)は「鍔を持つ大型石棒」を中期中葉末期に位置づけており、また長田友也（2006）は新潟県内の彫刻石棒について古い事例は中期初頭まで遡るが、中期中葉〜後葉の馬高式期に特徴的な石棒型式であると指摘している。このことからも、秋田県出土の類例も中期中葉から後葉に帰属する可能性が高い。

(2) **無頭石棒から有頭石棒へ**

　東北地方北部では、中期末葉の石棒形態は有頭と無頭の両者が存在するが、有頭石棒（Ⅱ類）が主流になる。有頭石棒は、Ⅱc類やⅡf類が目立つが、Ⅱc類からⅡh類など頭部形状に多様性が認められる（第3図・第4図）。これらのⅡc類やⅡf類の先端部には、窪みを持つものが多く（第3図15〜20、第4図3・4）、前段階の端部彫刻石棒から引き継ぐ要素であると理解される。第4図15・16は、いずれも宮古市内出土の石棒であるが、頭部に1本もしくは十字状に沈刻がほどこされ、平坦な胴部に筋状の砥面を持つものもある。この時期の大形石棒は、胴部中ほどで折れるものが多いため全体形状が明確ではないが、胴部断面形は円形や楕円形のもの、柱状節理の形状を残す隅丸

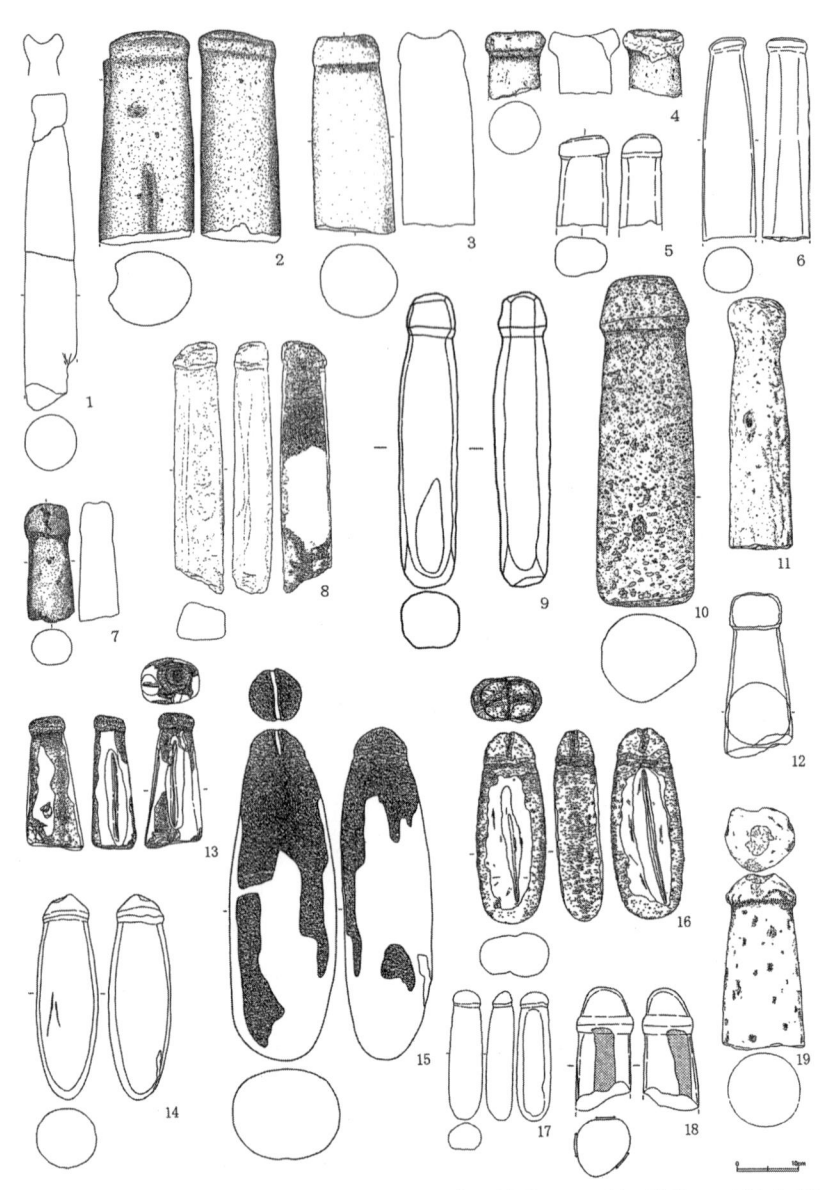

1：御所野（岩手）、2：大中田（岩手）、3：柳上（岩手）、4：黒内Ⅷ（岩手）、5・18：南畑（岩手）、6：三内丸山（青森）、7：館Ⅳ（岩手）、8：森吉家ノ前A（秋田）、9：はりま館（秋田）、10：大橋（岩手）、11：関沢口（岩手）、12：八木（秋田）、13：千鶏Ⅳ（秋田）、14：ヲフキ（秋田）、15：八木沢Ⅱ（岩手）、16：崎山貝塚（岩手）、17：清水（岩手）、19：向様田A（秋田）

第4図　東北地方北部の大形石棒（3）

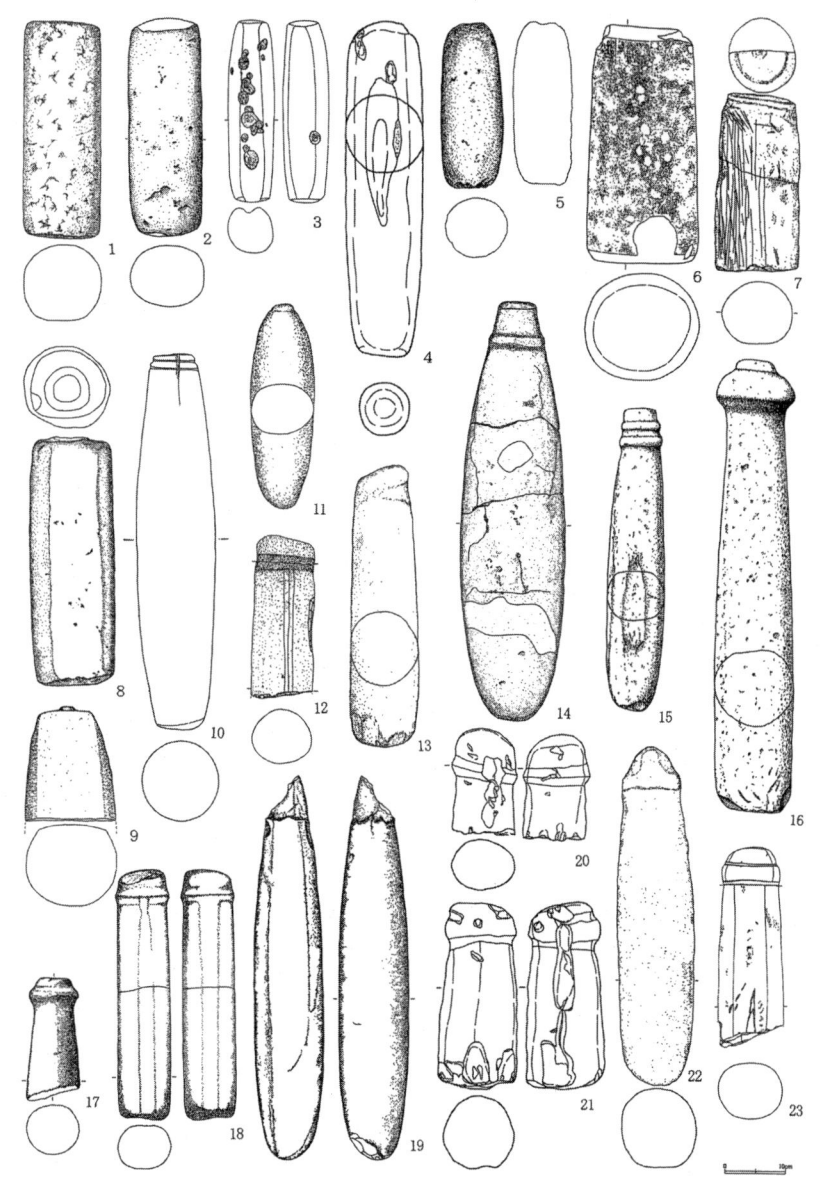

東北北部の大形石棒にみる地域間交流

1・2・8：西ノ前（山形）、3・10・23：台ノ上（山形）、4：和台（福島）、5：新太夫（福島）、6：柳橋（福島）、7・13：熊ノ前（山形）、9・11：岡山（山形）、12：花沢A（山形）、14：野新田（山形）、15・16：瀬下（福島）、17～19：釜淵C（山形）20・21：中村A（山形）、22：下野（山形）

第5図　東北地方南部の大形石棒（1）

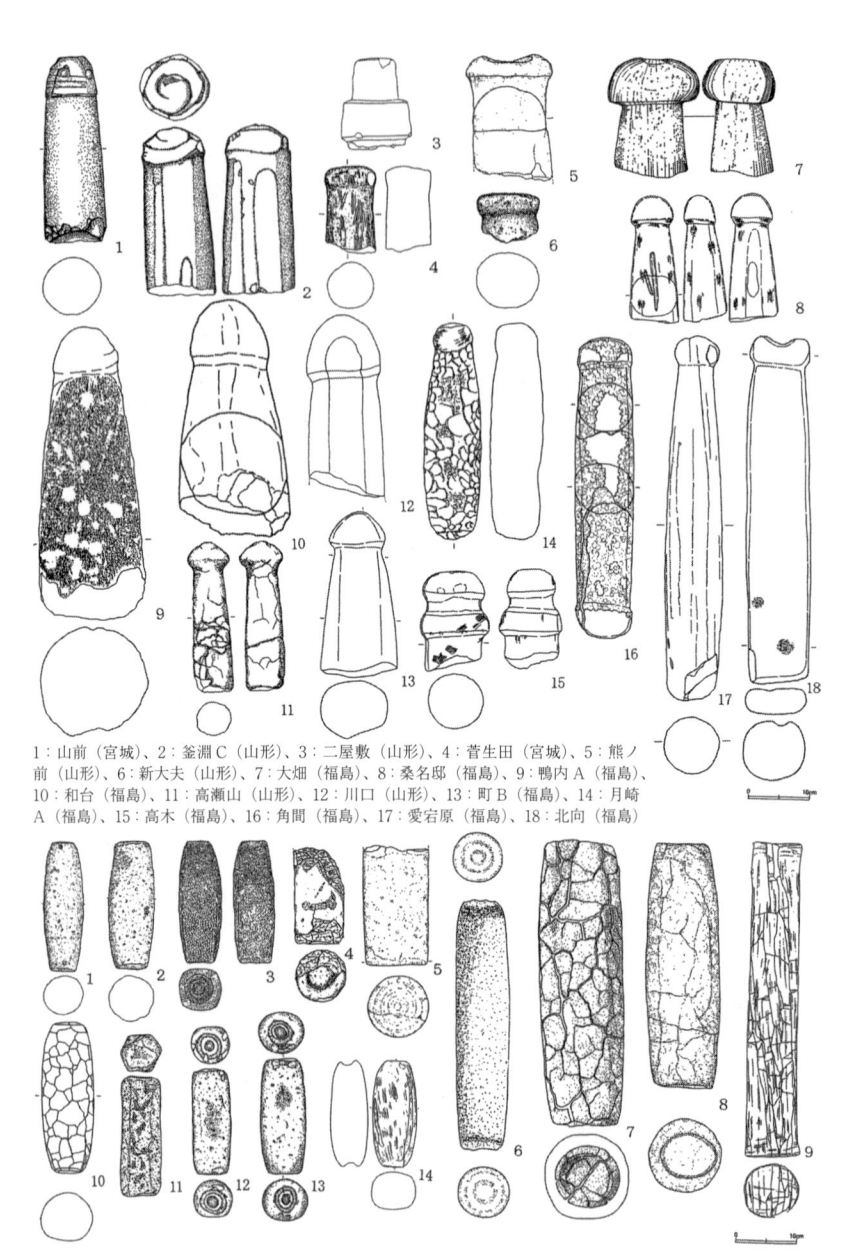

1：山前（宮城）、2：釜淵Ｃ（山形）、3：二屋敷（山形）、4：菅生田（宮城）、5：熊ノ前（山形）、6：新大夫（山形）、7：大畑（福島）、8：桑名邸（福島）、9：鴨内Ａ（福島）、10：和台（福島）、11：高瀬山（山形）、12：川口（山形）、13：町Ｂ（福島）、14：月崎Ａ（福島）、15：高木（福島）、16：角間（福島）、17：愛宕原（福島）、18：北向（福島）

1〜3：入江（洞爺湖町）、4・14：山越２（八雲町）、5：大船Ｃ（函館市）、6：石狩町出土（石狩町）、7：安浦Ｂ（函館市）、8：見晴町Ｂ（函館市）、9：石倉２（森町）、10：陣川町（函館市）、11：館野（函館市）、12・13：東山（函館市）

第６図　東北地方南部の大形石棒（２）および北海道西南部の大形石棒

方形・隅丸三角形・扁平なものがある。また当該期の無頭石棒は、端部への彫刻は見られず、ほぼ無加工の自然礫を用いるものも目立つ。石材は、前段階と同様に多孔質の安山岩や流紋岩などが多く使用される。

（3）大形石棒の消滅とその後

後期初頭以降は、大形石棒として認識される石製品はほぼ姿を消すと考えられるが、機を同じくして粘板岩製などの石刀が隆盛する（阿部2010b）。これらは「荊内型・保土沢型石刀」（後藤1986・1987・2003）と呼称される石刀型式で、後期前葉の十腰内Ⅰ式期に他地域に先駆けて顕在化する。これは中期末葉から後期前葉の東北地方南部や関東地方で、緑泥片岩製の小形・大形石棒が隆盛する動向とは大きく異なる。その後、晩期になると再び有頭の大形石棒が出現する。北秋田市の向様田A遺跡（柴田・宇田川他2004）などで出土例（第4図19）が認められるが、その様相は明瞭ではない。

4. 東北北部における大形石棒にみる地域間交流

（1）在地系端部彫刻石棒と北陸系彫刻石棒の関係性

東北地方北部の在地的な大形石棒は、無頭石棒の端部に同心円状の彫刻をほどこす端部彫刻石棒である。これらは北海道西南部〜東北地方南部まで広がりを見せ（第7図）、時期的に異なるが円筒上層式土器や十腰内Ⅰ式土器などの分布と似た広がりを示す（村越1974・冨樫1991など）。分布の北限は北海道西南部までおよび、石狩地方での出土例が確認される（藤本1963）。また、南限は日本海側の山形県舟形町西ノ前遺跡（黒坂1994）や西川町山居遺跡（氏家・志田1998）などで確認される（第5図7〜9）。一方、太平洋側では、端部彫刻石棒の広がりは岩手県北上川中流域の和賀川付近まででとどまり、現在のところ宮城県や福島県域では確認されていない。このことは日本海沿岸での南北の交流がより緊密におこなわれた可能性を示唆しており、従来から指摘されている傾向と一致する。

これらの端部彫刻石棒の出現期は、遺構出土資料を見る限り、中期後葉と考えられる。これと同時期に、鍔を持つ大形石棒や彫刻石棒が男鹿半島付近まで広がりを見せる（第8図）。両者は何らかの影響関係を有していたと推測

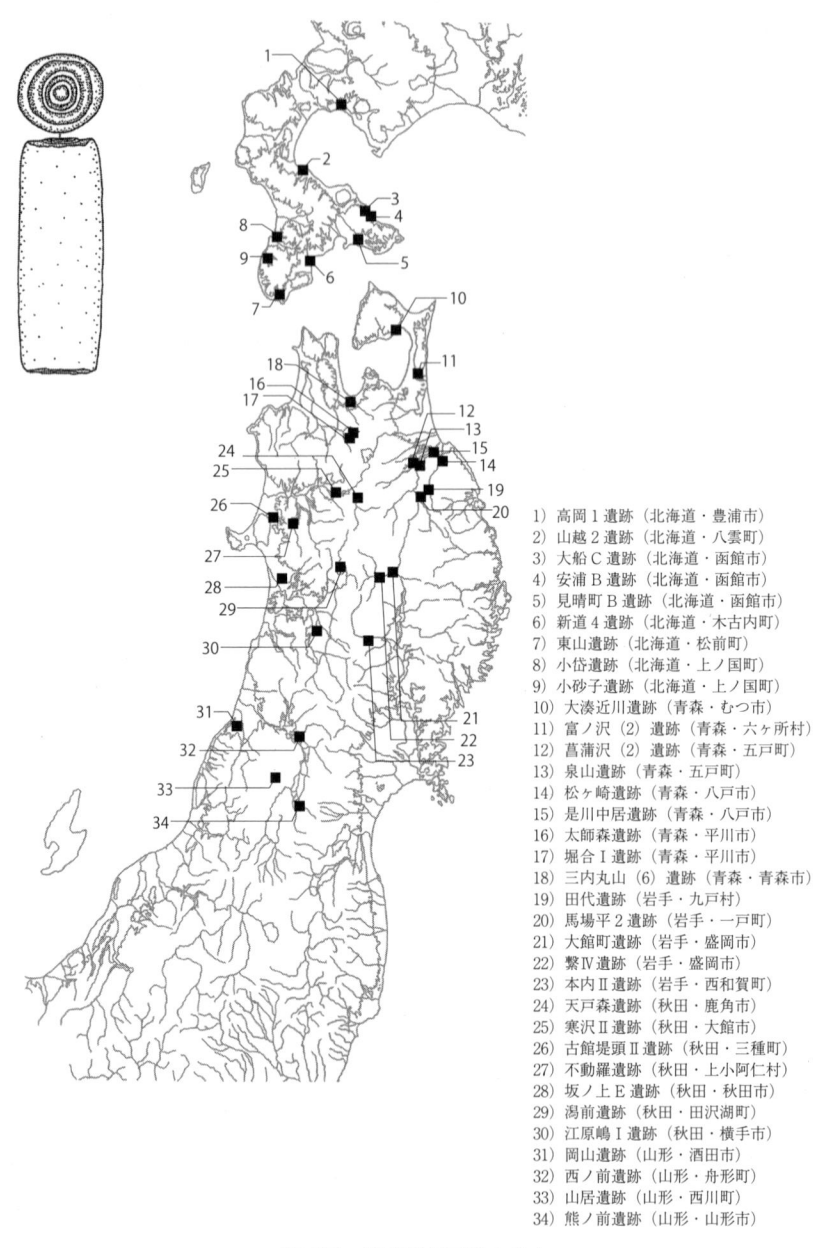

1) 高岡1遺跡（北海道・豊浦市）
2) 山越2遺跡（北海道・八雲町）
3) 大船C遺跡（北海道・函館市）
4) 安浦B遺跡（北海道・函館市）
5) 見晴町B遺跡（北海道・函館市）
6) 新道4遺跡（北海道・木古内町）
7) 東山遺跡（北海道・松前町）
8) 小岱遺跡（北海道・上ノ国町）
9) 小砂子遺跡（北海道・上ノ国町）
10) 大湊近川遺跡（青森・むつ市）
11) 富ノ沢（2）遺跡（青森・六ヶ所村）
12) 菖蒲沢（2）遺跡（青森・五戸町）
13) 泉山遺跡（青森・五戸町）
14) 松ヶ崎遺跡（青森・八戸市）
15) 是川中居遺跡（青森・八戸市）
16) 太師森遺跡（青森・平川市）
17) 堀合Ⅰ遺跡（青森・平川市）
18) 三内丸山（6）遺跡（青森・青森市）
19) 田代遺跡（岩手・九戸村）
20) 馬場平2遺跡（岩手・一戸町）
21) 大館町遺跡（岩手・盛岡市）
22) 繋Ⅳ遺跡（岩手・盛岡市）
23) 本内Ⅱ遺跡（岩手・西和賀町）
24) 天戸森遺跡（秋田・鹿角市）
25) 寒沢Ⅱ遺跡（秋田・大館市）
26) 古館堤頭Ⅱ遺跡（秋田・三種町）
27) 不動羅遺跡（秋田・上小阿仁村）
28) 坂ノ上E遺跡（秋田・秋田市）
29) 潟前遺跡（秋田・田沢湖町）
30) 江原嶋Ⅰ遺跡（秋田・横手市）
31) 岡山遺跡（山形・酒田市）
32) 西ノ前遺跡（山形・舟形町）
33) 山居遺跡（山形・西川町）
34) 熊ノ前遺跡（山形・山形市）

第7図　端部彫刻石棒の分布

194

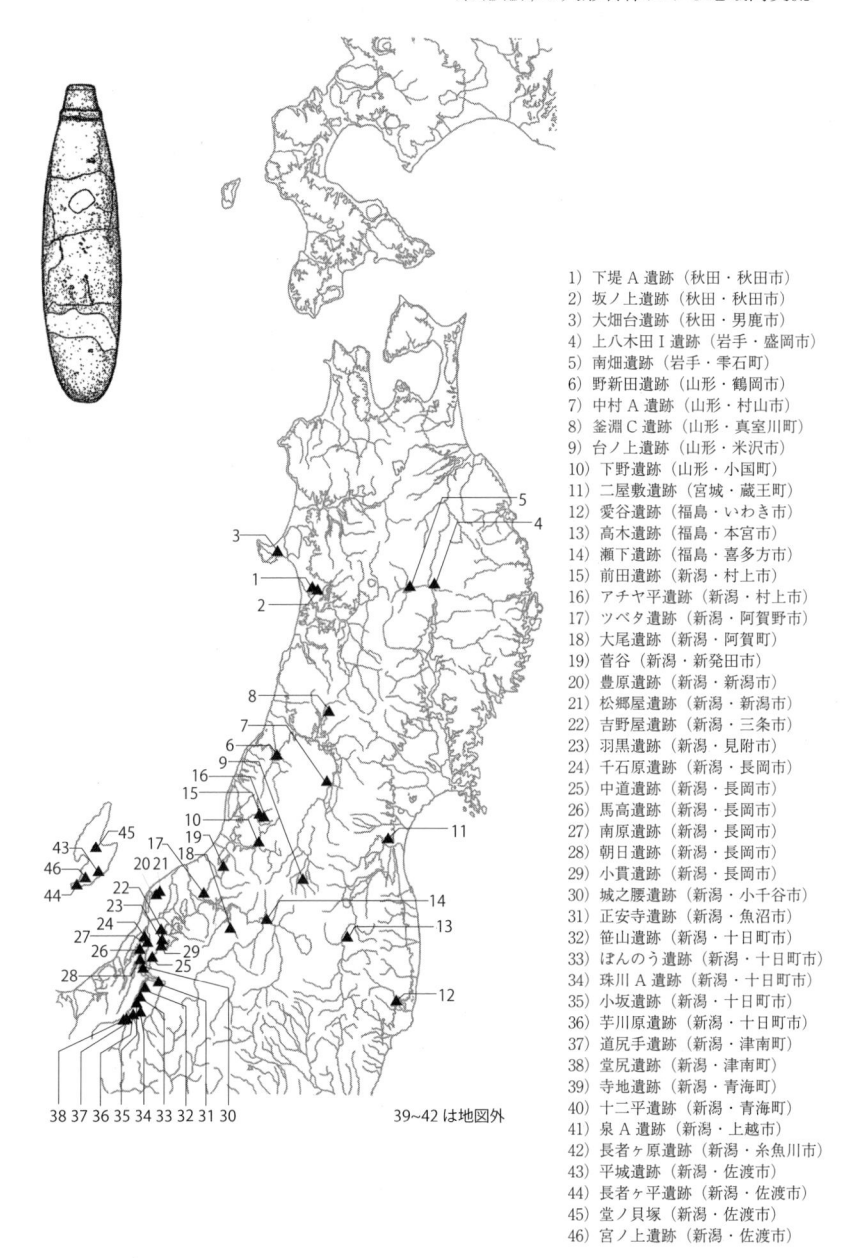

東北北部の大形石棒にみる地域間交流

1) 下堤A遺跡（秋田・秋田市）
2) 坂ノ上遺跡（秋田・秋田市）
3) 大畑台遺跡（秋田・男鹿市）
4) 上八木田Ⅰ遺跡（岩手・盛岡市）
5) 南畑遺跡（岩手・雫石町）
6) 野新田遺跡（山形・鶴岡市）
7) 中村A遺跡（山形・村山市）
8) 釜淵C遺跡（山形・真室川町）
9) 台ノ上遺跡（山形・米沢市）
10) 下野遺跡（山形・小国町）
11) 二屋敷遺跡（宮城・蔵王町）
12) 愛谷遺跡（福島・いわき市）
13) 高木遺跡（福島・本宮市）
14) 瀬下遺跡（福島・喜多方市）
15) 前田遺跡（新潟・村上市）
16) アチヤ平遺跡（新潟・村上市）
17) ツベタ遺跡（新潟・阿賀野市）
18) 大尾遺跡（新潟・阿賀町）
19) 菅谷（新潟・新発田市）
20) 豊davis遺跡（新潟・新潟市）
21) 松郷屋遺跡（新潟・新潟市）
22) 吉野屋遺跡（新潟・三条市）
23) 羽黒遺跡（新潟・見附市）
24) 千石原遺跡（新潟・長岡市）
25) 中道遺跡（新潟・長岡市）
26) 馬高遺跡（新潟・長岡市）
27) 南原遺跡（新潟・長岡市）
28) 朝日遺跡（新潟・長岡市）
29) 小貫遺跡（新潟・長岡市）
30) 城之腰遺跡（新潟・小千谷市）
31) 正安寺遺跡（新潟・魚沼市）
32) 笹山遺跡（新潟・十日町市）
33) ぼんのう遺跡（新潟・十日町市）
34) 珠川A遺跡（新潟・十日町市）
35) 小坂遺跡（新潟・十日町市）
36) 芋川原遺跡（新潟・十日町市）
37) 道尻手遺跡（新潟・津南町）
38) 堂平遺跡（新潟・津南町）
39) 寺地遺跡（新潟・青海町）
40) 十二平遺跡（新潟・青海町）
41) 泉A遺跡（新潟・上越市）
42) 長者ヶ原遺跡（新潟・糸魚川市）
43) 平城遺跡（新潟・佐渡市）
44) 長者ヶ平遺跡（新潟・佐渡市）
45) 堂ノ貝塚（新潟・佐渡市）
46) 宮ノ上遺跡（新潟・佐渡市）

第8図　彫刻石棒・鍔を持つ石棒の分布

され、この時期の大木式土器の影響が東日本の広範囲におよぶ現象、住居形態や長方形石組炉といった大形炉が東北地方に普及する現象とも関連しているように思われる。それ以前にも、新崎式や馬高式土器といった北陸地方や新潟県の土器様式が、日本海沿岸の山形県や秋田県域から出土することから（宮尾2009など）も、通時的な交流がうかがわれる。これらのことから、東北北部の端部彫刻石棒は、北陸系の彫刻石棒の影響によって成立した可能性が想定されるだろう。伝統的な円筒上層式土器の終わりとともに、大木式土器の影響を強く受けた榎林式土器が成立し、同様な分布域を示す端部彫刻石棒が出現することは、この大形石棒を生み出した社会的背景を表していると考えられる。

(2) 大形石棒の出土状況と痕跡から見た地域性

東北地方北部の大形石棒の出土状況は、屋外での土坑内出土例や樹立状態での出土例とともに、竪穴住居跡床面出土例が目立つ。これらの地域性を石棒に見られる痕跡と合わせて概観したい。

まず屋外出土例は、土坑から出土する事例も多く、完形大形石棒の出土例としては青森県五戸町菖蒲沢(2)遺跡2号円形土坑（瀧澤・松山1995）や青森県六ヶ所村富ノ沢(2)遺跡849号土坑（三浦・成田他1993）、があげられる（第9図1・2）。これらの詳細な出土状態は明確ではないが、フラスコ状土坑覆土中層や浅い円形・楕円形土坑覆土から、ほぼ完形の端部彫刻石棒が出土しており、単なる廃棄とは考えにくい。また、秋田県由利本庄市才の神遺跡（冨樫・橋本1980）では屋外から鍔付きの大形石棒が傾いた状態で出土している。類例として秋田県秋田市坂ノ上遺跡（菅原他1976）があげられ、4基の柱穴配列の中心部に石棒が樹立した状態で検出されている（第10図6）。この他にも、屋外から横倒しの状態や樹立して出土する事例がある（第9図4～7）。宮古市八木沢Ⅱ遺跡SK26（阿部・八重畑2008）や北秋田市森吉家ノ前A遺跡SK260（小林・山本他2006）のように、石棒下部に浅い楕円形土坑が重複するものもあるが、その関係性は明確ではない。その中でも森吉家ノ前A遺跡の石棒は、部分的に被熱を受けて赤化しており、覆土中にも焼土が認められる。5の小坂町はりま館遺跡（永瀬・柴田他1984）の石棒は、遺構外に完形石棒が横倒

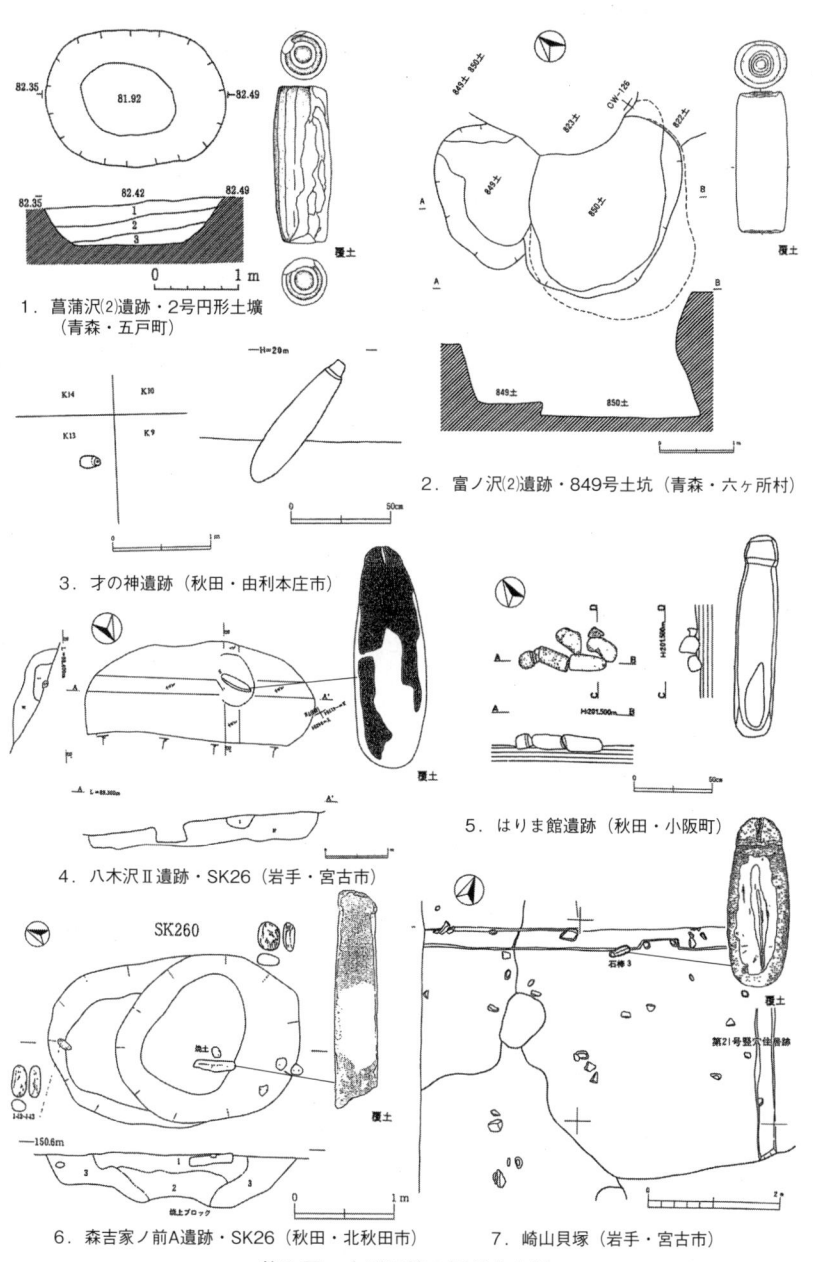

東北北部の大形石棒にみる地域間交流

1．菖蒲沢(2)遺跡・2号円形土壙
（青森・五戸町）

2．富ノ沢(2)遺跡・849号土坑（青森・六ヶ所村）

3．才の神遺跡（秋田・由利本庄市）

4．八木沢Ⅱ遺跡・SK26（岩手・宮古市）

5．はりま館遺跡（秋田・小阪町）

6．森吉家ノ前A遺跡・SK26（秋田・北秋田市）

7．崎山貝塚（岩手・宮古市）

第9図　大形石棒の屋外出土例

しの状態で3つに折れた状態で出土している。宮古市崎山貝塚（高橋・鎌田他1994）では、複数の石棒が出土しており、N6E8グリッドから樹立した状態で検出され、第21号住居跡覆土中からは横倒し状態の完形石棒が出土している（第9図7）。第9図4と7の石棒は胴部が平たく、平坦面に一条の溝がくわえられる。

　このような痕跡は、宮古市周辺の太平洋側で認められる。時期的に、4～7の出土例は中期末葉から後期初頭に帰属すると考えられる。

　一方、竪穴住居跡からの出土例は、それほど多いとは言えないものの通時的に認められる。中期後葉の例では、岩手県一戸町馬場平2遺跡C10住居跡（高田他1983）の床面から石皿とともに石棒が出土している（第10図1）。本住居跡は、出土土器から大木8b式期に比定され、出土石棒は一端を欠損して片側に窪みを有するもので、住居跡床面の右奥寄りから出土していると考えられる。また岩手県盛岡市大館町遺跡RA2215住居跡（似内・太田代他1997）でも、床面からほぼ完形の端部彫刻石棒が出土している（第10図3）。本住居跡の石棒は、奥壁側の主柱穴付近から横倒しの状態で出土しており、帰属時期も大木8b式期である。これらの端部彫刻石棒は、屋内床面から樹立してではなく横倒し状態で出土する例が目立つ。くわえて、石棒両端にほどこされた文様を考慮すると、この種の石棒は通常は樹立して使用したものではなく横倒し状態にあった可能性が想定される[3]。また秋田市坂ノ上F遺跡15号住居跡（菅原・安田他1985）は、中期中葉の竪穴住居跡であるが、奥壁寄りの「ベッド状遺構」との境にある主柱穴付近から被熱して砕けた状態で石棒が出土している（第10図2）。本住居跡は、覆土から炭化材などが多量に出土していることから火災住居跡とみられ、石棒には被熱の痕跡が認められることから火災と石棒破砕は密接に関連しており、廃絶にともなう儀礼行為の存在がうかがわれる。このような石棒への被熱は、普遍的に見られる痕跡と言える。

　同時期の北海道西南部でも、東北北部と同様な石棒床面出土例が見られるが、屋内空間のなかでも特定の場所に出土位置は限定されていない（第11図1～3）。このなかでも、函館市石倉2遺跡ⅠH-3（村田・阿部他2004）は、火

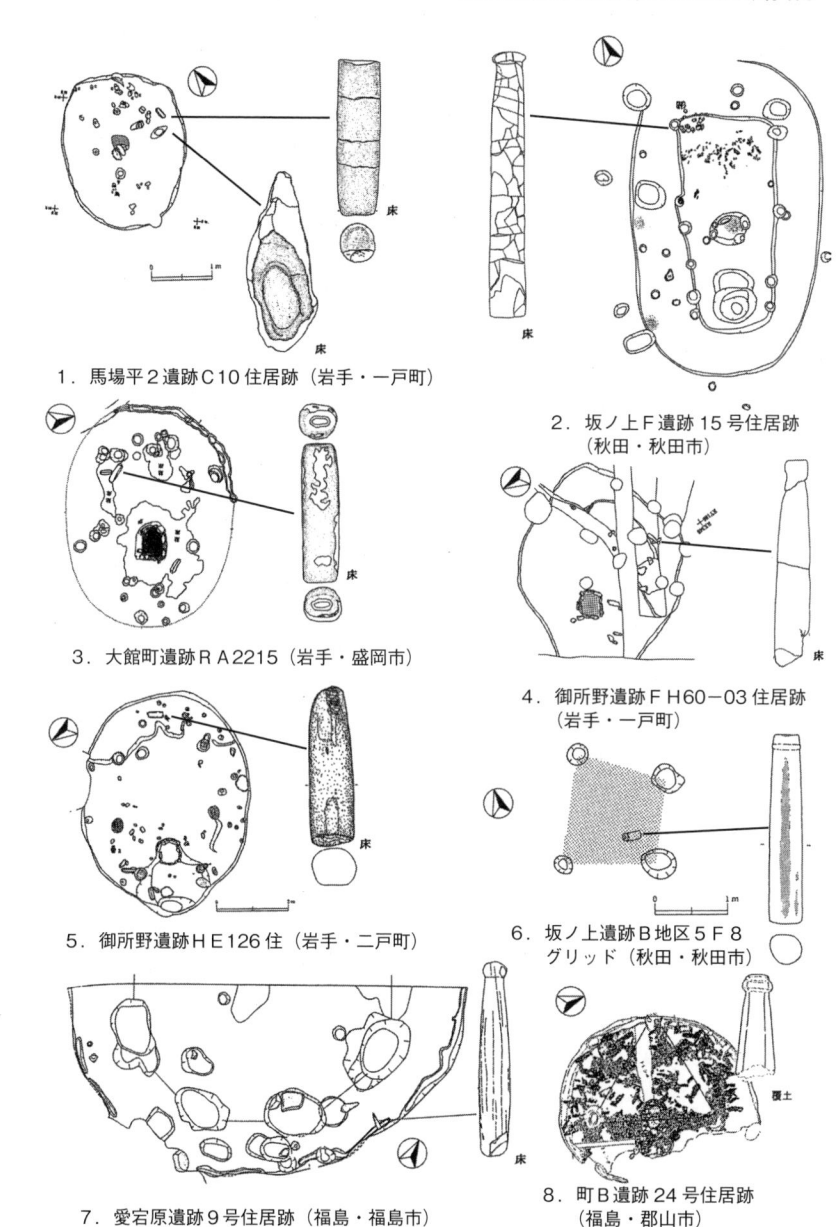

東北北部の大形石棒にみる地域間交流

1. 馬場平2遺跡C10住居跡（岩手・一戸町）

2. 坂ノ上F遺跡15号住居跡（秋田・秋田市）

3. 大館町遺跡RA2215（岩手・盛岡市）

4. 御所野遺跡FH60−03住居跡（岩手・一戸町）

5. 御所野遺跡HE126住（岩手・二戸町）

6. 坂ノ上遺跡B地区5F8グリッド（秋田・秋田市）

7. 愛宕原遺跡9号住居跡（福島・福島市）

8. 町B遺跡24号住居跡（福島・郡山市）

第10図　大形石棒の竪穴住居跡出土例

199

1. 新道4遺跡GH-2

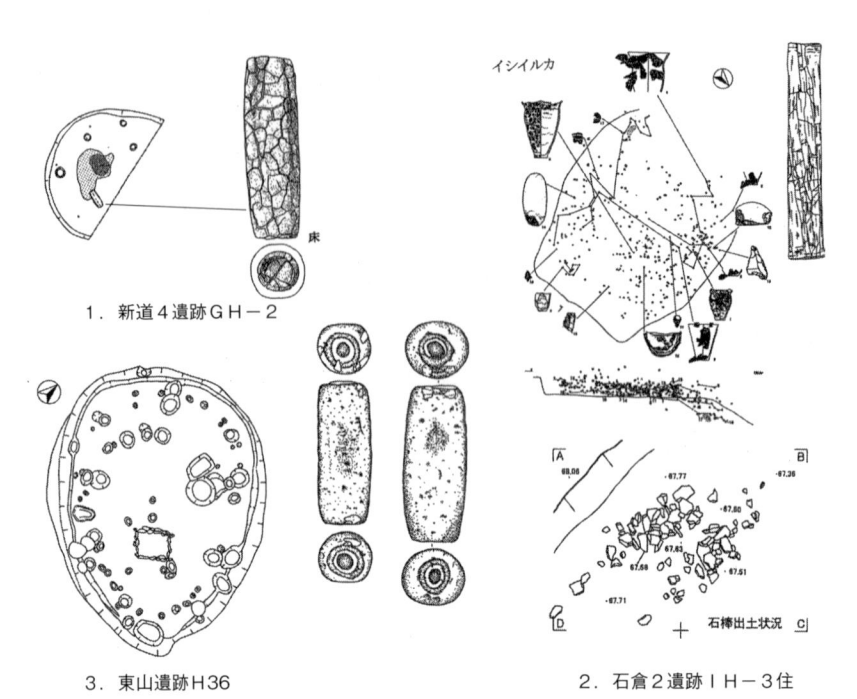

3. 東山遺跡H36

2. 石倉2遺跡IH-3住

第11図 北海道における大形石棒の出土例

災住居跡で特殊な石棒出土状況を示している。この無頭石棒は、床面から被熱を受けてバラバラで広範囲に散布されており、その下部から被熱した蛇紋岩製玉とイシイルカの焼骨が検出され、何らかの儀礼行為の存在が想定される（第11図2）。

　これに対して、中期末葉の大形石棒は竪穴住居跡の壁際から出土する事例が多くなる（阿部2008）。とくに奥壁部から出土する事例が目立つとともに、主軸線上よりも左右にずれた場所から樹立した状態で出土する傾向がある（第10図4・5）。5の御所野遺跡HE126住居跡は石棒が主軸線上の奥壁寄りにあるのに対して、FH60-03住居跡はベッド状遺構上の主軸から南側にずれた場所から傾いた状態で出土している。このほかにも炉内覆土や床面、入口部などに横位で出土する例があるが、これらは複式炉が広がる東北地方南部から中部と同様な傾向を示している。たとえば、福島県福島市愛宕原遺跡9号住居跡（武田・丸山他1989）のように、完形の石棒が壁際から傾いた状態

で出土しており、壁際に樹立していたと推測される（第10図7）。このように、これらの出土傾向は、関東や中部地方と共通する点と異なる点が認められる。とくに、中期末葉の大形石棒は竪穴住居跡の奥壁部から出土する傾向が認められ、関東・中部地方における住居跡奥壁部の石柱・石壇と共通すると言えるが、両地域での同様な奥壁部空間への特別な意識が窺われる。一方、炉跡と石棒の関係性という点では、この時期に東北地方で隆盛する大形炉である複式炉に、石棒が樹立して組み込まれる例がほとんどない。このことは関東地方や中部地方との差異として特筆すべき点である。関東・中部地方の中期後半期では、屋内の石組炉にともなって石棒が樹立して出土する傾向が強く（神村1995、山本1979a・1979b・1983・2002・2006）、大きく異なる点である。また後期初頭以降は屋外に造営される環状列石にともなって立石が目立つが、竪穴住居跡床面から大形石棒や立石が消滅する。中期終末から後期初頭は、東北地方において複式炉付住居から柄鏡形住居への住居型式の大きな変換期にあたり、これらは関東・中部地方から普及し、在地的住居に受容されたものと理解される。しかし、同様な住居形態を有する関東地方では依然として石棒が石組炉など屋内から出土する例が多く認められるのに対して、東北北部では大形石棒の衰退にともなって屋内設置例や廃屋儀礼的な火災住居跡に石棒がともなう例はほぼ皆無になる。つまり、他地域から住居型式を受容しても、同じ屋内石棒儀礼を受け入れるわけではないという住居型式の受容過程を示していると考えられる。

5. 石棒の行方―東北北部における大形石棒消滅の意義―

（1）仮説1：大形石棒から石刀へ

前述したように、東北地方北部では後期前葉には大形石棒が消滅するが、現状では大形石棒の消滅の背景は明らではない。ここでは、想定し得る二つの可能性について検討したい。

東北地方北部では、大形石棒が消滅したのちに、後期前葉（十腰内Ⅰ式期）に石刀が流行する（阿部2010b）。後期前葉に顕在化する石刀と、中期までの大形石棒がどのような関係にあったかは明らかではないが、少なくとも中期

の大形石棒は手に持って使用するというよりは、特定の場所に安置・固定した状態で使用した可能性が高い。これに対して、石刀は刃部と握部の作り分けと、長さ30cmに満たない形状からも手に持って使用したと想定される。しかしながら、単純に大形石棒から石刀へと変化したとみることはできず、両者には大きな系統的隔たりが存在する。つまり、当地域では中期末葉まで直状の石刀とともに青竜刀形石器が存在しており、これらから後期前葉の石刀が系統的に成立してくことはほぼ間違いない。しかし、東北地方南部では中期末葉（大木10式期）には、緑泥片岩製などの小形石棒が出現しており、すでに山本暉久（1979a・b・1983）が関東・中部地方で指摘するように、大形石棒から小形・中形石棒が分化したと推測される。

　以上のことを考え合わせると、大形石棒消滅期に東北北部で顕在化する石刀は、観念的領域で果たした役割という点で関係性を有していた可能性は否定できないものの、直接的な系譜関係を持たないと結論づけられる。

(2) 仮説2：“屋内石棒儀礼”から“屋外立石儀礼”へ

　次の可能性としては、以前から指摘されていることであるが、中期末葉以降に盛んに造営されるようになる屋外配石にともなう立石への変化である。

　東北地方北部では、大形石棒が消滅した後に、屋外施設である環状列石が造営されるようになる。このことは関東・中部地方で指摘されているように、中期後半期の屋内石棒祭祀主体のあり方から屋外石棒祭祀主体へと移行した可能性も考えられる（山本1979a・1979b・1983、小林1999など）。東北北部の後期前葉の配石遺構のなかに、立石遺構をともなうものがいくつか存在し、有名な例では、秋田県鹿角市大湯環状列石（文化財保護委員会1953）の万座や野中堂環状列石にともなう「日時計型石組」がある。さらに、青森市小牧野遺跡（児玉2006）の環状列石の中央部にある立石は、調査時に横倒しの状態で検出された大形棒状礫を立石として復原したものである。立石と石棒は、加工の有無に違いがあるものの、中期までの大形石棒が後期前葉に隆盛する環状列石のなかに立石として取り込まれた可能性は否定できない。東北北部の配石遺構では、伊勢堂岱遺跡のように立石を持たない事例もあり、すべての環状列石に立石遺構がともなうわけではない。しかし、大形石棒の消滅と

ほぼ同時期に起こる屋外配石遺構の隆盛は無関係であるとは考えにくい。

6. おわりに

　東北地方北部の大形石棒は、前期後半期に無頭石棒が認められるものの、中期中葉から後葉にかけて普及すると考えられる。これらの地域の中期中葉から後葉の大形石棒は、無頭石棒を主流とし、端部に同心円状の彫刻をほどこす「端部彫刻石棒」（泉山タイプ）が広域的に広がり、分布域は北海道西南部から東北地方北部を中心に山形県まで広範囲に広がる。これらの成立には、飛騨地方や北陸地方に広がる鍔を持つ石棒や彫刻石棒の影響が介在した可能性が想定され、日本海岸を通じた土器などの交流からもうかがわれる。一方、中期末葉になると、頭部形態が多様化するが、有頭石棒が主流となり、先端部に窪みを持つものが特徴的に存在する。これに対して、東北南部では緑泥片岩製などの小形・中形石棒が出現して後期前葉にかけて普及するようであり、東北北部で後期前葉に「荊内型・保土沢型」石刀が顕在化する現象とは対照的である。大形石棒の出土状況は、土坑や包含層（廃棄場）からの出土例も多いが、竪穴住居跡出土例が目立つ。中期後葉の端部彫刻石棒は、両端部の彫刻やその出土状態から横倒し状態で使用（もしくは安置）していた可能性が想定される。また、中期末葉は住居跡床面奥壁側から出土する事例が認められ、関東・中部地方と共通する要素でもある。さらに、東北北部では石棒を石組炉に組み込む例がほとんどなく、この傾向は後期前葉に至って柄鏡形住居系統の住居形態へと移行した後も変わらず、住居形態の普及と受容の構造の一端を示していると言えるだろう。

　以上のように、東北地方北部では縄文中期中葉から後期初頭にわたって大形石棒が「第二の道具」として保有されるが、大規模集落であっても大形石棒の出土数は10点前後と非常に限定された道具である。いくつかの要因を考慮しても、すべての住居が保有していたとは考えにくい。つまり、東北地方北部における縄文中期の大形石棒は、伝世品や特定住居が保有していた可能性を示しているのである。

　本稿にかかわる資料調査等で以下の方々や機関よりご協力頂き、さらに多くの方々

からも貴重なご意見頂いた。文末ながら感謝申し上げたい。

榎本剛治　大久保学　長田友也　川口　潤　菅野紀子　國木田大　倉石広太
児玉大成　小林青樹　小林達雄　佐々木茂　佐々木雅裕　佐藤直紀　佐藤信之
佐藤雅一　設楽政健　白鳥文雄　新原佑典　杉野森淳子　高田和徳　髙橋　毅
高橋智也　中村　大　浪形早季子　成田滋彦　西本豊弘　能登谷宣康　細田昌史
宮尾　亨　青森県埋蔵文化財調査センター　青森市教育委員会　一戸町教育委員会
北秋田市教育委員会　福島県文化センター白河館　山形県埋蔵文化財センター

註

1) 本論での東北地方北部は、基本的に青森県と秋田県北部（米代川流域）、岩手県北部（馬淵川流域および北上川上流域）を中心とするが、一部に秋田県南部・岩手県南部の事例を含めて検討する。
2) 大形石棒に関する定義は、従来の研究史においても明確ではないが、便宜的に10cm以上とする定義がある。しかし、東北北部の大形石棒の大きさを集計すると、約8cm～16cmの間に集中することから本論では8cm以上のものを大形石棒としたい。
3) 村上伸二（1995）は、両頭石棒について、直立させずに使用する非直立の機能を有していたと指摘しており、これは無頭石棒でも両端部に彫刻をほどこす石棒にも当てはまる見方である。

引用・参考文献

阿部昭典　2008　「第4章　竪穴住居の上屋構造と内部構造」『縄文時代の社会変動論』アム・プロモーション、135-165頁

阿部昭典　2009a　「縄文時代における徳利形土器の祭祀的側面の検討」『國學院大學伝統文化リサーチセンター研究紀要』第1号、1-14頁

阿部昭典　2009b　「東北地方における「第二の道具」の多様性─土製品・石製品のライフサイクルから─」『平成21年度フォーラム　環状列石をめぐるマツリと景観』國學院大學伝統文化リサーチセンター、1-12頁

阿部昭典　2010a　「縄文時代後期前葉における土偶の有脚化とその意義」『國學院大學伝統文化リサーチセンター研究紀要』第2号、17-36頁

阿部昭典　2010b　「東北地方北部における石刀の顕在化」『國學院大學考古学資料館紀要』第26輯、47-69頁

阿部昭典　2010c　「縄文時代の鐸形土製品に関する一考察」『椙山林継先生古希記念論文集』雄山閣、1-11 頁

阿部昭典　2010d　「環状列石における「第二の道具」」『縄文時代の精神文化　第11回研究集会発表要旨集・資料集』関西縄文文化研究会、74-93 頁

阿部昭典　2011a　「土偶有脚化とその意義」『第 8 回土偶研究会　発表要旨集』土偶研究会、3-18 頁

阿部昭典　2011b　「東北北部における環状列石の受容と集落構造」『古代文化』第 63 巻第 1 号　24-44 頁

阿部昭典・國木田大・吉田邦夫　2011　「縄文時代の鐸形土製品の自然科学分析」『日本考古学協会発表要旨集』日本考古学協会、38-39 頁

大矢昌彦　1977　「石棒の基礎的研究」『長野県考古学会誌』28、18-44 頁

長田友也　2006　「馬高期の大型石棒―彫刻石棒をめぐって―」『火焔土器の時代』津南町教育委員会、76-79 頁

長田友也　2008　「大型石棒にみる儀礼行為」『月刊考古学ジャーナル』No. 578、10-13 頁

長田友也　2009a　「東北地方における縄文時代前期の儀器と精神文化」『東北縄文社会と生態系史』日本考古学協会、289-310 頁

長田友也　2009b　「新潟県における石棒・石剣・石刀の変遷」『新潟県の考古学Ⅱ』新潟県考古学会、227-246 頁

加藤元康　2009a　「縄文時代後期のクマ表現」『國學院大學伝統文化リサーチセンター研究紀要』第 1 号、15-24 頁

加藤元康　2009b　「環状列石と遺跡群の空間的関係」『平成 21 年度フォーラム環状列石をめぐるマツリと景観』國學院大學伝統文化リサーチセンター、21-28 頁

神村　透　1995　「炉縁石棒樹立住居について」『王朝の考古学』大川清博士古希記念会、20-31 頁

後藤信祐　1986・1987　「縄文後晩期の刀形石製品の研究（上）・（下）」『考古学研究』第 33 巻第 3 号・第 4 号、39-68 頁・28-48 頁

後藤信祐　2003　「刀形石製品の起源と系譜」『富山大学考古学研究室論集　蜃気楼―秋山進午先生古希記念―』47-69 頁

小島俊彰　1986　「鍔を持つ縄文中期の大型石棒」『大境』第 10 号、25-40 頁

小島俊彰　1995　「彫刻石棒について」『飛騨みやがわシンポジウム　石棒の謎をさぐる』45-57 頁

小林達雄　1999　『縄文人の文化力』新書館
澁谷昌彦　1998　「第二編 "汝、砕かれしもの、免れしもの" 石刀・石剣」『七社宮』浪江町教育委員会、199-220頁
澁谷昌彦　2007a　「福島県内の大形石棒」『いわき地方史研究』第44号　1-26頁
澁谷昌彦　2007b　「石棒の型式分類と石剣・石刀の問題」『列島の考古学Ⅱ　渡辺誠先生古稀記念論文集』383-396頁
島田恵子　1995　「南佐久郡の石棒の文化」『山麓考古』第18号、53-62頁
鈴木克彦　1987　「風韻堂コレクション石棒・石刀・石剣」『青森県立郷土館調査研究年報』第11号、101-122頁
鈴木　源　1999　「第3編　石棒・石刀の用途に関する一考察」『大越・江ノ上B遺跡』大越町教育委員会、89-95頁
鈴木素行　2007　「石棒」『縄文時代の考古学11　心と信仰』同成社、78-95頁
谷口康浩　2006　「石棒と石皿―象徴的生殖行為のコンテクスト―」『考古学』Ⅳ、77-102頁
土屋千恵子　1992　「第6章2．石器」『堀株1・2遺跡』北海道文化財研究所、624-642頁
冨樫泰時　1991　「円筒土器様式と大木土器様式」『北からの視点』日本考古学協会宮城・仙台大会シンポジウム資料集、79-88頁
戸田哲也　1997　「石棒研究の基礎的課題」『堅田直先生古稀記念論文集』堅田直先生古稀記念論文集刊行会、91-108頁
戸田哲也　2009　「最古の石棒」『月刊考古学ジャーナル』No.590、34-37頁
藤本英夫　1963　「北海道石狩町出土石棒」『考古学雑誌』第53巻第4号、79-80頁
松田光太郎　2004　「縄文時代前期の小形石棒に関する一考察」『古代』第116号、1-17頁
宮尾　亨　2009　「火炎土器、北へ」『火焔土器の国　新潟』新潟県立歴史博物館編　新潟日報事業社、65-70頁
村越　潔　1974　『円筒土器文化』雄山閣出版
村越　潔　1988　「東北北部における石器・石製品の出現と消滅」『月刊考古学ジャーナル』No.287、29-34頁
村田　大　2004　「Ⅵまとめ　(2) 1H-3出土の石棒について」『森町石倉2遺跡』北海道埋蔵文化財センター、158-159頁
山本暉久　1979a・1979b　「石棒祭祀の変遷（上）・（下）」『古代文化』第31巻第11

号・第12号、1-41頁・1-24頁
山本暉久　1983　「石棒」『縄文文化の研究9　縄文人の精神文化』雄山閣出版、170-189頁
山本暉久　1994　「石柱・石壇をもつ住居址の性格」『日本考古学』第1号、1-26頁
山本暉久　2002　『敷石住居址の研究』六一書房
山本暉久　2006　「浄化された石棒」『神奈川考古』第42号、37-65頁
山本暉久　2007　「屋内祭祀の性格」『縄文時代の考古学11　心と信仰』同成社、221-232頁
吉朝則富　1995　「飛騨における鍔をもつ大型石棒の分布について」『飛騨の考古学』283-293頁

発掘調査報告書

阿部勝則・八重畑ちか子　2008　『八木沢Ⅱ遺跡・八木沢ラントノ沢遺跡発掘調査報告書』岩手県文化振興事業団埋蔵文化財センター
氏家信行・志田純子　1998　『山居遺跡発掘調査報告書』山形県埋蔵文化財センター
遠藤勝博・高橋義介　1982　『田代遺跡発掘調査報告書』青森県教育委員会
大沼千春・千葉英一他　1988　『新道4遺跡』北海道埋蔵文化財センター
黒坂雅人　1994　『西ノ前遺跡発掘調査報告書』山形県埋蔵文化財センター
児玉　準他　1979　『大畑台遺跡発掘調査報告書』男鹿市教育委員会
児玉大成　2006　『小牧野遺跡発掘調査報告書Ⅸ』青森市教育委員会
小林　克・山本起嗣他　2006　『森吉家ノ前A遺跡』秋田県教育委員会
柴田陽一郎・宇田川浩一他　2004　『向様田A遺跡　遺物篇』秋田県教育委員会
菅原俊行他　1976　『小阿地・下堤遺跡・坂ノ上遺跡発掘調査報告書』秋田市教育委員会
菅原俊行・安田忠市他　1985　「坂ノ上F遺跡」『秋田臨空港新都市開発関係埋蔵文化財発掘調査報告書』秋田市教育委員会
高田和徳他　1983　『一戸バイパス関係埋蔵文化財調査報告書Ⅲ　馬場平2遺跡』一戸町教育委員会
高田和徳・久保田滋子他　2004　『御所野遺跡Ⅱ』一戸町教育委員会
高田和徳・中村明央　2006　『御所野遺跡Ⅲ』一戸町教育委員会
高橋憲太郎・鎌田祐二　1994　『崎山遺跡群Ⅷ―平成5年度発掘調査概報―』宮古市埋蔵文化財調査報告書41

瀧澤幸長・松山　力　1995　『松ヶ沢遺跡他14遺跡』五戸町教育委員会
武田耕平・丸山泰徳他　1989　『市道原宿愛宕原1号線建設工事関連遺跡調査報告　愛宕原遺跡』福島市教育委員会
冨樫泰時・橋本高史　1980　『才の神遺跡発掘調査報告書』秋田県教育委員会
永瀬福男・柴田陽一郎他　1984　『東北縦貫自動車道発掘調査報告書Ⅹ』秋田県教育委員会
成田滋彦・中嶋友文他　1995　『泉山遺跡』青森県教育委員会
成田滋彦・中嶋友文他　1996　『泉山遺跡Ⅲ』青森県教育委員会
似内啓邦・太田代由美子他　1997　『大館遺跡群―大館町遺跡―平成6・7年発掘調査概報』盛岡市教育委員会
文化財保護委員会　1953　『大湯環状列石』
前田正憲・谷岡康孝他　2005　『東山遺跡』松前町教育委員会
三浦孝仁・成田滋彦他　1993　『富ノ沢（2）遺跡Ⅵ発掘調査報告書』青森県教育委員会
村田　大・阿部明義他　2004　『森町石倉2遺跡』北海道埋蔵文化財センター

中四国地域における大形石棒

中 村　　豊

1. はじめに

　中四国地域の大形石棒[1]は、近年資料の蓄積が進み、出土状況などもあきらかとなりつつある。とくに、縄文晩期末～弥生前期初頭にかけての資料は豊富で、当時の地域社会での役割を推測しうるほどになりつつある。

　以下、かつて筆者が概観した四国地域での展開（中村2000a・2003）を、近年の類例によって、一部修正しつつ論じていきたい。

2. 中四国地域における大形石棒と刀剣形石製品の展開

　大形石棒は、縄文中期末・後期初頭～後期前葉にかけて、中四国地域にもたらされる。徳島市矢野遺跡（藤川ほか2003）では6点の石棒が出土し、徳島県美馬郡つるぎ町貞光前田遺跡（泊編2001）や、香川県善通寺市中村遺跡（真鍋昌編1987）などでも類例が認められる。このほか、徳島県内各地で単発的に出土している資料（羊我（飯田）1961、中村2000a・2003）についても、この時期のものが含まれている可能性が高い。特徴としては、中国地域の資料は砂岩・凝灰岩など、白色系の石材を利用する傾向がみられる一方、四国地域では結晶片岩製のものがほとんどである。また、この時期は頭部を有する形式も認められる。

　その後、縄文後期中～後葉にいたって、刀剣形石製品の展開がみられる中国地域と、大形石棒祭祀が継続して主流をなす四国地域に分かれて地域色がみられるようになる。中国地域のあり方は関西地域と共通した動きである。ただし、関西地域においても、大形石棒は細々と併行して展開していたものとみられる（大下2010）。中国地域も同様であろう。

四国地域では、縄文後期中葉～晩期前半に、高知県四万十市中村貝塚（木村1987）、徳島県三好郡東みよし町稲持遺跡（湯浅1993）など、刀剣形石製品自体はみられるものの、類例はきわめて少ないといえる。大形石棒は高知県四万十市大宮・宮崎遺跡出土の縄文後期中葉の例（木村編1999）や、徳島市庄遺跡出土の縄文後期末の例（前川編1997）がみられ、近年では愛媛県西条市池の内遺跡（多田編2009）で、縄文晩期中葉の土坑にともなって大形石棒の出土が認められた。これが縄文晩期末～弥生前期初頭の結晶片岩製大形石棒の盛行へとつながっていくのである。多田仁（多田編2009）が指摘する通り、縄文晩期末～弥生前期初頭に盛行する大形石棒展開の源流は、すでに縄文晩期中葉にはみられたのである。すなわち、四国地域では、縄文後期中葉～晩期前半においても、刀剣形石製品の展開は限定的で、大形石棒の展開が継続していたとみるのが妥当といえよう。九州地域においても、縄文後期後葉～晩期初頭にかけて、橿原型石棒の類例がみられるので、刀剣形石製品の少ない四国地域のあり方は特徴的であるといえよう。以上のあり方は、土偶の展開とも密接に関連しあう。すなわち、山陰地域や九州地域を中心に分銅形土偶、人形土偶などの類例がみられる一方、四国地域では土偶の展開はきわめて限定的である。大形石棒の展開自体、西日本の中でも地域差がみられる点は十分に意識しておくべきであろう。

　大形石棒と刀剣形石製品は、型式学的にみても、系統を異にするものである（後藤1986・2007）。小形石棒に関しては石刀・石剣の影響を受けて大形石棒から派生したと考えられる。しかし、その太さと大きさ、製品の仕上げの研磨からみても、異なる機能をもつものであって、別系統に展開し、大形石棒とは併行し、地域色を持って展開したとみるのが妥当である。

　縄文晩期後半の西日本において刀剣形石製品が基本的にはみられなくなるというのは、後藤信祐（1986・2007）の指摘する通りである。この時期には結晶片岩製大形石棒が盛行をみることとなる。この背景には、縄文中期末～後期前葉以降、後期中葉～晩期前半においても、四国地域を中心に刀剣形石製品と併行して展開してきた大形石棒の伝統的なあり方が存在するのである。

3. 石材・生産・消費

　四国地域における大形石棒の石材は、高知県南国市田村遺跡（吉成編 2004、小野・前田ほか 2006）にみられる砂岩製のものを除き、ほぼすべて結晶片岩製である。四国山地北斜面を中心に展開する三波川帯の結晶片岩を素材とし、基本的に四国島内で製作がおこなわれているとみてよいだろう。

　しかしながら、素材や未製品など製作工程を示すような資料は、縄文晩期末の徳島市三谷遺跡（勝浦編 1997）などをのぞいてほとんどみつかっていない。これはあらかじめ大形石棒の形態に近く、複雑な製作工程を必要としない川原石を素材とし、また特定の遺跡で集中生産するのではなく、各地域社会において、その生産から使用が完結するか、小規模な流通にとどまるからであると考えられる。

　こうした様相は基本的に縄文晩期後葉にも継続したと考えられるが、三谷遺跡では製作工程を復原できる資料がそろい、徳島市名東遺跡（勝浦 1990）、徳島県三好郡東みよし町大柿遺跡（栗林編 2001）でも未製品がみられる[2]。すなわち、ある程度の集中的な生産が想定できる。これは、消費先の動向とも密接にかかわり合うものである。

　さきに、縄文中期末・後期前葉～晩期中葉にかけての大形石棒は、素材や未製品がみられず、生産から消費までが、比較的小規模で一定地域内で完結していた可能性を指摘した。同時代の中国地域や関西地域での大形石棒の石材をみてみると、確かに結晶片岩製のものもみられるが、砂岩製や凝灰岩製など多様な石材がみられる。一方、縄文晩期末に関しては、大形石棒のほとんどが結晶片岩製に偏る傾向をもっている。すなわち、縄文晩期末の徳島地域における結晶片岩製石棒生産の動向は、四国島外における需要とも密接にかかわり合っているのである。

4. 大形石棒の出土状況

　縄文後期中葉～晩期中葉までの大形石棒は、おもに四国地域でその類例が見られ、下記のように単品で出土するケースがほとんどである。たとえば、

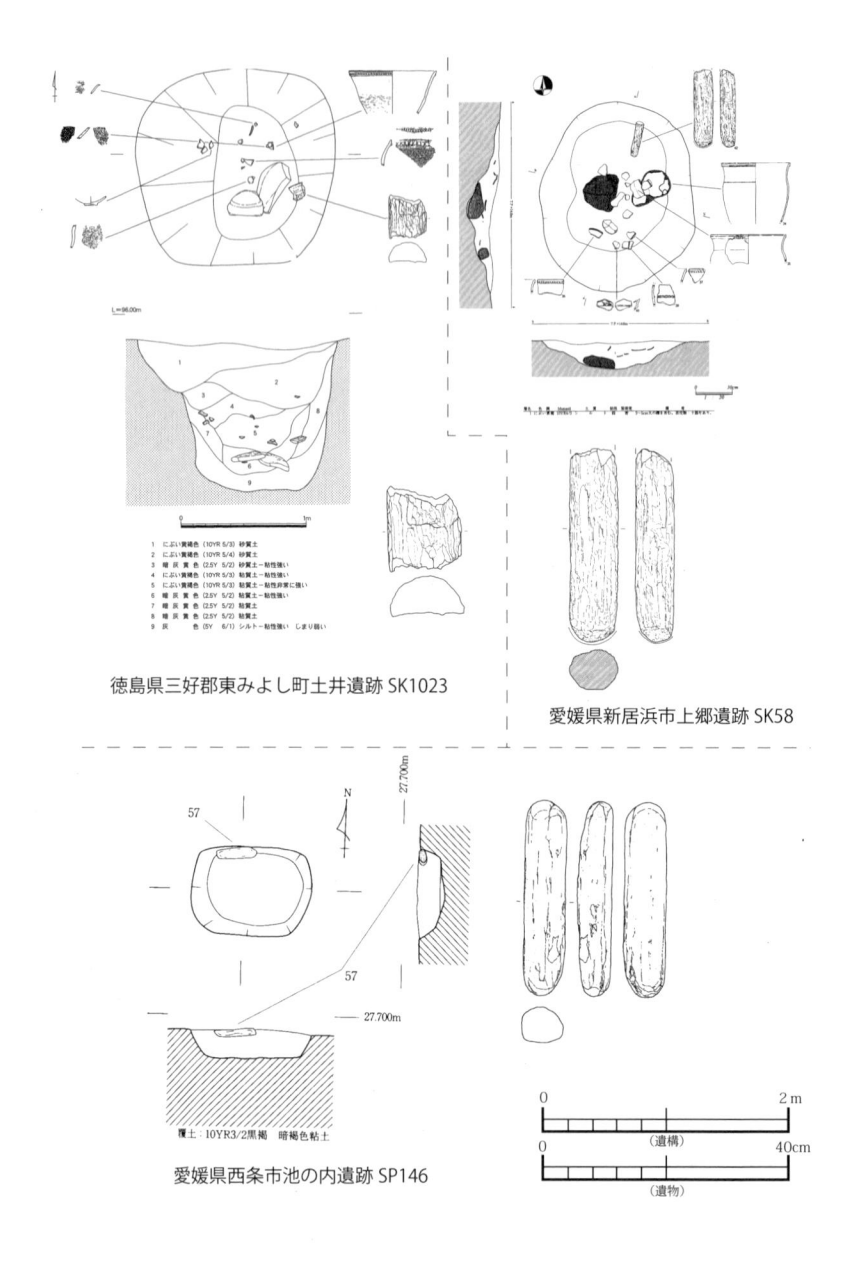

徳島県三好郡東みよし町土井遺跡 SK1023

愛媛県新居浜市上郷遺跡 SK58

愛媛県西条市池の内遺跡 SP146

第1図　大形石棒出土A類型の遺跡

縄文後期中葉の大宮・宮崎遺跡では、第11・12号配石遺構から計1点出土している。縄文晩期中葉の池の内遺跡では、SK39・SP146の2箇所の土坑から1点ずつ出土している（第1図）。凸帯文期（口酒井期〜船橋式併行）の愛媛県新居浜市上郷遺跡でも、土坑から石棒1点が出土している（池尻編2009、第1図）。滋賀里Ⅳ式併行期の、徳島県三好郡東みよし町土井遺跡でも、土坑から破片1点が出土している（大北編2001、第1図）。以上のほか愛媛県西条市長網Ⅰ遺跡（中野ほか編2005）、同今治市阿方遺跡（真鍋昭編2000、報文では敲石）などで、土坑からの出土がみられる。また、松山市別府遺跡（三好ほか編2004）や高松市東中筋遺跡（小川編2004）、同井出東Ⅱ遺跡（山元編1995）のように、自然流路や旧河道から出土するケースもみられる。基本的には1遺跡から1〜2点完形品に近い形で出土するケースが多い。また、頭部を男根状に仕上げた有頭形ではなく、そのほとんどが無頭形である（縄文後期前葉までは、有頭形もみられる）。

　しかしながら、縄文晩期末〜弥生前期初頭の三谷遺跡、名東遺跡は上記とは異なった出土状況をみせる。すなわち、三谷遺跡は貝層の堆積する自然凹地（7体のイヌの埋葬がみられる）から18点以上の石棒が出土している（勝浦編1997）（第2図）。また、名東遺跡でも自然凹地から4点が出土している。すなわち、晩期中葉までの1〜2点が出土する様相とは確実に異なる出土状況を示しているのである。さらに、無頭形ばかりの晩期中葉までとは異なり、確実に有頭形が認められるようになる。たとえば、三谷遺跡では、18点中3点が有頭形である。

　これと同様な傾向は、大形石棒の消費先である関西地域でも認められる。すなわち1・2点が出土するケースも一般的にみられるが、大阪市長原遺跡（田中ほか1982、松尾・森ほか1983）（第3図）、伊丹市口酒井遺跡（南・大下ほか1988）、神戸市大開遺跡（前田・内藤ほか1993）（第4図）、東大阪市弓削ノ庄遺跡（島崎ほか編2005）、同市池島・福万寺遺跡（井西編2011、廣瀬編2008）（第5図）、和歌山県日高郡みなべ町徳蔵地区遺跡（渋谷・佐伯編2005）のように、4・5〜20点程度まとまって出土するケースがみられる。そして、これらには有頭形が含まれる。

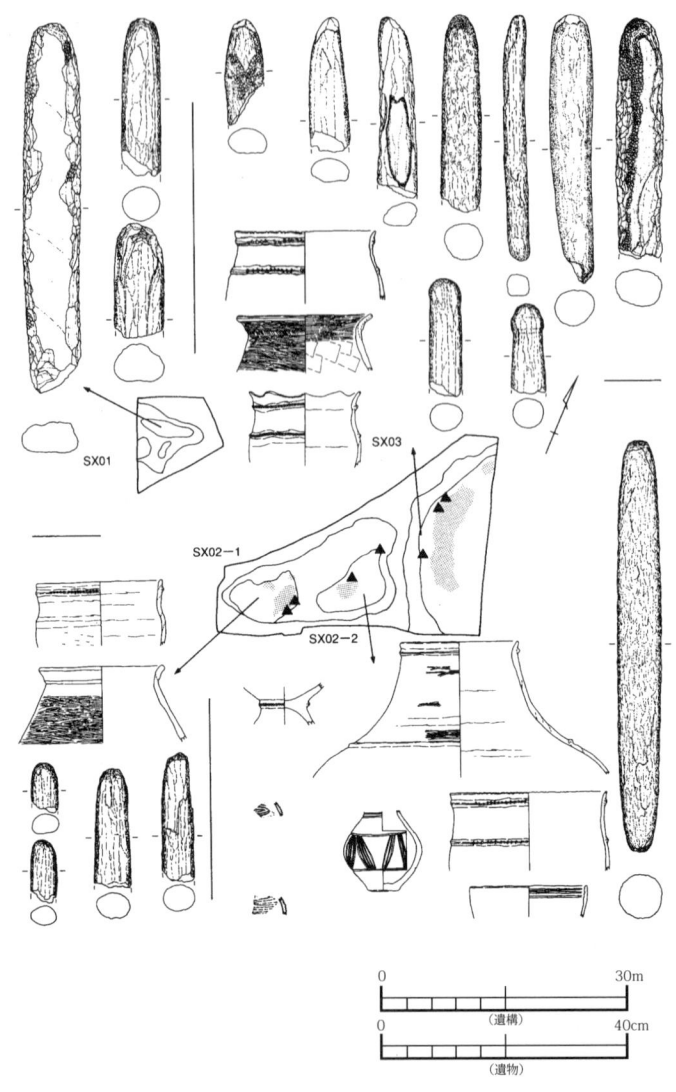

第2図　大形石棒出土B類型の遺跡（徳島市三谷遺跡）

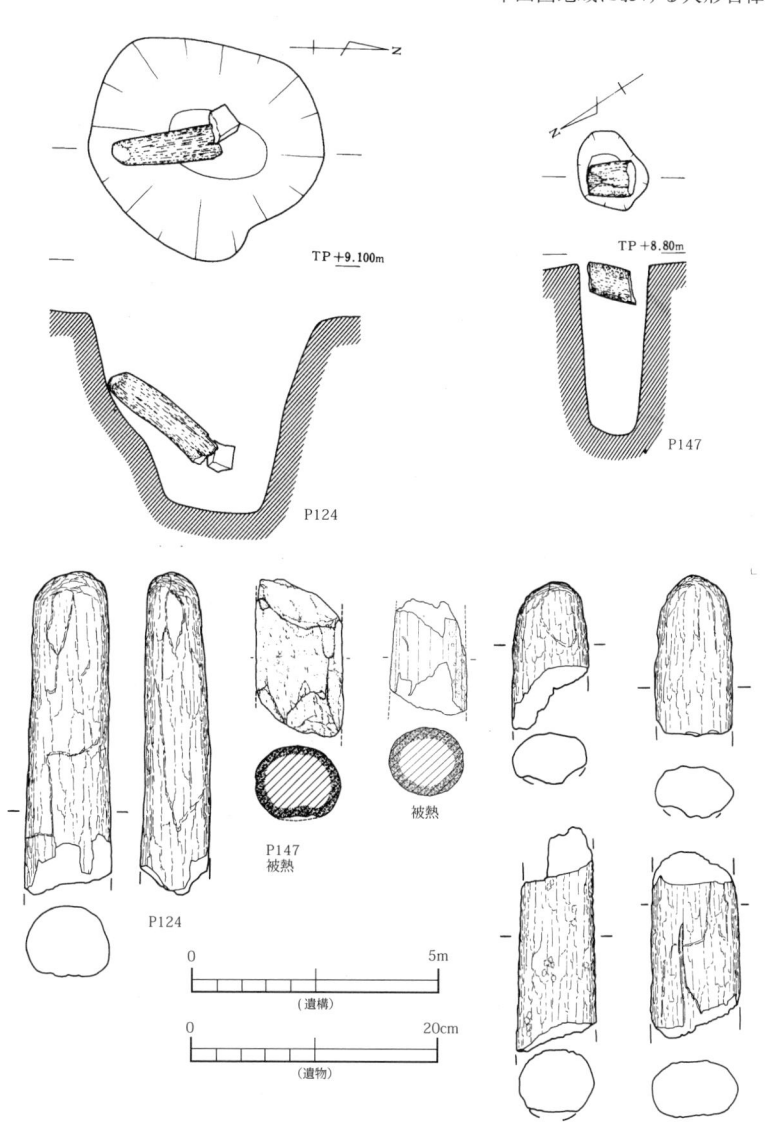

中四国地域における大形石棒

第3図　大形石棒出土B類型の遺跡（大阪市長原遺跡）

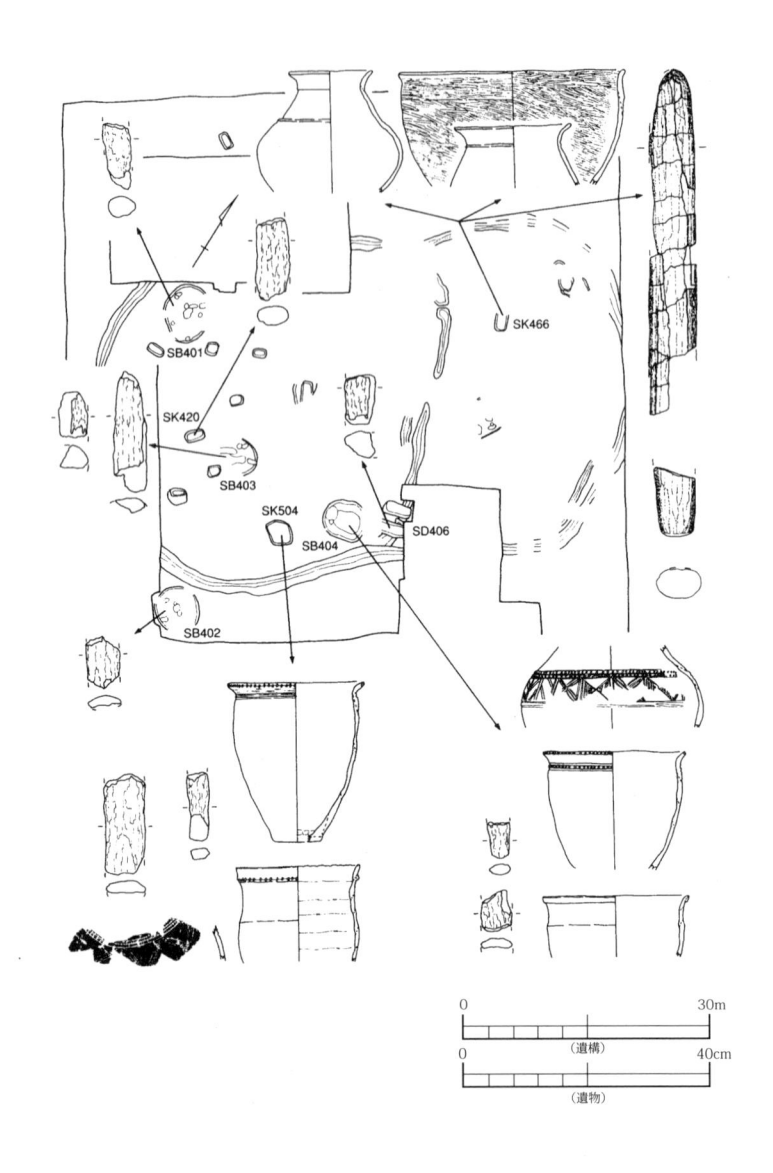

第4図　大形石棒出土C類型の遺跡（神戸市大開遺跡）

216

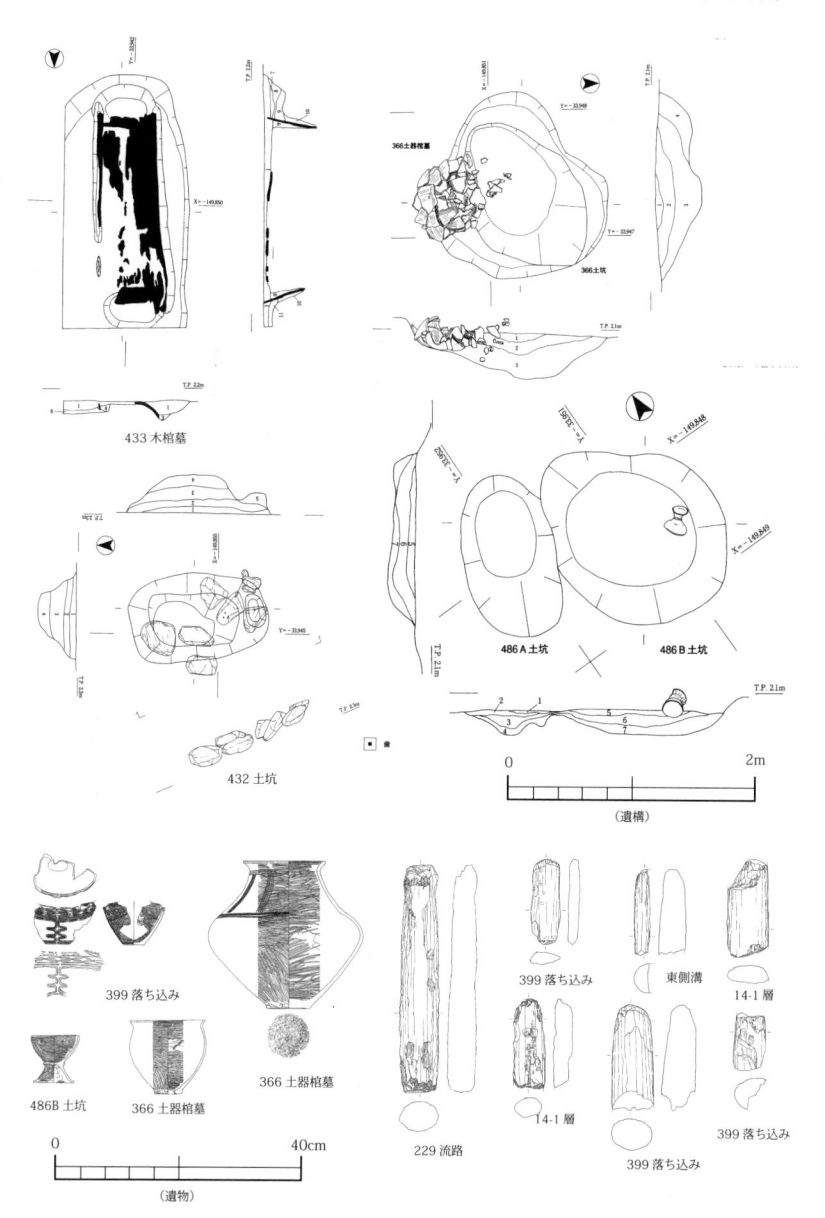

中四国地域における大形石棒

第5図　大形石棒出土C類型の遺跡（東大阪市池島・福万寺遺跡）

縄文晩期後葉における大形石棒の展開は直接的な系譜は縄文後期中葉～晩期前半に展開する大形石棒にあるとみられる。しかし、大形石棒の分布相と出土状況、有頭形の増加などは明らかに縄文晩期中葉までとは異なる点に、十分注意しておかねばならない（中村1998・2000b・2001・2004・2005・2007・2008・2009・2010）。

　この頃、西日本東半（以下東部）地域で盛行する大形石棒に対し、西日本西半（以下西部）地域を中心に大陸系の精神文化がもたらされる。代表的な遺物として、有柄式磨製石剣をあげることができる。有柄式磨製石剣は、松山平野（下條1994、武末1982）や田村遺跡（吉成編2004、小野・前田ほか2006）（第7図）などで出土しているが、その分布状況は、大形石棒と重なりつつも、中四国地域の東西で好対照をなしている（中村2004・2005）（第6図）。すなわち、西部地域へと伝播してきた新たな精神文化との出会いが、東部地域における伝統的な精神文化である大形石棒祭祀の盛行をうながしたものと考えられる。そうして、この大形石棒の盛行は、刀剣形石製品が盛行するようになった地域にも受け入れられたのである。さらには、大洞系土器、漆工芸・赤彩・木工技術などの流入にみる、東日本地域との交流が活発化するあり方もこのような動向と連動するものではなかろうか。

5. 地域社会の変容

　筆者はこれまで、大形石棒の出土相から、縄文晩期末～弥生前期初頭の地域社会の動向について論じてきた（中村2007・2008・2009・2010）が、ここでは縄文後期からの展開を含めて概観していきたい。

　大形石棒の出土する遺跡は、下記のように大きくみて3つの類型に分類することが可能である（中村2009を一部修正）。

　A（第1図）：1遺跡から1～3点程度の石棒が出土する。土坑や流路、配石など、遺構から出土することもあるが、1・2点の出土にとどまる。大宮・宮崎遺跡、庄遺跡、池の内遺跡など、縄文晩期中葉以前は、大半がこの類型に属する。縄文晩期後葉にも、同様の類例は継続する。

　B（第2・3図）：1遺跡から4・5～20点程度のまとまりをもって出土する。

中四国地域における大形石棒

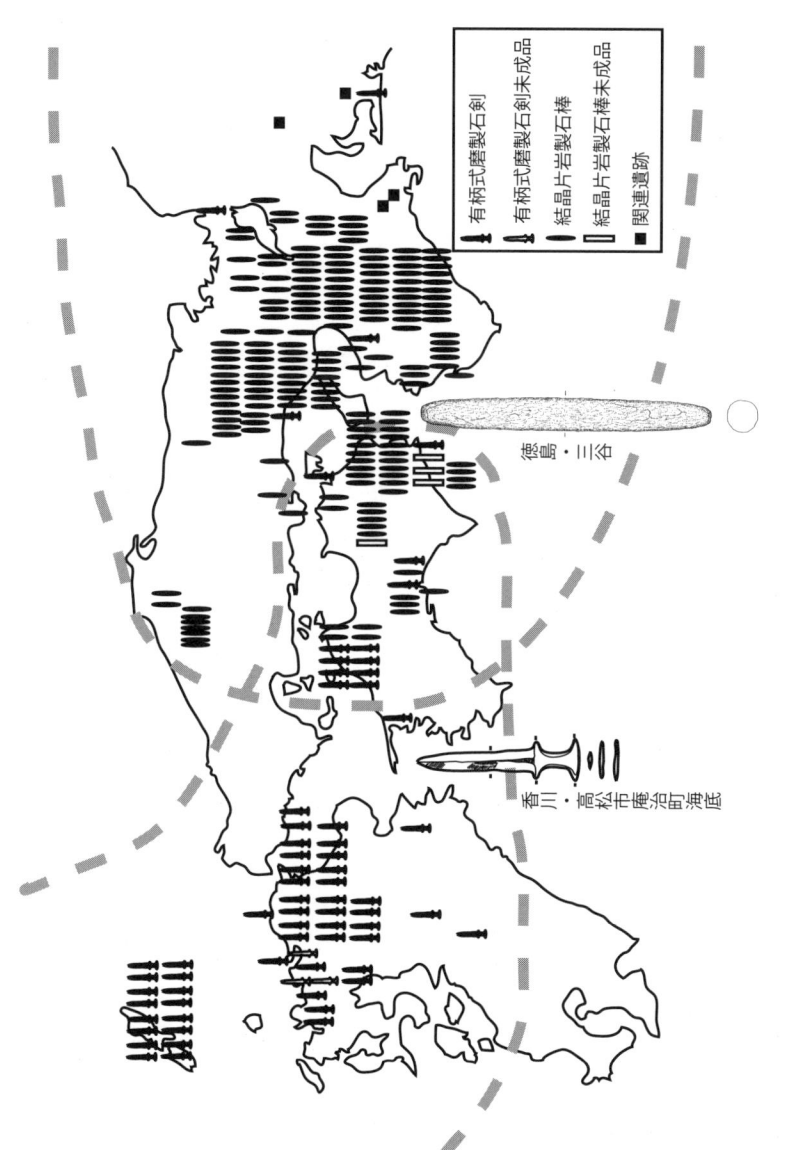

第6図 有柄式磨製石剣と結晶片岩製石棒

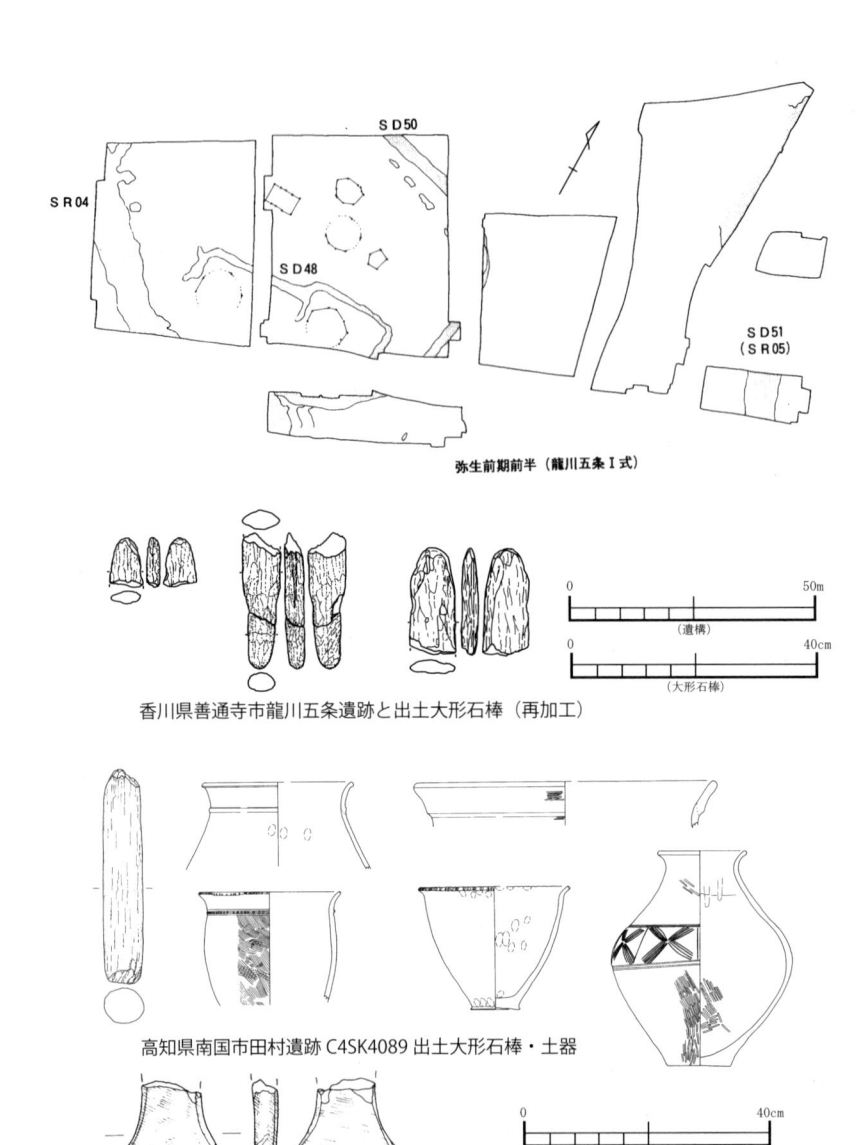

弥生前期前半（龍川五条Ⅰ式）

香川県善通寺市龍川五条遺跡と出土大形石棒（再加工）

高知県南国市田村遺跡 C4SK4089 出土大形石棒・土器

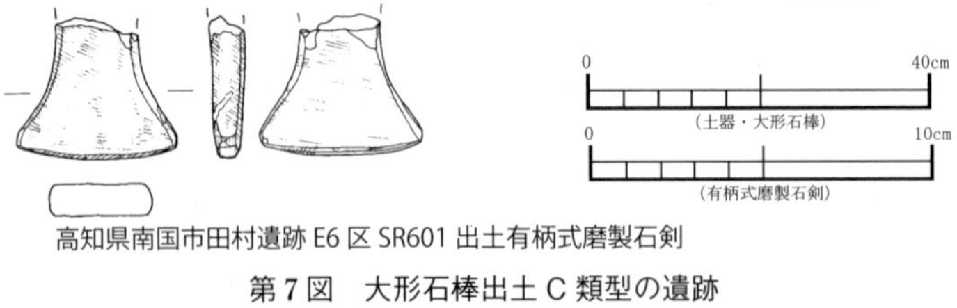

高知県南国市田村遺跡 E6 区 SR601 出土有柄式磨製石剣

第7図　大形石棒出土 C 類型の遺跡

縄文晩期後葉の東部地域に特有の類型である。三谷遺跡（第2図）、名東遺跡、大柿遺跡といった徳島の遺跡のほか、高知県土佐市居徳遺跡、長原遺跡（第3図）、口酒井遺跡、弓削ノ庄遺跡などがこの類型に属する可能性が高い。

　C（第4・5・7・9図）：溝・灌漑用水路をもち、遠賀川式土器を使用する弥生時代初期の遺跡。田村遺跡（吉成編2004、前田編2004、小野・前田ほか2006）、香川県善通寺市龍川五条遺跡（宮崎編1996、森下編1998、第7図）のほか、関西地域の大開遺跡（第4図）や池島・福万寺遺跡（第5図）、徳蔵地区遺跡などがこれに相当する。出土点数は、1・2点～10数点まで多様である。

　縄文晩期中葉以前は、基本的には上記Aの遺跡が点在するか、Aに大形石棒をもたない遺跡が結合して地域社会を形成していたものであろう。こうした様相は、縄文晩期後葉にも継続したとみられるが、おもに東部地域では上記Bを中心に複数のAが、大形石棒をもちいた儀礼を通して有機的に結合するような地域社会を想定できる（第8図）。一方、CはAが灌漑水田稲作経営にともなう協業の必要性から集住化することによって形成されたもので、大形石棒は集住化の過程でもち込まれたものか、BがCへ移行したものであろう。あるいは交易によってA－Bよりえた可能性もある。縄文晩期末－弥生前期初頭はA－BとCが併存する形で展開していたのではなかろうか。A－B・C併存期、すなわちC成立当初はA－BとCとの間にも交流はみられたと想定できるので、岡山市津島岡大遺跡（野崎ほか2006）（第9図）の井堰出土例にように、大形石棒をもちいた儀礼は継続したとみられる。大形石棒の分布圏は、同じような境遇にあった、A－BまたはA－B・Cどうしの交流、すなわち儀礼の共有を意味するのであろう。

　しかしながら、Cは灌漑水田稲作経営にともなう協業によって日常的に結合しているのであるから、A－Bを成り立たせていた、地域社会を維持するための大形石棒儀礼は、やがて衰退した。また、C内部では大陸系ないし、特有に発達した新たな精神文化が、大形石棒にかわって力を発揮していったものと推察される。たとえば、龍川五条遺跡のように、大形石棒を石剣へ再加工するようなこともみられた（森下編1998）（第7図）。

　Bが発達せずCの拡大が早かった西部地域につづいて、東部地域におい

5本1本

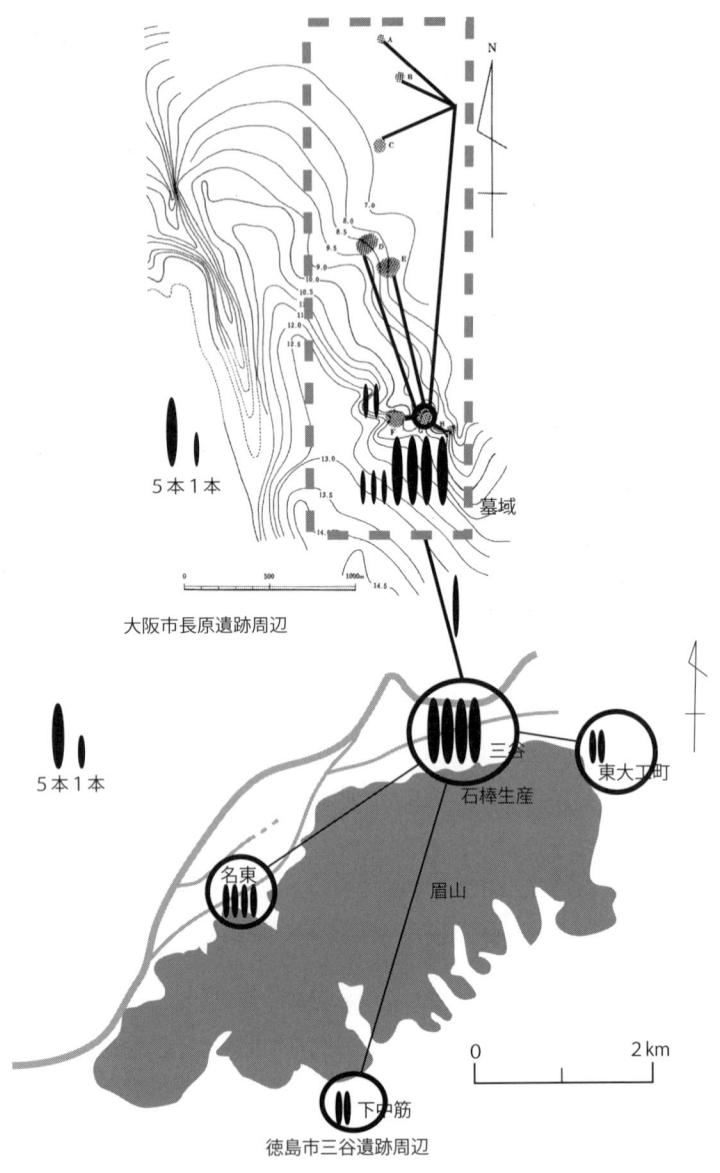

大阪市長原遺跡周辺

墓域

5本1本

三谷
石棒生産

東大工町

名東

眉山

下中筋

徳島市三谷遺跡周辺

第8図　大形石棒から見た縄文晩期末の地域社会

てもCは弥生前期中葉〜後葉にかけて拡大し、Bは衰退する。Aは以後も細々と展開したであろうが、Bの衰退によって、大形石棒をもちいることもなくなった。ここに、大形石棒は終焉を迎えるのである[3]。

6. 集住化と大形石棒の終焉

　最近、京都市上里遺跡、滋賀県近江八幡市竜ヶ崎A遺跡など縄文晩期の遺跡で、栽培植物の検出が相次いでいる。かつて、縄文時代は狩猟採集経済で、農耕は弥生時代からと考えられてきたが、もはや農耕は縄文時代に開始されていたとみる説が有力になりつつある。しかし、その一方で、人工的に溝を掘削し、河川から水を引いて水田を経営する灌漑水田稲作・治水や利水に関係する遺構は、基本的に弥生時代以降に出現する。

　灌漑水田稲作を経営するためには、水田開発や用水路の掘削・管理など、相当な規模での労働力を集める必要がある。そして、これを推し進めるには、従来みられたような集落形態ではなく、あらたに集住化が必要となった。この動きが、縄文晩期末の社会を大きく変える契機となったと考えられる。

　津島岡大遺跡では自然流路にもうけられた井堰に結晶片岩製大形石棒が置かれた状態で出土した（第9図）。自然流路の堆積物は粒子の細かいシルト〜細砂層であるから、大形石棒が流れ込む可能性は低く、石棒は井堰の祭祀としてもちいられた可能性が考えられる。

　大開遺跡（第4図）は関西地域最古の環濠集落として著名である。しかし、大開遺跡では大形石棒14点が出土しており、集落内で大形石棒祭祀をおこなっていたと考えられる。すなわち、縄文時代晩期末の中心的な集落が大形石棒祭祀を残したまま集住化をとげている可能性が考えられるのである。龍川五条遺跡（第7図）、田村遺跡（第7図）、池島・福万寺遺跡（第5図）などは、さらに大規模な集落へと移行していったものであろう。以上のような場合、構成員は基本的に、縄文時代晩期末の地域社会（第8図）の集住化を基礎としている可能性が高い。たとえば三谷遺跡では、魚貝類・獣骨から堅果類・炭化米にいたるまでが、多量に投棄されたところにイヌが埋葬されていた（第2図）。これらを解体し・分配する場が共同祭祀場として機能していたものと

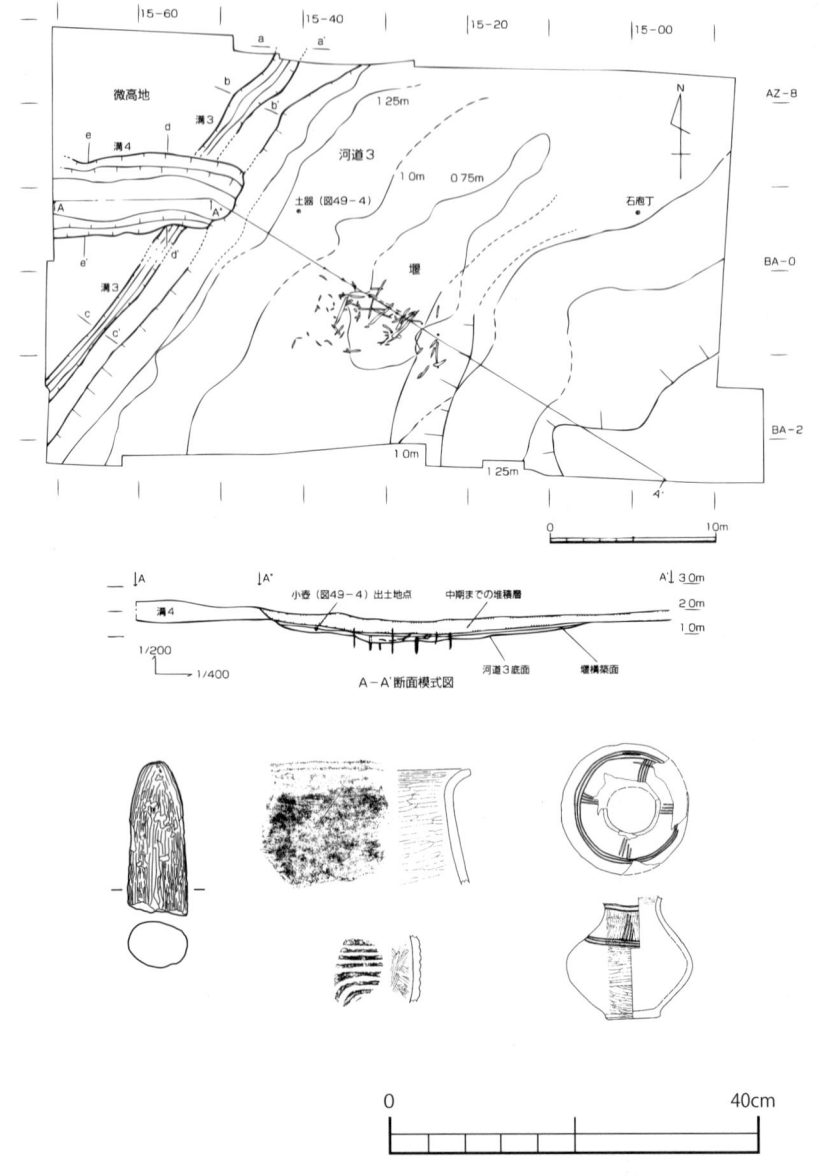

第 9 図　岡山市津島岡大遺跡出土井堰と大形石棒

224

推察される。すなわち、大形石棒祭祀が狩猟・漁労をはじめとする生業にともなう協業（祭祀）と深く関係するというのであれば、灌漑水田稲作経営にともなう協業はこうした協業から移行しているとも考えられるからである。

灌漑水田稲作経営にかかわる協業に、凸帯文土器を使用していた人々が参加していたことは間違いない。また、前期の弥生集落から大形石棒が出土し、時にその祭祀がおこなわれていた事実は（第4・5・7・9図）、大形石棒祭祀を通して互いに結合していた、狩猟・漁撈をはじめとする生業にともなう協業を軸とした、縄文時代晩期末の地域社会（第8図）を基本的な単位として集住化（第4・5・7図）が推し進められ、灌漑水田稲作経営にともなう協業へと移行していったことを示しているのではあるまいか。

こうして大形石棒祭祀をともなう地域社会（第8図）は解体していったが、新たな地域社会は、縄文晩期末のそれらが文化伝播を受けて集住化をとげたものであり、地域社会を結ぶネットワーク自体は受け継がれていった。そうして、これは青銅器をはじめとする弥生時代祭祀遺物の分布相にあらわれているのである。

註

1) 筆者は、「大（小）型石棒」と表記する立場であるが、本稿では混乱をさけるため、編集方針に従い、「大（小）形石棒」とする。
2) ただし、頭部を有する形式のみられるのは、三谷遺跡のみである。中四国・関西地域には頭部を有するものが展開する点は注意しておきたい。
3) 近年、寺前直人（2009・2010）は、おもに弥生前期の関西地域にみられる小形石棒・石刀をもって弥生の石棒とし、論を展開する。また、これらの小形石棒類を評価せず、結晶片岩製石棒にこだわって論を展開する筆者に批判を加えている。しかし、縄文晩期末〜弥生前期初頭の関西地域に結晶片岩製の大形石棒が特徴的に展開することは、1980年代後半に、泉拓良（1985）や大下明（1988）らが見出して以来、当該研究の共通理解として定着している。筆者の研究は、これら先学の延長上に位置するのであって、短絡的に結晶片岩へのこだわりとする批判は、学史的背景に対する理解が不十分である点で、全く理解できない。

さらに、寺前の「弥生小形石棒・石刀」の出土状況に対する基本的な検討が十

分でない点も指摘しておかねばならない。弥生時代の沖積平野が、史上空前の開発にさらされたことは、あらためていうまでもない。これにともなって、立地の重なる縄文後晩期遺跡は相当数破壊されたと想定できる。たとえば、寺前は大阪府和泉市池上曽根遺跡出土例を弥生石棒の代表として取り上げるが、筆者が実見する限り、縄文時代後期末～晩期前葉の石刀と同型式であり、同じく出土している石冠などとともに、混入とみるのが妥当である。これらをふまえて批判的にみると、氏の想定される当該期石棒類の東西差というものは、長期間にわたる資料の集積を一括して示したものということになる。

参考文献

池尻伸吾編　2009　『上郷遺跡』愛媛県埋蔵文化財調査報告書 152

泉　拓良　1985　「縄文時代」『図説発掘が語る日本史 4　近畿編』新人物往来社、50-83 頁

井西貴子編　2011　『池島・福万寺遺跡 13』（財）大阪府文化財センター調査報告書 219

大北和美編　2001　『四国縦貫自動車道建設に伴う埋蔵文化財発掘調査報告 19　土井遺跡』徳島県埋蔵文化財センター調査報告書 38

大下　明　1988　「石器・石製品について」『口酒井遺跡―第 11 次発掘調査報告書―』（財）古代学協会、76 頁

大下　明　2010　「大型石棒―近畿地方、東海・北陸地方西部の事例から考える―」『縄文時代の精神文化』関西縄文文化研究会、58-73 頁

小川　賢編　2004　『東中筋遺跡―第 2 次調査―』高松市埋蔵文化財調査報告 70

小野由香・小島恵子・畠中宏一・前田光雄ほか　2006　『田村遺跡群Ⅱ　第 9 分冊』高知県埋蔵文化財センター発掘調査報告書 85

勝浦康守　1990　『名東遺跡発掘調査概要』名東遺跡発掘調査委員会

勝浦康守編　1997　『三谷遺跡』徳島市埋蔵文化財発掘調査委員会

木村剛朗　1987　「中村貝塚」『四万十川流域の縄文文化研究』幡多埋文研、339-381 頁

木村剛朗編　1999　『大宮・宮崎遺跡Ⅰ』高知県西土佐村埋蔵文化財調査報告書 3

栗林誠治編　2001　『四国縦貫自動車道建設に伴う埋蔵文化財発掘調査報告 18　大柿遺跡Ⅰ』徳島県埋蔵文化財センター調査報告書 37

後藤信祐　1986　「縄文後晩期の刀剣形石製品の研究（上）・（下）」『考古学研究』

第 33 巻第 3・4 号、31-60 頁・28-48 頁

後藤信祐　2007　「刀剣形石製品」『縄文時代の考古学 11　心と信仰―宗教的観念と社会秩序―』同成社、96-109 頁

渋谷高秀・佐伯和也編　2005　『徳蔵地区遺跡』（財）和歌山県文化財センター

島崎久恵・田中龍男・鬼頭彰編　2005　『弓削ノ庄遺跡他』（財）大阪府文化財センター調査報告書 133

下條信行　1994　「瀬戸内海の有柄式磨製石剣の諸問題」『「社会科」学研究』第 28 号、1-16 頁

武末純一　1982　「有柄式石剣」『末廬国』六興出版、386-398 頁

多田　仁編　2009　『池の内遺跡 2 次調査』愛媛県埋蔵文化財調査報告書 151

田中清美ほか　1982　『大阪市平野区長原遺跡発掘調査報告Ⅱ』（財）大阪市文化財協会

泊　強編　2001　『貞光前田遺跡』徳島県埋蔵文化財センター調査報告書 35

寺前直人　2009　「武威と社会形成」『弥生時代の考古学 6　弥生社会のハードウェア』同成社、237-252 頁

寺前直人　2010　『武器と弥生社会』大阪大学出版会

中野良一・北山育美・楠真依子編　2005　『長網Ⅰ遺跡・長網Ⅱ遺跡・実報寺高志田遺跡』愛媛県埋蔵文化財調査報告書 118

中村　豊　1998　「稲作のはじまり―吉野川下流域を中心に―」『川と人間―吉野川流域史―』渓水社、79-100 頁

中村　豊　2000a　「四国地域（徳島県・香川県・愛媛県・高知県）の概要」『縄文・弥生移行期の石製呪術具 1』文部省科学研究費報告書、42-63 頁

中村　豊　2000b　「近畿・東部瀬戸内地域における結晶片岩製石棒の生産と流通」『縄文・弥生移行期の石製呪術具 1』文部省科学研究費報告書、69-80 頁

中村　豊　2001　「近畿・瀬戸内地域における石棒の終焉―縄文から弥生―」『縄文・弥生移行期の石製呪術具 3』文部省科学研究費報告書、49-80 頁

中村　豊　2003　「四国地域の石棒・石刀」『立命館大学考古学論集Ⅲ』立命館大学考古学論集刊行会、271-284 頁

中村　豊　2004　「結晶片岩製石棒と有柄式磨製石剣」『季刊考古学』第 86 号、36-39 頁

中村　豊　2005　「列島西部における石棒の終末―縄文晩期後半における東西交流の一断面―」『縄文時代』第 16 号、95-110 頁

中村　豊　2007　「縄文―弥生移行期の大型石棒祭祀」『縄文時代の考古学 11　心と信仰―宗教的観念と社会秩序―』同成社、283-294 頁

中村　豊　2008　「石のまつり―石棒と磨製石剣―」『開館 10 周年記念特別企画展記念　シンポジウム　まつりと信仰の謎をさぐる―講演・報告要旨―』徳島市立考古資料館、1-8 頁

中村　豊　2009　「石棒を通してみた縄文から弥生への地域社会の変容」『一山典還暦記念論集　考古学と地域文化』、49-58 頁

中村　豊　2010　「東部瀬戸内地域における大型石棒の出土例―晩期後半を中心に―」『縄文人の石神―大形石棒にみる祭儀行為―』國學院大學学術資料館

野崎貴博・光本　順・中村大介ほか　2006　『津島岡大遺跡 17―第 23・24 次調査―』岡山大学構内遺跡発掘調査報告 22

廣瀬時習編　2008　『池島・福万寺遺跡 5』（財）大阪府文化財センター調査報告書 79

藤川智之・氏家敏之・湯浅利彦ほか　2003　『矢野遺跡（Ⅱ）（縄文時代篇）』徳島県埋蔵文化財センター調査報告書 44

前川直江編　1997　『庄遺跡Ⅱ』徳島県埋蔵文化財センター調査報告書 21

前田光雄編　2004　『田村遺跡群Ⅱ　第 2 分冊』高知県埋蔵文化財センター発掘調査報告書 85

前田佳久・内藤俊也ほか　1993　『神戸市兵庫区大開遺跡発掘調査報告書』神戸市教育委員会

松尾信裕・森　毅ほか　1983　『大阪市平野区長原遺跡発掘調査報告Ⅲ』（財）大阪市文　化財協会

真鍋昭文編　2000　『阿方遺跡・矢田八反坪遺跡』愛媛県埋蔵文化財調査報告書 84

真鍋昌宏編　1987　『四国横断自動車道建設に伴う埋蔵文化財発掘調査報告 1　中村遺跡・乾遺跡・上一坊遺跡』香川県教育委員会

三好裕之・今泉ゆかり・岡美奈子編　2004　『善応寺畦地遺跡・大相院遺跡・別府遺跡』愛媛県埋蔵文化財調査報告書 114

南　博史・大下　明ほか　1988　『伊丹市口酒井遺跡―第 11 次発掘調査報告書―』伊丹市教育委員会・（財）古代学協会

宮崎哲治編　1996　『四国横断自動車道建設に伴う埋蔵文化財発掘調査報告 23　龍川五条遺跡Ⅰ』（財）香川県埋蔵文化財調査センター

森下英治編　1998　『四国横断自動車道建設に伴う埋蔵文化財発掘調査報告 29　龍

川五条遺跡Ⅱ・飯野東分山崎南遺跡』（財）香川県埋蔵文化財調査センター
山元敏裕編　1995　『井手東Ⅱ遺跡』高松市埋蔵文化財調査報告27　高松市教育委員会
湯浅利彦　1993　「阿波の縄文人─稲持遺跡を素材として─」『鳴門史学』第7集、9-18頁
羊我山人（飯田義資）　1961　「阿波の石棒」『徳島教育』162、58-59頁
吉成承三編　2004　『田村遺跡群Ⅱ　第7分冊』高知県埋蔵文化財センター発掘調査報告書85

図版出典

第1図　大北編2001、池尻編2009、多田編2009。第2図　勝浦編1997。第3図　田中ほか1982、松尾・森ほか1983。第4図　前田・内藤ほか1993。第5図　廣瀬編2008。第6図　筆者作成。第7図　宮崎編1996、森下編1998、吉成編2004、小野・前田ほか2006。第8図　田中ほか1982および、筆者作成。第9図　野崎・光本ほか2006

コラム3

縄文時代の男根形土製品

加藤 元康

1. 素材転換された儀礼の道具

　縄文時代の土製品には、自然界の形や石製の利器・什器などを模して製作することで、その形態や特徴を残して、食べ物や道具といった本来的な意味を失い、儀礼的な存在として明確に位置づけられるものがある。動植物・魚介類を土や石で表現したクマ形・イノシシ形・クルミ形・キノコ形・魚形・巻貝形・アワビ形や、石鏃・石皿の土製品など、通常とは異なる素材で作られることによって、特殊化され、精神世界の役割を果たす「第二の道具」になる。

　素材を変えることで儀器化させる行為は、祭祀・儀礼行為において普遍的に認められる一側面であり、そこには儀礼の道具の反復的使用による儀礼の固定化や、象徴性の共通認識などの背景が想定でき、本物志向から模倣への方向性を読み取ることができる。

　石棒と土偶は、縄文文化を代表する精神世界の道具である。谷口康浩（谷口 2005）は、この石棒を祖霊観念の象徴的表現であると指摘し、また近年のさまざまな研究によって、石棒祭祀の行為も明らかになりつつある。このような石棒と形態的に類似する特徴をもつ男根形土製品[1]はきわめて少数ではあるが、東日本を中心に散見できる。男根形土製品は、陰茎を模していると考えられるが、石棒との関係については論じられていない。そこで、この土製品の時期的傾向や形態的特徴を明確にし、石棒研究の成果と対照させて、位置づけを図る。

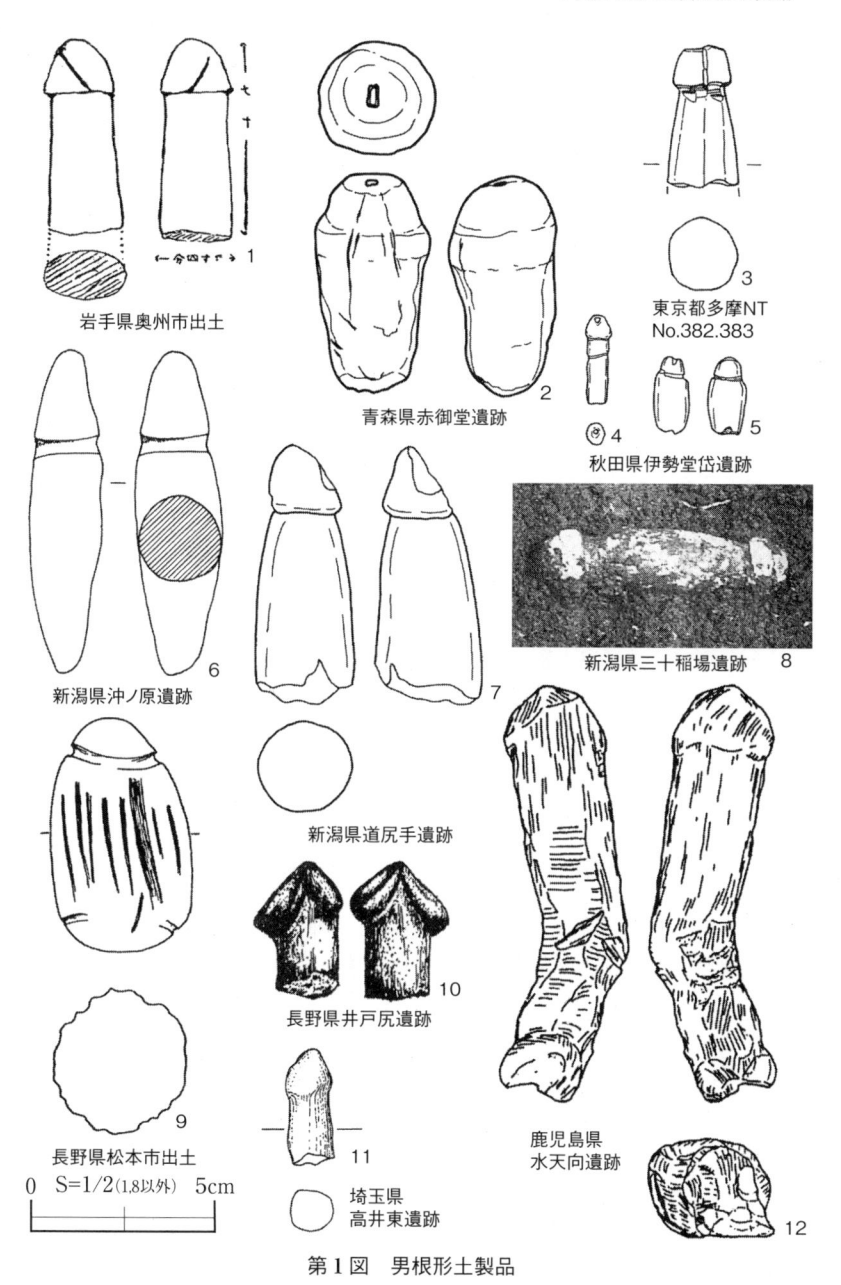

縄文時代の男根形土製品

岩手県奥州市出土 1

青森県赤御堂遺跡 2

東京都多摩NT
No.382.383 3

秋田県伊勢堂岱遺跡 4 5

新潟県沖ノ原遺跡 6

新潟県道尻手遺跡 7

新潟県三十稲場遺跡 8

長野県松本市出土 9

長野県井戸尻遺跡 10

埼玉県高井東遺跡 11

鹿児島県水天向遺跡 12

0　S=1/2(1,8以外)　5cm

第1図　男根形土製品

231

2. 男根形土製品の様相

　男根形土製品は、大正13（1924）年の『人類学雑誌』に岩手県奥州市江刺区米里の出土事例が報告され、多くの縄文土器とともに出土した（小笠原1924）。その後、昭和51（1976）年の長崎元広の集成では、4例が確認されている（長崎1976）。現在のところ、管見の限り、青森県から鹿児島県まで、13遺跡14例を確認し、そのうち11遺跡12例を図示した（第1図1～12）[2]。発掘調査の件数からすると、きわめて少ない出土数である。

　青森県赤御堂遺跡出土資料は、頭頂部に角棒状工具による刺突を施し、出土層位から早期後葉とされている。石棒の発生時期については、さまざまな見解があるが、それと比較しても、かなり早い時期の出土例である（第1図2）（八戸市教育委員会1989）。

　中期の事例として、岩手県日戸遺跡と同県奥州市前沢区の旧白山中学校校庭出土、東京都多摩ニュータウンNo.382・383遺跡の3例を確認した。日戸遺跡と奥州市前沢区出土資料は、石棒形の土製品とされ、縄文が施されているという報告記載のみで詳細は不明である（草間1959）。多摩ニュータウンNo.382・383遺跡の出土資料は、頭部から胴部上半が残り、詳細な帰属時期は不明であると断わりつつも、中期とされている（第1図3）（山本・伊藤ほか2006）。

　後期になると事例数は増加する。秋田県伊勢堂岱遺跡2例、新潟県沖ノ原遺跡、同県道尻手遺跡、同県三十稲場遺跡、長野県松本市内田城出土、同県井戸尻遺跡、埼玉県高井東遺跡、鹿児島県水天向遺跡の8遺跡合計9例を確認した。

　伊勢堂岱遺跡出土資料は、頭部から端部まで穿孔された管玉状のもの（第1図4）（佐野・榎本2002）や、下端をソケット状に凹ませるものがある（第1図5）（榎本2006）。沖ノ原遺跡出土資料は、頭部付近が黒色化し、上部寄りに4mm～5mmの沈線が一周し、頭部を表現している（第1図6）（江坂・渡辺1977）。道尻手遺跡出土資料は、一端を膨らまして頭部を表現し、頭部付近が黒色化し、一部を欠損している（第1図7）（佐藤・阿部ほか2005）。三十

稲場遺跡出土資料は、両端に頭部が表現され、作りも精緻であるという（第1図8）（中村1970）。内田城出土資料は男根形の土鈴で、沈線を巡らせて頭部を表現し、胴部のふくらみに、縦の沈線を10数条ほどこしている（第1図9）（長崎1976）。井戸尻遺跡出土資料では堀之内式期の第13号住居跡から出土し、石剣の先端に類似する形であることから石剣の模造品としている。しかし、男性器に酷似した形状であると指摘されていることから、類例に含めた（第1図10）（武藤・宮坂1968）。高井東遺跡出土資料は極小形石棒状土製品と呼ばれ、手づくねの痕跡が明瞭であると報告されている（第1図11）（埼玉県遺跡調査会1974）。水天向遺跡出土資料は、今回の集成の中では最も大きく、一端の表の面を膨らませて頭部を表現し、胴部途中でゆるやかに曲がっている（第1図12）（小倉・佐藤2011）[3]。

　男根形土製品は、長さ11cm以下で、胴部の径は約1cm〜2cmを中心とし、非常に小形である。一端や両端に頭部をもち、その表現方法は一端もしくは両端を膨らまして段差をつけて表現するもの（1・3・7・8・10・11・12）、沈線によって区画するもの（4・5・6・9）、頸部を膨らませるもの（2）がある。作りは、中実を基本とするが、内田城出土資料のような中空の土鈴もある。

3．男根形土製品の意味

　男根形土製品は頭部表現をもつ小形の土製品で、縄文時代後期を中心に展開している。縄文時代後期以降は、精緻で、小形（細形）化された石棒があり（角田1997・1998a）、屋内の石棒は後期前半を境に小形化の傾向を辿る（山本1979）。このような中に、最小石棒と称されるものがある（中谷1928）。角田真也（1998b）は、「細形石棒」から独立した形式として、大きさが極端に小さい石棒を「ミニチュア石棒」と呼称し、使用方法が異なるとしている。小林達雄（小林1996）は、小さな石棒から大きな石棒への変化が、内容や質の違いによるものであり、機能的な差を認めざるをえないと述べている。極端に小さくなる傾向も同様に考えられよう。

　「ミニチュア石棒」の分布や時期については、近年の資料の蓄積から再検

討を要すると考えているが、長さや径、笠形の頭部や両頭など男根形土製品と形態的な類似性が認められ、数量的には「ミニチュア石棒」より、男根形土製品が少ないように感じる。これらのことから、男根形土製品は「ミニチュア石棒」の土製模造品であると位置づけることが可能である。しかし、「細形石棒」と「ミニチュア石棒」では使用する石材の傾向が明確に異なると指摘されているように（角田 1998b）、素材へのこだわりがあるようで、粘土と石という縄文人の素材選択の違いを鑑みると、模造品として扱うには課題が残る。

このような陰茎を象った土製品は、日本列島以外にも出土している。主に中国新石器時代に出土し（春成 1996）、新石器時代韓半島南部地域でも出土している（古澤 2012）。韓半島の事例は日本のそれよりも写実的で、形態的な類似性は認められない。同じ陰茎の表現でも、日本列島の場合は、石棒のイメージの枠から逸脱せずに、男根形土製品を製作していると推察する。

4．おわりに

儀礼の道具は、儀礼の内容や場面という動的で、柔軟な要因を想定して、製作者がカタチを決め、素材を選択し、調整を図りつつ製作されたものと考えられる。素材やカタチの違いは多様な影響を受けた結果であると推測する。石棒と素材が異なる粘土で製作された男根形土製品は、縄文時代後期という社会文化における儀礼の変容によって生み出され、形態や出土量の多寡など検討すべき課題も多いが、「ミニチュア石棒」と少なからず関係していると考えられる。また、縄文時代早期・中期・後期と時間的脈略を断片的に辿ることが可能であり、何らかの意味を有していたと想定できる。しかし、大形石棒や小形（細形）の石棒と象徴性において同等であったとは考え難く、象徴性のあり方を考慮する必要があろう。

註

1) このような土製品は、石棒形土製品・棒状土製品・男根状土製品とさまざまな名称で呼ばれている。石棒の形態には、有頭・無頭があり、無頭の場合、その土製品の判別は難しい。また、棒状土製品は棒状であることを特徴とし、頭頂部から斜めに穿孔を有するものもある。本稿では、男根的特徴である亀頭部表現に注目し、集成作業をおこなっている。棒状のみでは、判断できない場合もあり、亀頭部表現の有無は、本土製品を見極める有効な手段である。そこで、亀頭部表現を示す用語として適切と思われ、当初の報告を重要視して、男根形土製品という名称を使用する。

2) 集成にあたっては、國學院大學伝統文化リサーチセンターでおこなった「第二の道具」のデータ集成を活用し、西日本については、関西縄文文化研究会（2010）、中四国縄文研究会（2011）、九州縄文研究会・南九州縄文研究会（2012）の精神文化に関する資料集を参照した。集成に遺漏もあると思われるが、ご寛容頂き、類例増加にご協力頂ければ、幸いである。なお、千葉県伊豆山台遺跡でも男根形土製品が出土しているが、亀頭部の表現がないことから、今回の集成からは除外した（上守・島立ほか2000）。

3) 観察所見は著者実見による。部位の名称は、角田（1998a）に依拠した。

参考文献

小笠原迷宮　1924　「男根形の珍しき土製品」『人類学雑誌』第39巻第3号、139頁
江坂輝彌・渡辺誠編　1977　『沖ノ原遺跡発掘調査報告書』津南町教育委員会
榎本剛治　2006　『伊勢堂岱遺跡発掘調査報告書Ⅴ』北秋田市教育委員会
榎本剛治　2011　『史跡伊勢堂岱遺跡調査報告書』北秋田市教育委員会
小倉浩明・佐藤真人　2011　『水天向遺跡』さつま町教育委員会
上守秀明・島立桂・能城秀喜・井上賢・酒巻忠史　2000　『伊豆山台遺跡・金鈴塚古墳』木更津市教育委員会
関西縄文文化研究会　2010　『縄文時代の精神文化』
九州縄文文化研究会・南九州縄文文化研究会　2012　『縄文時代における九州の精神文化』
草間俊一　1959　『岩手大学学芸部研究年報』第14巻第1部、13-25頁
小林達雄　1996　『縄文人の世界』朝日新聞社

埼玉県遺跡調査会　1974　『高井東遺跡』埼玉県教育委員会
佐藤雅一・阿部昭典・倉石広太・高山茂明・山本克　2005　『道尻手遺跡』津南町教育委員会
佐野一絵・榎本剛治　2002　『伊勢堂岱遺跡発掘調査報告書Ⅰ』鷹巣町教育委員会
谷口康浩　2005　「石棒の象徴的意味」『國學院大學考古学資料館紀要』第21輯、27-53頁
中四国縄文研究会　2011　『中四国地方 縄文時代の精神文化』
角田真也　1997　「関東地方における細形石棒の文様とその位置づけ」『東国史論』第12号、1-23頁
角田真也　1998a　「細形石棒の研究」『國學院大學考古学資料館紀要』第14輯、127-176頁
角田真也　1998b　「ミニチュア石棒小考」『東国史論』第13号、69-72頁
長崎元広　1976　「縄文の男根状土製品」『長野県考古学会誌』23・34号、85-86頁
中村孝三郎　1970　『三十稲場遺跡』長岡市教育委員会
中谷治宇二郎　「下総堀之内貝塚発見の小石棒」『人類学雑誌』第43巻10号、464-465頁
八戸市教育委員会　1989　『赤御堂遺跡』
春成秀爾　1996　「性象徴の考古学」『国立歴史民俗博物館研究報告』第66集、69-160頁
古澤義久　2012　「東北アジアにおける精神文化の様相」『縄文時代における九州の精神文化』九州縄文文化研究会・南九州縄文文化研究会、336-362頁
武藤雄六・宮坂光昭　1968　「長野県諏訪郡富士見町井戸尻遺跡第22次調査概報」『信濃』第20巻第10号、49-66頁
山本孝司・伊藤健・原川雄二・長佐古真也　2006　『多摩ニュータウン遺跡No.9・10・381・382・383』東京都埋蔵文化財センター
山本暉久　1979　「石棒祭祀の変遷（上）」『古代文化』第31巻第11号、1-41頁

あとがき

　大場磐雄によって神道考古学が提唱されて以来、國學院大學では小林達雄や椙山林繼の指導のもと、考古学研究室、日本文化研究所、考古学資料館（現・学術資料館）、21 世紀 COE プログラム、伝統文化リサーチセンターなどの各機関・プロジェクトにおいて、各時代の祭祀・儀礼の考古学的解明を目指して研究を進めてきた。本書のもととなった学術資料館の「大形石棒プロジェクト」もそうした大きな流れの中にある。

　もはや祭祀・儀礼の考古学は、「祭祀遺跡・祭祀遺物」、あるいは「第二の道具」・「記念物」だけで語れる段階ではない。それらを含めた全体的な脈絡を検討することが必要である。しかしながら、「第二の道具」の代表例とされてきた大形石棒については基本的事実の整理すらなされていないのが現状である。そうした中、プロジェクトでは、谷口の示した基本方針である「行為のパターン」の抽出を目指して集成作業に入った。

　図書館の協力を得て多量の関連報告書を運び出し、地域ごとに分担して 4 名のスタッフで複写を続けた。石井匠は調査やシンポジウム運営の実務を兼務しながら、中島将太は良好な石棒出土例の調査を抱えながら、成田美葵子は題目を石棒に替えた修士論文を抱えながらの作業であった。東北については伝統文化リサーチセンターの阿部昭典・加藤元康の協力を得ることができ、また最後には多くの学生に協力を頼んだが、結局、富山・石川・東京の集成が不十分なままで 3 年間のプロジェクトの終了を迎えた。

　その整理にはカード化・属性一覧表化などが何度も模索されたが、最終段階までフォーマットが統一できず、指揮官谷口を焦らせた。その理由はいくつかある。われわれが最終的に集めた 3049 点（製作遺跡は除く）のうち最も多いのは群馬県の 451 点であった。2 位 401 点の長野県につぐ 3 位は千葉県の 359 点。群馬・千葉いずれも近年の詳細な報告例が目立つ地域である。これに対し、古い報告例の多い地域では、石棒の写真・図はおろか、遺構名

や点数すら報告されていない例が目立ち、比較可能な属性の抽出は困難であった。詳細な資料紹介の多い土偶とは大きな違いがある。

より本質的な問題は「大形石棒」の範囲である。「片手では持てない大きさ」として、便宜的に直径5cm以上という規準を設定したが、角柱・扁平で敲打・摩滅や凹み穴の著しいものを、自然石や石皿・凹石と区別するのか否か。スタッフの間でも基準に差があり、点数差として現れた。

こうした問題を残しつつも、2011年春にはプロジェクトの報告書『縄文時代の大形石棒－東日本地域の資料集成と基礎研究－』を学術資料館から刊行した。各属性のクロス集計はおこなわず、造形デザイン、使用痕跡、出土状況の顕著なものについて、時期・出土遺構名を明記して図示する方針とした。不十分な出来ではあるが、幸い多くの問い合わせをいただいた。

翻って本書のもととなったシンポジウムは、こうした悪戦苦闘の只中であるプロジェクト2年目に石棒研究の第一線で活躍する研究者を招いて開催したものであり、100名を超す参加者を得た。直後に、戸田哲也、澁谷昌彦から批判を含めた新たな論考が提示されたことは、主催者として嬉しい反応であった。「大山石」の流通、住居跡における被熱・破砕行為、石棒にみられる研磨・凹み穴の問題、石棒と他の遺物とのセット関係などが複数の論者によって議論され、比較資料として東北および関西の事例が報告された。それぞれ代表的事例の検討が中心であるが、ここで示された多角的な視点は、「まえがき」で谷口が述べたように多分に方法論的意義を持つ。

当初の構想では、顕著な事例を用いて方法論を議論する本書と、事例集成をもとに細かいパターンを検討する集成報告を一体化して出版する心積もりであった。しかし、われわれの集成・分析が不十分な現状をふまえ、本書を単独で世に問うことになった。度重なる方針変更と遅延で執筆者各位と六一書房にはご迷惑をおかけしてしまった。

最後になるが、お世話になった多くの機関・研究ならびに國學院大學のスタッフ・学生に感謝し、今後の広範囲での研究の進展への期待と、自身の精進の誓いをこめて本書を送り出したい。

中村耕作

國學院大學大形石棒プロジェクトチーム（2008年度〜2010年度）

学術資料館「考古学資料館収蔵資料の整理・修復と基礎研究・公開」担当教員
　　吉田恵二（館長）・青木　豊・内川隆志・谷口康浩・加藤里美・深澤太郎

大形石棒プロジェクトチーム
　　谷口康浩・中村耕作・石井　匠・中島将太・成田美葵子・阿部昭典・加藤元康

編者略歴

谷口康浩（たにぐち　やすひろ）

1960年　東京都生まれ

現職　　國學院大學文学部教授　博士（歴史学）

主要著作

『環状集落と縄文社会構造』（2005年　学生社）

『縄文時代の考古学』全12巻（2007〜2010年　共編著　同成社）

『縄文文化起源論の再構築』（2011年　同成社）

執筆者一覧（執筆順）

谷口　康浩　（編者略歴参照）
大工原　豊　（だいくはら　ゆたか）　國學院大學兼任講師
中島　啓治　（なかじま　けいじ）　群馬大学非常勤講師
長田　友也　（おさだ　ともなり）　南山大学非常勤講師
中島　将太　（なかじま　しょうた）　杉並区内遺跡発掘調査団
鈴木　素行　（すずき　もとゆき）　財団法人ひたちなか市生活・文化・スポーツ公社
山本　暉久　（やまもと　てるひさ）　昭和女子大学大学院教授
川口　正幸　（かわぐち　まさゆき）　町田市教育委員会
中村　耕作　（なかむら　こうさく）　國學院大學文学部助手
阿部　昭典　（あべ　あきのり）　國學院大學兼任講師
中村　豊　（なかむら　ゆたか）　徳島大学埋蔵文化財調査室准教授
加藤　元康　（かとう　もとやす）　國學院大學学術資料館共同研究員

考古学リーダー20
縄文人の石神～大形石棒にみる祭儀行為～

2012年5月20日　初版発行

編　　者　谷口　康浩
発 行 者　八木　環一
発 行 所　株式会社 六一書房
　　　　　〒101-0051　東京都千代田区神田神保町 2-2-22
　　　　　電話 03-5213-6161　FAX 03-5213-6160　振替 00160-7-35346
　　　　　http://www.book61.co.jp　Email info@book61.co.jp
印刷・製本　藤原印刷株式会社

ISBN 978-4-86445-017-1　C3321　©2012　　　　　　　　Printed in Japan

考古学リーダー
Archaeological L & Reader Vol.1〜19

1　弥生時代のヒトの移動　〜相模湾から考える〜
　　　　　西相模考古学研究会 編　209頁〔本体2,800＋税〕
2　戦国の終焉　〜よみがえる天正の世のいくさびと〜
　　　　　千田嘉博 監修　木舟城シンポジウム実行委員会 編　197頁〔本体2,500＋税〕
3　近現代考古学の射程　〜今なぜ近現代を語るのか〜
　　　　　メタ・アーケオロジー研究会 編　247頁〔本体3,000＋税〕
4　東日本における古墳の出現
　　　　　東北・関東前方後円墳研究会 編　312頁〔本体3,500＋税〕
5　南関東の弥生土器
　　　　　シンポジウム南関東の弥生土器実行委員会 編　240頁〔本体3,000＋税〕
6　縄文研究の新地平　〜勝坂から曽利へ〜
　　　　　小林謙一 監修　セツルメント研究会 編　160頁〔本体2,500＋税〕
7　十三湊遺跡　〜国史跡指定記念フォーラム〜
　　　　　前川 要　十三湊フォーラム実行委員会 編　292頁〔本体3,300＋税〕
8　黄泉之国再見　〜西山古墳街道〜
　　　　　広瀬和雄 監修　栗山雅夫 編　185頁〔本体2,800＋税〕
9　土器研究の新視点　〜縄文から弥生時代を中心とした土器生産・焼成と食・調理〜
　　　　　大手前大学史学研究所 編　340頁〔本体3,800＋税〕
10　墓制から弥生社会を考える
　　　　　近畿弥生の会 編　288頁〔本体3,500＋税〕
11　野川流域の旧石器時代
　　　　　「野川流域の旧石器時代」フォーラム記録集刊行委員会（調布市教育委員会・三鷹市教育委員会・明治大学校地内遺跡調査団）監修　172頁〔本体2,800＋税〕
12　関東の後期古墳群
　　　　　佐々木憲一 編　240頁〔本体3,000＋税〕
13　埴輪の風景　〜構造と機能〜
　　　　　東北・関東前方後円墳研究会 編　238頁〔本体3,300＋税〕
14　後期旧石器時代の成立と古環境復元
　　　　　比田井民子　伊藤 健　西井幸雄 編　205頁〔本体3,000＋税〕
15　縄文研究の新地平（続）　〜竪穴住居・集落調査のリサーチデザイン〜
　　　　　小林謙一　セツルメント研究会 編　240頁〔本体3,500＋税〕
16　南関東の弥生土器2　〜後期土器を考える〜
　　　　　関東弥生時代研究会　埼玉弥生土器観会　八千代栗谷遺跡研究会 編　273頁〔本体3,500＋税〕
17　伊場木簡と日本古代史
　　　　　伊場木簡から日本古代史を探る会 編　249頁〔本体2,900＋税〕
18　縄文海進の考古学　〜早期末葉・埼玉県打越遺跡とその時代〜
　　　　　打越式シンポジウム実行委員会 編　208頁〔本体3,200＋税〕
19　先史・原史時代の琉球列島　〜ヒトと景観〜
　　　　　高宮広土　伊藤慎二 編　306頁〔本体3,800＋税〕

六一書房刊